Y.SS.20.
Cbab.7.

ŒUVRES

COMPLÈTES

DE MOLIÈRE.

VII.

ŒUVRES
COMPLÈTES
DE MOLIÈRE,
AVEC
DES REMARQUES GRAMMATICALES,
DES AVERTISSEMENS
ET DES OBSERVATIONS SUR CHAQUE PIÈCE,
Par M. BRET.

TOME SEPTIÈME.

TROYES,

GOBELET, IMPRIMEUR DU ROI

ET LIBRAIRE, PRÈS L'HÔTEL-DE-VILLE, N.º 11.

1819.

LE BOURGEOIS

GENTILHOMME,

COMÉDIE-BALLET.

AVERTISSEMENT

DE L'ÉDITEUR

SUR

LE BOURGEOIS GENTILHOMME.

Cette Comédie-Ballet en cinq actes et en prose, fut représentée à Chambord le 14 octobre 1670, et à Paris le 29 novembre suivant, alternativement avec *la Bérénice* de Corneille.

Aucune pièce n'avoit encore autant inquiété Molière sur son succès. Louis XIV, à son souper, n'en dit pas un mot à l'auteur; et ce silence, qui fut pris pour une improbation du maître, donna carrière à toutes les décisions précipitées du mauvais goût. *Molière n'y est plus*, disoient quelques courtisans fatigués de voir au milieu d'eux un censeur qui pouvoit, au premier jour, révéler leurs ridicules particuliers au public. *Il extravague; le voilà tombé dans la farce italienne: que veut-il dire avec son Halaba Balachou?* etc.

Il se passa malheureusement plusieurs jours entre cette première représentation et la seconde à Chambord, en sorte que le supplice de Molière fut bien long. Il n'osa se montrer, dit-on, pendant cet intervalle; et Baron, qu'il envoyoit à la découverte, ne rapportoit rien de consolant.

Il ne reconnoissoit plus son maître, dont le goût toujours sûr sembloit l'avoir abandonné cette fois; mais quel fut son triomphe, lorsqu'après la seconde représentation, le même Prince lui dit hautement qu'il trouvoit sa pièce excellente, que rien ne l'avoit encore plus amusé, et que s'il ne lui avoit rien dit le premier jour, c'étoit dans la crainte d'avoir été séduit par la perfection du jeu des acteurs.

Dès ce moment, les mauvais plaisans se turent; et après avoir annoncé la chute *du Bourgeois Gentilhomme*, ils ne rougirent pas de se montrer au nombre de ses admirateurs.

Nous ne pouvons trop le faire remarquer, c'est à la protection ouverte dont Louis XIV honora toujours Molière, que nous devons la plupart des chefs-d'œuvre de ce grand homme. Sous un maître moins éclairé, moins ami du vrai mérite, on eût étouffé ses talens presque à leur naissance.

Ici *le Bourgeois Gentilhomme* est décrié par le courtisan : Louis XIV parle, et cet ouvrage n'a plus d'ennemis. Quelle reconnoissance ne doivent pas les lettres à ce prince? Et trouvera-t-on de la flatterie dans ce que disoit de lui le maréchal de Clérambault? *Que tout jeune qu'il étoit, il se connoissoit mieux que lui aux bonnes choses; que par un discernement naturel, il avoit de l'aversion pour l'honnêteté contrefaite, et qu'il ne pouvoit souffrir les faux agrémens ni la mauvaise raillerie.*

Le succès du *Bourgeois Gentilhomme* ne fut point balancé à Paris. Le sens droit de madame Jourdain, ainsi que sa naïve brusquerie, les complaisances intéressées et basses de Dorante, la gaieté ingénue de Nicole, le bon esprit de Lucile, la noble franchise de Cléonte, la subtilité féconde et gaie de Covielle, et la burlesque vanité des différens maîtres d'arts et de sciences, jetoient à l'envi le jour le plus heureux sur le ridicule principal de M. Jourdain. Tout étoit marqué au coin de la nature et de la bonne plaisanterie dans le corps de l'ouvrage, et fit passer l'exagération bouffonne de la cérémonie Turque.

La fausseté sociale de vouloir paroître plus qu'on n'est, ne pouvoit échapper au pinceau de Molière. Élevé par un père sage et modéré qui, content de la médiocrité de son état, n'en avoit point destiné d'autre à son fils, c'étoit à lui de veiller au soutien des mœurs, auxquelles il importera toujours qu'en général chacun se plaise dans la situation où l'a placé la providence, et qu'une vaine, sotte et dangereuse inquiétude n'en fasse pas trop souvent et impunément franchir les bornes.

Ce philosophe célèbre par son *effrénée et intarissable paradoxologie* (comme le dit M. Huet du P. Hardouin) cet homme de génie et d'humeur, contre lequel nous avons déjà eu à défendre Molière, n'a pas mieux jugé *du Bour-*

geois Gentilhomme que de l'*Avare* et du *Misanthrope*.

Quel est le plus blâmable, dit-il, dans sa lettre à M. d'Al.... *d'un bourgeois sans esprit et vain qui fait sottement le Gentilhomme, ou du Gentilhomme fripon qui le dupe ? Dans la pièce, ce dernier n'est-il pas l'honnête homme ? N'a-t-il pas pour lui l'intérêt ? Et le public n'applaudit-il pas à tous les tours qu'il fait à l'autre ?*

De pareilles critiques ne nous paroissent pas mériter d'être discutées. Malheur à celui qui, en riant de l'extravagance de M. Jourdain, ne se sentiroit pas en même tems indigné de la basse escroquerie de Dorante ! Molière n'a jamais intéressé pour le vice ; mais fidèle observateur de la nature, il a dû nous apprendre qu'un sot de l'espèce de M. Jourdain, est toujours entretenu dans sa folie par quelque fripon à qui elle est utile. Molière devoit à sa nation la confiance de penser qu'elle n'avoit pas besoin d'être guidée pour apprécier la conduite de Dorante, et pour mépriser la friponnerie du Gentilhomme escroc. D'ailleurs, la façon dont madame Jourdain le traite, met assez le spectateur sur la voie de l'indignation que doit exciter ce personnage.

Il est vraisemblable que l'humeur des courtisans sur cette pièce, avoit pour principe le rôle infâme de ce Dorante, un de leurs égaux, puisque Molière lui donne la qualité de Comte, et que M. Jourdain assure que c'est *un Seigneur considéré à la Cour, et qui parle au Roi comme je vous parle*, ajoute-t-il plaisamment.

DE L'ÉDITEUR.

La tradition nous apprend que chaque citoyen crut reconnoître son voisin au portrait de M. Jourdain. On alla plus loin, on voulut que Molière eût dessiné son caractère d'après un nommé *Gandouin*, chapelier insensé, qui avoit dépensé plus de cinquante mille écus avec des *Dorantes*, et surtout avec une fille à qui il avoit donné une très-belle maison à Meudon, et qui, après des extravagances plus criminelles, fut enfermée à Charenton. Mais cette anecdote peu sûre est très-indifférente au mérite de l'ouvrage ; et nous n'en avons fait ici une légère mention que parce qu'elle est une espèce de preuve que, du tems du chapelier, il falloit déjà, pour imiter nos grands seigneurs, se piquer de la prodigalité la plus folle pour le vice.

On trouvera, dans les observations, plusieurs autres faits particuliers à cette comédie, et nous terminerons cet avertissement par ce mot de M. de Voltaire : *le Misanthrope* est admirable ; *le Bourgeois Gentilhomme* est plaisant.

ACTEURS.

ACTEURS DE LA COMÉDIE.

M. JOURDAIN, bourgeois.
MADAME JOURDAIN.
LUCILE, fille de M. Jourdain.
CLÉONTE, amant de Lucile.
DORIMÈNE, marquise.
DORANTE, comte, amant de Dorimène.
NICOLE, servante de M. Jourdain.
COVIELLE, valet de Cléonte.
UN MAITRE DE MUSIQUE.
UN ÉLÈVE DU MAITRE DE MUSIQUE.
UN MAITRE A DANSER.
UN MAITRE D'ARMES.
UN MAITRE DE PHILOSOPHIE.
UN MAITRE TAILLEUR.
UN GARÇON TAILLEUR.
DEUX LAQUAIS.

ACTEURS DU BALLET.

Dans le premier Acte.

UNE MUSICIENNE.
DEUX MUSICIENS.
DANSEURS.

Dans le second Acte.
GARÇONS TAILLEURS dansans.

Dans le troisième Acte.
CUISINIERS dansans.

Dans le quatrième Acte.

CÉRÉMONIE TURQUE.

LE MUFTI.
TURCS assistans du Mufti, chantans.
DERVIS chantans.
TURCS dansans.

Dans le cinquième Acte.

BALLET DES NATIONS.

UN DONNEUR DE LIVRES dansant.
IMPORTUNS dansans.
TROUPE DE SPECTATEURS chantans.
PREMIER HOMME du bel air.
SECOND HOMME du bel air.
PREMIÈRE FEMME du bel air.
SECONDE FEMME du bel air.
PREMIER GASCON.
SECOND GASCON.
UN SUISSE.
UN VIEUX BOURGEOIS babillard.

UNE VIEILLE BOURGEOISE babillarde.
ESPAGNOLS chantans.
ESPAGNOLS dansans.
UNE ITALIENNE.
UN ITALIEN.
DEUX SCARAMOUCHES.
DEUX TRIVELINS.
ARLEQUIN.
DEUX POITEVINS chantans et dansans.
POITEVINS et POITEVINES dansans.

La scène est à Paris, dans la maison de M. Jourdain.

LE BOURGEOIS GENTILHOMME.

ACTE PREMIER.[*]

SCÈNE I.

UN MAITRE DE MUSIQUE, UN ÉLÈVE *du Maître de musique, composant sur une table qui est au milieu du théâtre,* UNE MUSICIENNE, DEUX MUSICIENS, UN MAITRE A DANSER, DANSEURS.

LE MAITRE DE MUSIQUE *aux musiciens.*

Venez, entrez dans cette salle, et vous reposez là, en attendant qu'il vienne.

LE MAITRE A DANSER *aux danseurs.*

Et vous aussi, de ce côté.

---

[*] Si le premier acte *du Misanthrope* est la plus heureuse exposition d'un sujet dans le genre noble, celui du *Bourgeois Gentilhomme* a le même avantage dans le genre comique et plaisant. Les ridicules des différens maîtres que la sottise du Bourgeois rassemble chez lui, y sont peints avec la vérité la plus gaie. Ils servent de relief à celui de M. Jourdain, dont la bêtise naïve et folle augmente par degrés, au point de justifier, à bien des égards, l'extravagance du dénouement auquel Molière a eu recours pour varier les intermèdes de cet Ouvrage. Qui est-ce qui n'a pas ouï parler, de notre tems, d'un jeune écrivain chez qui une crédulité sans bornes et aussi stupide que celle de M. Jour-

LE MAITRE DE MUSIQUE à *son élève.*
Est-ce fait ?
L'ÉLÈVE.
Oui.
LE MAITRE DE MUSIQUE.
Voyons... Voilà qui est bien.
LE MAITRE A DANSER.
Est-ce quelque chose de nouveau ?
LE MAITRE DE MUSIQUE.
Oui. C'est un air pour une sérénade, que je lui ai fait composer ici, en attendant que notre homme fût éveillé.
LE MAITRE A DANSER.
Peut-on voir ce que c'est ?
LE MAITRE DE MUSIQUE.
Vous l'allez entendre avec le dialogue, quand il viendra. Il ne tardera guère.
LE MAITRE A DANSER.
Nos occupations, à vous et à moi, ne sont pas petites maintenant.
LE MAITRE DE MUSIQUE.
Il est vrai. Nous avons trouvé ici un homme comme il nous

dain, n'excluoit pas une sorte de talent, et a fourni des scènes aussi bouffones que *la Cérémonie Turque.*
Tel avoit été avant lui l'abbé de Saint-Martin de Caen, autrement appelé l'abbé Malotru, chez lequel trois prétendus ambassadeurs vinrent, de la part du roi de Siam, l'engager à passer dans ses États, pour devenir son premier mandarin. Les ambassadeurs furent reçus très-sérieusement de la part de l'abbé, qui répondit à leur truchement, et qui, après les avoir comblés de présens, se préparoit effectivement à partir avec eux, pour aller convertir à la foi chrétienne le royaume de Siam. C'est cependant ce même abbé qui a embelli les places publiques de Caen de beaucoup de statues, qui fonda une chaire de théologie dans la même ville, et plusieurs prix destinés aux plus habiles poëtes et musiciens, et qui avoit fait graver sur sa porte, qu'*un citoyen étoit moins né pour lui-même que pour la république* (1). Seroit-il aisé de décider quel étoit le plus crédule, de M. Jourdain ou de l'abbé Malotru ? Et la farce des ambassadeurs de Siam ne donne-t-elle pas à celle du mufti quelque vraisemblance ?

(1) *Non nobis, sed reipublicæ nati sumus.*

le faut à tous deux. Ce nous est une douce rente, que ce monsieur Jourdain, avec les visions de noblesse et de galanterie qu'il est allé se mettre en tête. Et votre danse et ma musique auroient à souhaiter que tout le monde lui ressemblât.

LE MAITRE A DANSER.

Non pas entièrement, et je voudrois pour lui qu'il se connût mieux qu'il ne fait aux choses que nous lui donnons.

LE MAITRE DE MUSIQUE.

Il est vrai qu'il les connoît mal, mais il les paye bien; et c'est de quoi maintenant nos arts ont le plus besoin que de toute autre chose.

LE MAITRE A DANSER.

Pour moi, je vous l'avoue, je me repais un peu de gloire. Les applaudissemens me touchent; et je tiens que, dans tous les beaux arts, c'est un supplice assez fâcheux que de se produire à des sots, que d'essuyer, sur des compositions, la barbarie d'un stupide. Il y a plaisir, ne m'en parlez point, à travailler pour des personnes qui soient capables de sentir les délicatesses d'un art; qui sachent faire un doux accueil aux beautés d'un ouvrage, et par de chatouillantes approbations, vous régaler de votre travail. Oui, la récompense la plus agréable qu'on puisse recevoir des choses que l'on fait, c'est de les voir connues, de les voir caressées d'un applaudissement qui vous honore. Il n'y a rien, à mon avis, qui nous paye mieux que cela de toutes nos fatigues; et ce sont des douceurs exquises que des louanges éclairées.

LE MAITRE DE MUSIQUE.

J'en demeure d'accord; et je le goûte comme vous. Il n'y a rien assurément qui chatouille davantage*, que les applaudissemens que vous dites; mais cet encens ne fait pas vivre. Des louanges toutes pures ne mettent point un homme à son aise. Il y faut mêler du solide; et la meilleure façon de louer, c'est de louer avec les mains. C'est un homme, à la vérité, dont les lumières sont petites, qui parle à tort et à travers de toutes choses, et n'applaudit qu'à contre sens, mais son argent re-

* *Qui chatouille davantage que. Davantage* n'emporte point de *que* il falloit *plus que*.

dresse les jugemens de son esprit. Il a du discernement dans sa bourse. Ses louanges sont monnoyées; et ce bourgeois ignorant nous vaut mieux, comme vous voyez, que le grand seigneur éclairé qui nous a introduits ici.

LE MAITRE A DANSER.

Il y a quelque chose de vrai dans ce que vous dites; mais je trouve que vous appuyez un peu trop sur l'argent; et l'intérêt est quelque chose de si bas, qu'il ne faut jamais qu'un honnête homme montre pour lui* de l'attachement.

LE MAITRE DE MUSIQUE.

Vous recevez fort bien pourtant l'argent que notre homme vous donne.

LE MAITRE A DANSER.

Assurément. Mais je n'en fais pas tout mon bonheur: et je voudrois qu'avec son bien, il eût encore quelque bon goût des choses.

LE MAITRE DE MUSIQUE.

Je le voudrois aussi; et c'est à quoi nous travaillons tous deux autant que nous pouvons. Mais, en tout cas, il nous donne moyen de nous faire connoître dans le monde; et il payera pour tous les autres ce que les autres loueront pour lui.

LE MAITRE A DANSER.

Le voilà qui vient.

SCÈNE II.

M. JOURDAIN *en robe de chambre et en bonnet de nuit*, **LE MAITRE DE MUSIQUE, LE MAITRE A DANSER, L'ÉLÈVE** *du Maître de musique*, **UNE MUSICIENNE, DEUX MUSICIENS, DANSEURS, DEUX LAQUAIS.**

M. JOURDAIN.

Hé bien, messieurs? Qu'est-ce? Me ferez-vous voir votre petite drôlerie?

---

* *Pour lui. Lui* est une faute, se rapportant à *l'intérêt*.

ACTE I. SCÈNE II.

LE MAITRE A DANSER.

Comment ? Quelle petite drôlerie ?

M. JOURDAIN.

Hé, la... Comment appelez-vous cela ? Votre prologue ou dialogue de chansons et de danse.

LE MAITRE A DANSER.

Ah, ah !

LE MAITRE DE MUSIQUE.

Vous nous y voyez préparés.

M. JOURDAIN.

Je vous ai fait un peu attendre, mais c'est que je me fais habiller aujourd'hui comme les gens de qualité ; et mon tailleur m'a envoyé des bas de soie que j'ai pensé ne mettre jamais.

LE MAITRE DE MUSIQUE.

Nous ne sommes ici que pour attendre votre loisir.

M. JOURDAIN.

Je vous prie tous deux de ne vous point en aller qu'on ne m'ait apporté mon habit, afin que vous me puissiez voir.

LE MAITRE A DANSER.

Tout ce qui vous plaira.

M. JOURDAIN.

Vous me verrez équipé comme il faut, depuis les pieds jusqu'à la tête.

LE MAITRE DE MUSIQUE.

Nous n'en doutons point.

M. JOURDAIN.

Je me suis fait faire cette indienne-ci *.

LE MAITRE A DANSER.

Elle est fort belle.

M. JOURDAIN.

Mon tailleur m'a dit que les gens de qualité étoient comme cela le matin.

LE MAITRE DE MUSIQUE.

Cela vous sied à merveille.

---

* *Je me suis fait faire cette indienne-ci... Mon tailleur m'a dit que les gens de qualité étoient comme cela le matin.* Il faut remarquer que l'acteur qui représente M. Jourdain, n'oseroit aujourd'hui paroître avec une robe de chambre d'indienne, et qu'en s'accommodant à notre luxe par une étoffe de plus grand prix, il est obligé de changer le mot d'indienne qui se trouve dans son rôle.

M. JOURDAIN.

Laquais, holà; mes deux laquais.

PREMIER LAQUAIS.

Que voulez-vous, monsieur?

M. JOURDAIN.

Rien. C'est pour voir si vous m'entendez bien.

(*Au maître de musique et au maître à danser.*)

Que dites-vous de mes livrées?

LE MAITRE A DANSER.

Elles sont magniques.

M. JOURDAIN *entr'ouvrant sa robe, et faisant voir son haut-de-chausse étroit de velours rouge, et sa camisole de velours vert.*

Voici encore un petit déshabillé pour faire le matin mes exercices.

LE MAITRE DE MUSIQUE

Il est galant.

M. JOURDAIN.

Laquais?

PREMIER LAQUAIS.

Monsieur?

M. JOURDAIN.

L'autre laquais.

SECOND LAQUAIS.

Monsieur?

M. JOURDAIN *ôtant sa robe de chambre.*

Tenez ma robe.

(*Au maître de musique, et au maître à danser.*)

Me trouvez-vous bien comme cela?

LE MAITRE A DANSER.

Fort bien. On ne peut pas mieux.

M. JOURDAIN.

Voyons un peu votre affaire.

LE MAITRE DE MUSIQUE.

Je voudrois bien auparavant vous faire entendre un air qu'il (*montrant son élève.*) vient de composer pour la sérénade que vous m'avez demandée. C'est un de mes écoliers, qui a pour ces sortes de choses un talent admirable.

M. JOURDAIN.

Oui, mais il ne falloit pas faire faire cela par un écolier; et vous n'étiez pas trop bon vous-même pour cette besogne-là.

ACTE I. SCÈNE II.

LE MAITRE DE MUSIQUE.

Il ne faut pas, monsieur, que le nom d'écolier vous abuse. Ces sortes d'écoliers en savent autant que les plus grands maîtres ; et l'air est aussi beau qu'il s'en puisse faire. Ecoutez seulement.

M. JOURDAIN *à ses laquais.*

Donnez-moi ma robe pour mieux entendre... Attendez, je crois que je serai mieux sans robe.... Non, redonnez-la moi : cela ira mieux.

LA MUSICIENNE.

Je languis nuit et jour, et mon mal est extrême ;
Depuis qu'à vos rigueurs vos beaux yeux m'ont soumis ;
Si vous traitez ainsi, belle Iris, qui vous aime,
Hélas, que pourriez-vous faire à vos ennemis !

M. JOURDAIN.

Cette chanson me semble un peu lugubre ; elle endort ; je voudrois que vous la pussiez un peu ragaillardir par-ci, par-là.

LE MAITRE DE MUSIQUE.

Il faut, monsieur, que l'air soit accommodé aux paroles.

M. JOURDAIN.

On m'en apprit un tout-à-fait joli il y a quelque tems. Attendez... là... Comment est-ce qu'il dit ?

LE MAITRE A DANSER.

Par ma foi, je ne sais.

M. JOURDAIN.

Il y a du mouton dedans.

LE MAITRE A DANSER.

Du mouton ?

M. JOURDAIN.

Oui. Ah !

(*Il chante.*)

Je croyois Jeanneton
Aussi douce que belle ;
Je croyois Jeanneton
Plus douce qu'un mouton.
 Hélas, hélas !
Elle est cent fois, mille fois plus cruelle,
 Que n'est le tigre au bois.

N'est-il pas joli ?

LE MAITRE DE MUSIQUE.

Le plus joli du monde.

LE MAITRE A DANSER.

Et vous le chantez bien.

M. JOURDAIN.

C'est sans avoir appris la musique.

LE MAITRE DE MUSIQUE.

Vous devriez l'apprendre, monsieur, comme vous faites la danse. Ce sont deux arts qui ont une étroite liaison ensemble.

LE MAITRE A DANSER.

Et qui ouvre l'esprit d'un homme aux belles choses.

M. JOURDAIN.

Est-ce que les gens de qualité apprennent aussi la musique?

LE MAITRE DE MUSIQUE.

Oui, monsieur.

M. JOURDAIN.

Je l'apprendrai donc. Mais je ne sais quel tems je pourrai prendre; car, outre le maître d'armes qui me montre, j'ai arrêté encore un maître de philosophie qui doit commencer ce matin.

LE MAITRE DE MUSIQUE.

La philosophie est quelque chose; mais la musique, monsieur, la musique....

LE MAITRE A DANSER.

La musique et la danse.... La musique et la danse; c'est-là tout ce qu'il faut.

LE MAITRE DE MUSIQUE.

Il n'y a rien qui soit si utile dans un état que la musique.

LE MAITRE A DANSER.

Il n'y a rien qui soit si nécessaire aux hommes, que la danse.

LE MAITRE DE MUSIQUE.

Sans la musique, un État ne peut subsister.

LE MAITRE A DANSER.

Sans la danse un homme ne sauroit rien faire.

LE MAITRE DE MUSIQUE.

Tous les désordres, toutes les guerres qu'on voit dans le monde, n'arrivent que pour n'apprendre pas la musique.

ACTE I. SCENE II.
LE MAITRE A DANSER.

Tous les malheurs des hommes, tous les revers funestes dont les histoires sont remplies ; les bévues des politiques, les manquemens * des grands capitaines ; tout cela n'est venu que faute de savoir danser.

M. JOURDAIN.
Comment cela ?

LE MAITRE DE MUSIQUE.
La guerre ne vient-elle pas d'un manque d'union entre les hommes ?

M. JOURDAIN.
Cela est vrai.

LE MAITRE DE MUSIQUE.
Et si tous les hommes apprenoient la musique, ne seroit-ce pas le moyen de s'accorder ensemble, et de voir dans le monde la paix universelle ?

M. JOURDAIN.
Vous avez raison.

LE MAITRE A DANSER.
Lorsqu'un homme a commis un manquement dans sa conduite, soit aux affaires de sa famille, ou au gouvernement d'un Etat, ou au commandement d'une armée, ne dit-on pas toujours, un tel a fait un mauvais pas dans une telle affaire ?

M. JOURDAIN.
Oui, on dit cela.

LE MAITRE A DANSER.
Et faire un mauvais pas, peut-il procéder d'autre chose que de ne savoir pas danser ?

M. JOURDAIN.
Cela est vrai ; et vous avez raison tous deux.

LE MAITRE A DANSER.
C'est pour vous faire voir l'excellence et l'utilité de la danse et de la musique.

M. JOURDAIN.
Je comprends cela à cette heure.

* *Les manquemens des grands capitaines*, pour *les fautes*, ne se diroit plus.

LE BOURGEOIS GENTILHOMME.
LE MAITRE DE MUSIQUE.
Voulez-vous voir nos deux affaires ?
M. JOURDAIN.
Oui.
LE MAITRE DE MUSIQUE.
Je vous l'ai déjà dit, c'est un petit essai que j'ai fait autrefois des diverses passions que peut exprimer la musique.
M. JOURDAIN.
Fort bien.
LE MAITRE DE MUSIQUE *aux musiciens.*
Allons, avancez.

(*à M. Jourdain.*)

Il faut vous figurer qu'ils sont habillés en bergers.
M. JOURDAIN.
Pourquoi toujours des bergers ? On ne voit que cela partout.
LE MAITRE A DANSER.
Lorsqu'on a des personnes à faire parler en musique, il faut bien que, pour la vraisemblance, on donne dans la bergerie. Le chant a été de tout tems affecté aux bergers ; et il n'est guère naturel, en dialogue, que des princes ou bourgeois chantent leurs passions.
M. JOURDAIN.
Passe, passe. Voyons.

DIALOGUE EN MUSIQUE.

UNE MUSICIENNE, ET DEUX MUSICIENS.

LA MUSICIENNE.

Un cœur dans l'amoureux empire,
De mille soins est toujours agité.
On dit qu'avec plaisir on languit, on soupire ;
Mais, quoi qu'on puisse dire,
Il n'est rien de si doux que notre liberté.

ACTE I. SCÈNE II.

PREMIER MUSICIEN.

Il n'est rien de si doux que les tendres ardeurs
Qui font vivre deux cœurs
Dans une même envie * ;
On ne peut être heureux sans amoureux desirs.
Otez l'amour de la vie ;
Vous en ôtez les plaisirs.

SECOND MUSICIEN.

Il seroit doux d'entrer sous l'amoureuse loi ** ,
Si l'on trouvoit en amour de la foi ;
Mais, hélas, ô rigueur cruelle !
On ne voit point de bergère fidèle,
Et ce sexe inconstant, trop indigne du jour,
Doit faire pour jamais renoncer à l'amour.

PREMIER MUSICIEN.

Aimable ardeur !

LA MUSICIENNE.

Franchise heureuse !

SECOND MUSICIEN.

Sexe trompeur !

PREMIER MUSICIEN.

Que tu m'es précieuse !

LA MUSICIENNE.

Que tu plais à mon cœur !

SECOND MUSICIEN.

Que tu me fais d'horreur !

PREMIER MUSICIEN.

Ah ! quitte, pour aimer, cette haine mortelle.

LA MUSICIENNE.

On peut, on peut te montrer
Une bergère fidèle.

SECOND MUSICIEN.

Hélas ! où la rencontrer ?

---

* *Vivre dans une même envie.* Expression impropre et peu française.

** *D'entrer sous l'amoureuse loi.* Même observation.

LA MUSICIENNE.

Pour défendre notre gloire,
Je te veux offrir mon cœur.

SECOND MUSICIEN.

Mais, bergère, puis-je croire
Qu'il ne sera point trompeur?

LA MUSICIENNE.

Voyez, par expérience,
Qui des deux aimera mieux.

SECOND MUSICIEN.

Qui manquera de constance,
Le puissent perdre les dieux!

TOUS TROIS ENSEMBLE.

A des ardeurs si belles
Laissons-nous enflammer :
Ah! qu'il est doux d'aimer,
Quand deux cœurs sont fidèles!

M. JOURDAIN.

Est-ce tout?

LE MAITRE DE MUSIQUE.

Oui.

M. JOURDAIN.

Je trouve cela bien troussé; et il y a là-dedans de petits dictons assez jolis.

LE MAITRE A DANSER.

Voici, pour mon affaire, un petit essai des plus beaux mouvemens et des plus belles attitudes dont une danse puisse être variée.

M. JOURDAIN.

Sont-ce encore des bergers?

LE MAITRE A DANSER.

C'est ce qu'il vous plaira. (*Aux danseurs.*) Allons.

ENTRÉE DE BALLET.

Quatre danseurs exécutent tous les mouvemens différens, et toutes les sortes de pas que le maître à danser leur commande.

ACTE II.

SCENE I.

MONSIEUR JOURDAIN, LE MAITRE DE MUSIQUE, LE MAITRE A DANSER.

M. JOURDAIN.

Voila qui n'est point sot, et ces gens-là se trémoussent bien.
LE MAITRE DE MUSIQUE.
Lorsque la danse sera mêlée avec la musique, cela fera plus d'effet encore; et vous verrez quelque chose de galant dans le petit ballet que nous avons ajusté pour vous.
M. JOURDAIN.
C'est pour tantôt, au moins; et la personne pour qui j'ai fait faire tout cela, me doit faire l'honneur de venir dîner céans.
LE MAITRE A DANSER.
Tout est prêt.
LE MAITRE DE MUSIQUE.
Au reste, monsieur, ce n'est pas assez; il faut qu'une personne comme vous, qui êtes magnifique, et qui avez de l'inclination pour les belles choses, ait un concert de musique chez soi * tous les mercredis ou tous les jeudis.
M. JOURDAIN.
Est-ce que les gens de qualité en ont ?

* *Qu'une personne comme vous ait un concert de musique chez soi.* L'exactitude demanderoit *chez elle.*

LE MAITRE DE MUSIQUE.

Oui, monsieur.

M. JOURDAIN.

J'en aurai donc. Cela est-il beau ?

LE MAITRE DE MUSIQUE.

Sans doute. Il vous faudra trois voix, un dessus, une haute-contre, et une basse, qui seront accompagnées d'une basse de viole, d'un théorbe et d'un clavecin pour les basses continues, avec deux dessus de violon pour jouer les ritournelles.

M. JOURDAIN.

Il y faudra mettre aussi une trompette marine. La trompette marine est un instrument qui me plaît, et qui est harmonieux.

LE MAITRE DE MUSIQUE.

Laissez-nous gouverner les choses.

M. JOURDAIN.

Au moins, n'oubliez pas tantôt de m'envoyer des musiciens pour chanter à table.

LE MAITRE DE MUSIQUE.

Vous aurez tout ce qu'il vous faut.

M. JOURDAIN.

Mais, surtout, que le ballet soit beau.

LE MAITRE DE MUSIQUE.

Vous en serez content ; et, entre autres choses, de certains menuets que vous y verrez.

M. JOURDAIN.

Ah ! les menuets sont ma danse, et je veux que vous me le voyiez danser. Allons, mon maître.

LE MAITRE A DANSER.

Un chapeau, monsieur, s'il vous plaît.

(*M. Jourdain va prendre le chapeau de son laquais, et le met par-dessus son bonnet de nuit. Son maître lui prend les mains et le fait danser sur un air de menuet qu'il chante.*)

La, la, la, la, la, la,
La, la, la, la, la, la, la,
La, la, la, la, la, la,
La, la, la, la, la, la,
La, la, la, la, la. En cadence, s'il vous plaît. La,

La, la, la, la. La jambe
droite, la, la, la.
Ne remuez point tant les épaules.
La, la, la, la, la, la, la, la, la, la.
Vos deux bras sont estropiés.
La, la, la, la, la. Haussez la tête.
Tournez la pointe du pied en-dehors.
La, la, la. Dressez votre corps.

M. JOURDAIN.

Hé!

LE MAITRE DE MUSIQUE.

Voilà qui est le mieux du monde.

M. JOURDAIN.

A propos! apprenez-moi comme il faut faire une révérence pour saluer une marquise; j'en aurai besoin tantôt.

LE MAITRE A DANSER.

Une révérence pour saluer une marquise?

M. JOURDAIN.

Oui. Une marquise qui s'appelle Dorimène.

LE MAITRE A DANSER.

Donnez-moi la main.

M. JOURDAIN.

Non. Vous n'avez qu'à faire: je le retiendrai bien.

LE MAITRE A DANSER.

Si vous voulez la saluer avec beaucoup de respect, il faut faire d'abord une révérence en arrière, puis marcher vers elle avec trois révérences en avant, et à la dernière vous baisser jusqu'à ses genoux.

M. JOURDAIN.

Faites un peu. (*Après que le maître à danser a fait trois révérences.*) Bon.

SCÈNE II.

MONSIEUR JOURDAIN, LE MAITRE DE MUSIQUE, LE MAITRE A DANSER, UN LAQUAIS.

LE LAQUAIS.

Monsieur, voilà votre maître d'armes qui est là.

M. JOURDAIN.

Dis-lui qu'il entre ici pour me donner leçon.
(*Au maître de musique et au maître à danser.*)
Je veux que vous me voyiez faire.

SCÈNE III.

M. JOURDAIN, UN MAITRE D'ARMES, LE MAITRE DE MUSIQUE, LE MAITRE A DANSER, UN LAQUAIS *tenant deux fleurets.*

LE MAITRE D'ARMES *après avoir pris les deux fleurets de la main du laquais, et en avoir présenté un à M. Jourdain.*

Allons, monsieur, la révérence. Votre corps droit. Un peu penché sur la cuisse gauche. Les jambes point tant écartées. Vos pieds sur une même ligne. Votre poignet à l'opposite de votre hanche. La pointe de votre épée vis-à-vis de votre épaule. Le bras pas tout-à-fait si étendu. La main gauche à la hauteur de l'œil. L'épaule gauche plus quarrée. La tête droite. Le regard assuré. Avancez. Le corps ferme. Touchez-moi l'épée de quarte, et achevez de même. Une, deux : Remettez-vous. Redoublez de pied ferme. Une, deux. Un saut en arrière. Quand vous portez la botte, monsieur, il faut que l'épée parte la première, et que le corps soit bien effacé. Une, deux. Allons, touchez-moi l'épée de tierce, et achevez de même. Avancez. Le corps ferme. Avancez. Partez de là. Une, deux. Remettez-vous. Redoublez. Une, deux. Un saut en arrière. En garde, monsieur, en garde.

(*Le maître d'armes lui pousse deux ou trois bottes, en lui disant, en garde.*)

M. JOURDAIN.

Hé !

LE MAITRE DE MUSIQUE.

Vous faites des merveilles.

LE MAITRE D'ARMES.

Je vous l'ai déjà dit, tout le secret des armes ne consiste qu'en deux choses, à donner et à ne point recevoir ; et,

ACTE II. SCÈNE III.

comme je vous fis voir l'autre jour par raison démonstrative, il est impossible que vous receviez, si vous savez détourner l'épée de votre ennemi de la ligne de votre corps; ce qui ne dépend seulement que d'un petit mouvement du poignet, ou en-dedans, ou en-dehors.

M. JOURDAIN.

De cette façon donc, un homme, sans avoir du cœur, est sûr de tuer son homme, et de n'être point tué ?

LE MAITRE D'ARMES.

Sans doute. N'en vites-vous pas la démonstration ?

M. JOURDAIN.

Oui.

LE MAITRE D'ARMES.

Et c'est en quoi l'on voit de quelle considération nous autres nous devons être dans un état ; et combien la science des armes l'emporte hautement sur toutes les autres sciences inutiles, comme la danse, la musique, la....

LE MAITRE A DANSER.

Tout beau, monsieur le tireur d'armes. Ne parlez de la danse qu'avec respect.

LE MAITRE DE MUSIQUE.

Apprenez, je vous prie, à mieux traiter l'excellence de la musique.

LE MAITRE D'ARMES.

Vous êtes de plaisantes gens, de vouloir comparer vos sciences à la mienne !

LE MAITRE DE MUSIQUE.

Voyez un peu l'homme d'importance !

LE MAITRE A DANSER.

Voilà un plaisant animal, avec son plastron !

LE MAITRE D'ARMES.

Mon petit maître à danser, je vous ferois danser comme il faut. Et vous, mon petit musicien, je vous ferois chanter de la belle manière.

LE MAITRE A DANSER.

Monsieur le batteur de fer, je vous apprendrai votre métier.

M. JOURDAIN *au maître à danser*.

Êtes-vous fou, de l'aller quereller, lui qui entend la tierce et la quarte, et qui sait tuer un homme par raison démonstrative ?

LE MAITRE A DANSER.

Je me moque de sa raison démonstrative, et de sa tierce et de sa quarte.

M. JOURDAIN au maitre à danser.

Tout doux, vous dis-je.

LE MAITRE D'ARMES au maître à danser.

Comment ! petit impertinent ?

M. JOURDAIN.

Hé ! mon maître d'armes.

LE MAITRE A DANSER au maître d'armes.

Comment ! grand cheval de carrosse ?

M. JOURDAIN.

Hé ! mon maître à danser.

LE MAITRE D'ARMES.

Si je me jette sur vous....

M. JOURDAIN au maître d'armes.

Doucement !

LE MAITRE A DANSER.

Si je mets sur vous la main....

M. JOURDAIN au maître à danser.

Tout beau !

LE MAITRE D'ARMES.

Je vous étrillerai d'un air....

M. JOURDAIN au maître d'armes.

De grace !

LE MAITRE A DANSER.

Je vous rosserai d'une manière....

M. JOURDAIN au maître à danser.

Je vous prie !

LE MAITRE DE MUSIQUE.

Laissez-nous un peu lui apprendre à parler.

M. JOURDAIN au maître de musique.

Mon Dieu ! arrêtez-vous !

ACTE II. SCÈNE IV.

SCÈNE IV.

UN MAITRE DE PHILOSOPHIE, M. JOURDAIN, LE MAITRE DE MUSIQUE, LE MAITRE A DANSER, LE MAITRE D'ARMES, UN LAQUAIS.

M. JOURDAIN.

Hola! monsieur le philosophe; vous arrivez tout-à-propos avec votre philosophie. Venez un peu mettre la paix entre ces personnes-ci.

LE MAITRE DE PHILOSOPHIE.

Qu'est-ce donc? Qui a-t-il, messieurs?

M. JOURDAIN.

Ils se sont mis en colère pour la préférence de leurs professions, jusqu'à se dire des injures, et en vouloir venir aux mains.

LE MAITRE DE PHILOSOPHIE.

Hé quoi, messieurs! faut-il s'emporter de la sorte? Et n'avez-vous point lu le docte traité que Sénèque a composé de la colère? Y a-t-il rien de plus bas et de plus honteux que cette passion, qui fait d'un homme une bête féroce? Et la raison ne doit-elle pas être maîtresse de tous nos mouvemens?

LE MAITRE A DANSER.

Comment, monsieur? Il vient nous dire des injures à tous deux, en méprisant la danse que j'exerce, et la musique dont il fait profession.

LE MAITRE DE PHILOSOPHIE.

Un homme sage est au-dessus de toutes les injures qu'on lui peut dire; et la grande réponse qu'on doit faire aux outrages, c'est la modération et la patience.

LE MAITRE D'ARMES.

Ils ont tous deux l'audace de vouloir comparer leurs professions à la mienne!

LE MAITRE DE PHILOSOPHIE.

Faut-il que cela vous émeuve? Ce n'est pas de vaine gloire et de condition que les hommes doivent disputer entr'eux; et ce qui nous distingue parfaitement les uns des autres, c'est la sagesse et la vertu.

LE MAITRE A DANSER.

Je lui soutiens que la danse est une science à laquelle on ne peut faire assez d'honneur.

LE MAITRE DE MUSIQUE.

Et moi, que la musique en est une que tous les siècles ont révérée.

LE MAITRE D'ARMES.

Et moi, je leur soutiens à tous deux que la science de tirer des armes est la plus belle et la plus nécessaire de toutes les sciences.

LE MAITRE DE PHILOSOPHIE.

Et que sera donc la philosophie ? Je vous trouve tous trois bien impertinens, de parler devant moi avec cette arrogance, et de donner impudemment le nom de science à des choses que l'on ne doit pas même honorer du nom d'art, et qui ne peuvent être comprises que sous le nom de métier misérable de gladiateur, de chanteur et de baladin !

LE MAITRE D'ARMES.

Allez, philosophe de chien.

LE MAITRE DE MUSIQUE.

Allez, bélître de pédant.

LA MAITRE A DANSER.

Allez, cuistre fieffé.

LE MAITRE DE PHILOSOPHIE.

Comment, marauds que vous êtes !...

(*Le philosophe se jette sur eux, et tous trois le chargent de coups.*)

M. JOURDAIN.

Monsieur le philosophe.

LE MAITRE DE PHILOSOPHIE.

Infâmes, coquins, insolens.

M. JOURDAIN.

Monsieur le philosophe.

LE MAITRE D'ARMES.

La peste de l'animal!

M. JOURDAIN.

Messieurs.

ACTE II. SCÈNE V.

LE MAITRE DE PHILOSOPHIE.

Impudens !

M. JOURDAIN.

Monsieur le philosophe.

LE MAITRE A DANSER.

Diantre soit de l'âne bâté !

M. JOURDAIN.

Messieurs.

LE MAITRE DE PHILOSOPHIE.

Scélérats !

M. JOURDAIN.

Monsieur le philosophe.

LE MAITRE DE MUSIQUE.

Au diable l'impertinent !

M. JOURDAIN.

Messieurs.

LE MAITRE DE PHILOSOPHIE.

Fripons, gueux, traîtres, imposteurs !

M. JOURDAIN.

Monsieur le philosophe. Messieurs. Monsieur le philosophe. Messieurs. Monsieur le philosophe.

(*Ils sortent en se battant.*)

SCENE V.

M. JOURDAIN, UN LAQUAIS,

M. JOURDAIN.

Oh ! battez-vous tant qu'il vous plaira : je n'y saurois que faire, et je n'irai pas gâter ma robe pour vous séparer. Je serois bien fou de m'aller fourrer parmi eux, pour recevoir quelque coup qui me feroit mal !

SCÈNE VI.

LE MAITRE DE PHILOSOPHIE, M. JOURDAIN, UN LAQUAIS.

LE MAITRE DE PHILOSOPHIE *raccommodant son collet.*

Venons à notre leçon.

M. JOURDAIN *.

Ah ! monsieur, je suis fâché des coups qu'ils vous ont donnés.

LE MAITRE DE PHILOSOPHIE.

Cela n'est rien. Un philosophe sait recevoir comme il faut les choses ; et je vais composer contre eux un satyre du style de Juvénal, qui les déchirera de la belle façon. Laissons cela. Que voulez-vous apprendre ?

---

* On trouve partout, et même dans la vie de Molière, que le célèbre M. Rohaut 1 étoit l'original du philosophe de cette scène.

Ce que n'ont pas remarqué les partisans de ce conte, et ce qui sembleroit devoir l'appuyer, c'est que la définition de la physique par le maître de philosophie, est presque mot à mot la table des chapitres de la troisième partie du Traité de Physique de M. Rohaut ; mais ce Traité ne parut chez *Savreux* qu'en 1671, c'est-à-dire, un an après *le Bourgeois Gentilhomme*. D'ailleurs, on ne sauroit se persuader que Molière ait cherché à couvrir de ridicule un homme qui en avoit peu, puisqu'il étoit un de ses amis particuliers. S'il eût fait entrer dans sa pièce un peintre et un poëte, il eût été aussi naturel de croire qu'il vouloit porter sur le théâtre et Chapelle et Mignard, avec lesquels il vivoit dans la plus grande intimité, ainsi qu'avec M. Rohaut.

L'anecdote du chapeau de cet illustre Cartésien, emprunté pour en couvrir l'acteur qui jouoit le Maître de Philosophie, est donc au moins très-suspecte. Si molière, pour ce personnage, avoit eu besoin de le dessiner d'après nature, il y avoit alors à Paris un pédant fameux qui se qualifioit *Modérateur de l'académie des philosophes orateurs*, et qui donnoit des leçons publiques d'éloquence dans une chambre qu'il occupoit à la place Dauphine. *Jean de Soudière, écuyer, seigneur de Riche-Source*, étoit un modèle plus fait pour le crayon d'un poëte dramatique que le sage M. Rohaut.

Le misérable déclamateur dont nous venons de parler, mourut à Paris en 1695 ou 1696 : ce qu'il y a d'étonnant dans l'histoire de ce fou lettré, c'est que l'illustre Fléchier fut un de ses disciples, et qu'on connoît un madrigal de ce prélat adressé au sieur de Riche-Source, que ce dernier fit imprimer à la tête de son Cours d'éloquence de la Chaire en 1662.

1 Jacques Rohaut, d'Amiens en Picardie, mourut à Paris en 1675 ; il est enterré à Sainte Geneviève, où l'on voit son épitaphe à côté de celle de Descartes.

ACTE II. SCÈNE VI.

M. JOURDAIN.

Tout ce que je pourrai ; car j'ai toutes les envies du monde d'être savant ; et j'enrage que mon père et ma mère ne m'ayent pas fait bien étudier dans toutes les sciences quand j'étois jeune.

LE MAITRE DE PHILOSOPHIE.

Ce sentiment est raisonnable : *nam, sine doctrinâ, vita est quasi mortis imago.* Vous entendez cela, et vous savez le latin, sans doute ?

M. JOURDAIN.

Oui : mais faites comme si je ne le savois pas. Expliquez-moi ce que cela veut dire ?

Les plaisanteries du maître de philosophie, devenu dans la même scène maître de langue, étoient une critique d'un ouvrage ridicule de grammaire de ce tems-là : c'est ainsi que dans un de nos intermèdes, qui a pour titre *la Fille mal gardée*, M. Favard ridiculise la singulière invention de composer de la musique par la chance des dez, qui avoit été sérieusement proposée dans un de nos journaux.

Il faut encore observer, par rapport à cette scène, que M. de Marivaux, dans *sa surprise de l'amour*, s'en souvint utilement dans les questions que fait *Lubin à M. Hortensius*.

Il falloit avertir le lecteur que ce qui se trouve dans la scène sixième du Bourgeois Gentilhomme, acte 2, sur la prononciation des lettres, est tiré mot pour mot du discours de M. de Cordemoi, sur la parole, imprimé à Paris, en 1668 ; c'est-à-dire deux ans avant cette excellente comédie. M. Cordemoi étoit lecteur du Dauphin, et membre de l'Académie française. Il falloit encore ne pas oublier que dans ce siècle-ci, l'ambassadeur turc, Saïd Effendi, voyant représenter le Bourgeois Gentilhomme, et la cérémonie burlesque dans laquelle on le fait Mamamouchi, regarda ce divertissement comme une profanation, lorsqu'il entendit prononcer le mot sacré *Hou*, avec dérision, et avec des postures extravagantes. Molière ignoroit que le *Hou* des arabes, qui répondoit à ces mots *sum qui sum*, avoit passé chez les turcs, qui ne prononçoient ce mot qu'avec une crainte respectueuse.

Dans la même scène, on trouve le trait suivant. *Par ma foi, il y a plus de quarante ans que je dis de la prose, sans que j'en susse rien.* De pareils traits ont quelquefois l'air d'être plus grands que nature. Voyez cependant ce que dit madame de Sévigné, lettre V du tome VI, le 12 Juin 1681, *Comment ! J'ai donc fait un sermon sans y penser ? J'en suis aussi étonnée que le comte de Soissons, quand on lui découvrit qu'il faisoit de la prose.*

LE MAITRE DE PHILOSOPHIE.

Cela veut dire que, *sans la science, la vie est presque une image de la mort.*

M. JOURDAIN.

Ce latin-là a raison.

LE MAITRE DE PHILOSOPHIE.

N'avez-vous point quelques principes, quelques commencemens des sciences?

M. JOURDAIN.

Oh, oui. Je sais lire et écrire.

LE MAITRE DE PHILOSOPHIE.

Par où vous plaît-il que nous commencions? Voulez-vous que je vous apprenne la logique?

M. JOURDAIN.

Qu'est-ce que c'est que cette logique?

LE MAITRE DE PHILOSOPHIE.

C'est elle qui enseigne les trois opérations de l'esprit.

M. JOURDAIN.

Qui sont-elles, ces trois opérations de l'esprit?

LE MAITRE DE PHILOSOPHIE.

La première, la seconde et la troisième. La première est de bien concevoir, par le moyen des universaux. La seconde, de bien juger, par le moyen des cathégories. Et la troisième, de bien tirer une conséquence, par le moyen des figures, *Barbara, celarent, Darii, ferio, baralipton, etc.*

M. JOURDAIN.

Voilà des mots qui sont trop rébarbatifs. Cette logique-là ne me revient point. Apprenons autre chose qui soit plus joli.

LE MAITRE DE PHILOSOPHIE.

Voulez-vous apprendre la morale?

M. JOURDAIN.

La morale?

LE MAITRE DE PHILOSOPHIE.

Oui.

M. JOURDAIN.

Qu'est-ce qu'elle dit, cette morale?

LE MAITRE DE PHILOSOPHIE.

Elle traite de la félicité, enseigne aux hommes à modérer leurs passions, et....

ACTE II. SCENE VI.

M. JOURDAIN.

Non ; laissons cela. Je suis bilieux comme tous les diables, et il n'y a morale qui tienne ; je me veux mettre en colère tout mon saoul, quand il m'en prend envie.

LE MAITRE DE PHILOSOPHIE.

Est-ce la physique que vous voulez apprendre ?

M. JOURDAIN.

Qu'est-ce qu'elle chante, cette physique ?

LE MAITRE DE PHILOSOPHIE.

La physique est celle qui explique les principes des choses naturelles, et les propriétés du corps, qui discourt de la nature des élémens, des métaux, des minéraux, des pierres, des plantes et des animaux ; et nous enseigne les causes de tous les météores, l'arc-en-ciel, les feux volans, les comètes, les éclairs, le tonnerre, la foudre, la pluie, la neige, la grêle, les vents et les tourbillons.

M. JOURDAIN.

Il y a trop de tintamare là-dedans, trop de brouillamini.

LE MAITRE DE PHILOSOPHIE.

Que voulez-vous donc que je vous apprenne ?

M. JOURDAIN.

Apprenez-moi l'orthographe.

LE MAITRE DE PHILOSOPHIE.

Très-volontiers.

M. JOURDAIN.

Après, vous m'apprendrez l'almanach, pour savoir quand il y a de la lune, et quand il n'y en a point.

LE MAITRE DE PHILOSOPHIE.

Soit. Pour bien suivre votre pensée, et traiter cette matière en philosophe, il faut commencer, selon l'ordre des choses, par une exacte connoissance de la nature des lettres, de la différente manière de les prononcer toutes. Et là-dessus j'ai à vous dire que les lettres sont divisées en voyelles, ainsi dites voyelles, parce qu'elles expriment les voix ; et en consonnes, ainsi appelées consonnes, parce qu'elles sonnent avec les voyelles, et ne font que marquer les diverses articulations des voix. Il y a cinq voyelles ou voix : A, E, I, O, U.

M. JOURDAIN.

J'entends tout cela.

LE MAITRE DE PHILOSOPHIE.
La voix A se forme en ouvrant fort la bouche : A.

M. JOURDAIN.
A, A. Oui.

LE MAITRE DE PHILOSOPHIE.
La voix E se forme en rapprochant la mâchoire d'en-bas de celle d'en-haut : A, E.

M. JOURDAIN.
A, E; A, E. Ma foi, oui. Ah! que cela est beau!

LE MAITRE DE PHILOSOPHIE.
Et la voix I, en rapprochant encore davantage les mâchoires l'une de l'autre, et écartant les deux coins de la bouche vers les oreilles : A, E, I.

M. JOURDAIN.
A; E, I, I, I, I. Cela est vrai. Vive la science!

LE MAITRE DE PHILOSOPHIE.
La voix O se forme en rouvrant les machoires, et rapprochant les lèvres par les deux coins, le haut et le bas : O.

M. JOURDAIN.
O, O, il n'y a rien de plus juste : A, E, I O, I, O. Cela est admirable! I, O, I, O.

LE MAITRE DE PHILOSOPHIE.
L'ouverture de la bouche fait justement comme un petit rond qui représente un O.

M. JOURDAIN.
O, O, O. Vous avez raison. O. Ah! la belle chose que de savoir quelque chose!

LE MAITRE DE PHILOSOPHIE.
La voix U se forme en rapprochant les dents sans les joindre entièrement, et alongeant les deux lèvres en-dehors ; les approchant aussi l'une de l'autre, sans les rejoindre tout-à-fait : U.

M. JOURDAIN.
U, U. Il n'y a rien de plus véritable : U.

LE MAITRE DE PHILOSOPHIE.
Vos deux lèvres s'alongent comme si vous faisiez la moue : d'où vient que si vous la voulez faire à quelqu'un, et vous moquer de lui, vous ne sauriez lui dire que U.

ACTE II. SCENE VI.

M. JOURDAIN.

U, U. Cela est vrai. Ah! que n'ai-je étudié plutôt pour savoir tout cela!

LE MAITRE DE PHILOSOPHIE.

Demain nous verrons les autres lettres, qui sont les consonnes.

M. JOURDAIN.

Est-ce qu'il y a des choses aussi curieuses qu'à celles-ci?

LE MAITRE DE PHILOSOPHIE.

Sans doute. La consonne D, par exemple, se prononce en donnant du bout de la langue au-dessus des dents d'en-haut: DA.

M. JOURDAIN.

DA, DA. Oui. Ah! les belles choses! les belles choses!

LE MAITRE DE PHILOSOPHIE.

L'F, en appuyant les dents d'en-haut sur la lèvre de dessous: FA.

M. JOURDAIN.

FA, FA. C'est la vérité. Ah! mon père et ma mère, que je vous veux de mal!

LE MAITRE DE PHILOSOPHIE.

Et l'R, en portant le bout de la langue jusqu'au haut du palais; de sorte qu'étant frôlée par l'air qui sort avec force; elle lui cède, et revient toujours au même endroit, faisant une manière de tremblement: R, RA.

M. JOURDAIN.

R, R, RA, R, R, R, R, R, RA. Cela est vrai. Ah, habile homme que vous êtes, et que j'ai perdu de tems! R, R, R, RA.

LE MAITRE DE PHILOSOPHIE.

Je vous expliquerai à fond toutes ces curiosités.

M. JOURDAIN.

Je vous en prie. Au reste, il faut que je vous fasse une confidence. Je suis amoureux d'une personne de grande qualité, et je souhaiterois que vous m'aidassiez à lui écrire quelque chose dans un petit billet que je veux laisser tomber à ses pieds.

LE MAITRE DE PHILOSOPHIE.

Fort bien!

LE BOURGEOIS GENTILHOMME.

M. JOURDAIN.

Cela sera galant, oui.

LE MAITRE DE PHILOSOPHIE.

Sans doute. Sont-ce des vers que vous lui voulez écrire ?

M. JOURDAIN.

Non, non ; point de vers.

LE MAITRE DE PHILOSOPHIE.

Vous ne voulez que de la prose ?

M. JOURDAIN.

Non, je ne veux ni prose ni vers.

LE MAITRE DE PHILOSOPHIE.

Il faut bien que ce soit l'un ou l'autre.

M. JOURDAIN.

Pourquoi ?

LE MAITRE DE PHILOSOPHIE.

Par la raison, monsieur, qu'il n'y a, pour s'exprimer, que la prose ou les vers ?

M. JOURDAIN.

Il n'y a que la prose ou les vers ?

LE MAITRE DE PHILOSOPHIE.

Non, monsieur. Tout ce qui n'est point prose, est vers ; et tout ce qui n'est point vers, est prose.

M. JOURDAIN.

Et comme l'on parle, qu'est-ce que c'est donc que cela ?

LE MAITRE DE PHILOSOPHIE.

De la prose.

M. JOURDAIN.

Quoi ! quand je dis : Nicole, apportez-moi mes pantoufles, et me donnez mon bonnet de nuit, c'est de la prose ?

LE MAITRE DE PHILOSOPHIE.

Oui, monsieur.

M. JOURDAIN.

Par ma foi, il y a plus de quarante ans que je dis de la prose, sans que j'en susse rien ; et je vous suis le plus obligé du monde de m'avoir appris cela. Je voudrois donc lui mettre dans un billet : *Belle marquise, vos beaux yeux me font mourir d'amour* ; mais je voudrois que cela fût mis d'une manière galante ; que cela fût tourné gentiment.

ACTE II. SCÈNE VI.

LE MAITRE DE PHILOSOPHIE.

Mettre que les feux de ses yeux réduisent votre cœur en cendres ; que vous souffrez nuit et jour pour elle les violences d'un....

M. JOURDAIN.

Non, non, non ; je ne veux point tout cela. Je ne veux que ce que je vous ai dit ; *Belle marquise, vos beaux yeux me font mourir d'amour.*

LE MAITRE DE PHILOSOPHIE.

Il faut bien étendre un peu la chose.

M. JOURDAIN.

Non, vous dis-je ; je ne veux que ces seules paroles-là dans le billet, mais tournées à la mode, bien arrangées comme il faut. Je vous prie de me dire un peu, pour voir, les diverses manières dont on les peut mettre.

LE MAITRE DE PHILOSOPHIE.

On peut les mettre premièrement comme vous avez dit : *Belle marquise, vos beaux yeux me font mourir d'amour.* Ou bien : *D'amour mourir me font, belle marquise, vos beaux yeux.* Ou bien : *Vos yeux beaux d'amour me font, belle marquise, mourir.* Ou bien : *Mourir vos beaux yeux, belle marquise, d'amour me font.* Ou bien : *Me font vos yeux beaux, mourir, belle marquise, d'amour.*

M. JOURDAIN.

Mais de toutes ces façons-là, laquelle est la meilleure ?

LE MAITRE DE PHILOSOPHIE.

Celle que vous avez dite : *Belle marquise, vos beaux yeux me font mourir d'amour.*

M. JOURDAIN.

Cependant je n'ai point étudié, et j'ai fait cela tout du premier coup : je vous remercie de tout mon cœur, et je vous prie de venir demain de bonne heure.

LE MAITRE DE PHILOSOPHIE.

Je n'y manquerai pas.

LE BOURGEOIS GENTILHOMME.

SCÈNE VII.

M. JOURDAIN, UN LAQUAIS.

M. JOURDAIN *à son laquais.*

Comment, mon habit n'est pas encore arrivé?

LE LAQUAIS.

Non, monsieur.

M. JOURDAIN.

Ce maudit tailleur me fait bien attendre, pour un jour où j'ai tant d'affaires! J'enrage. Que la fièvre quartaine puisse serrer bien fort le bourreau de tailleur! Au diable le tailleur! La peste étouffe le tailleur! Si je le tenois maintenant; ce tailleur détestable, ce chien de tailleur-là, ce traître de tailleur, je...

SCÈNE VIII.

M. JOURDAIN, UN MAITRE TAILLEUR, UN GARÇON TAILLEUR *portant l'habit de M. Jourdain,* UN LAQUAIS.

M. JOURDAIN.

Ah! vous voilà! Je m'allois mettre en colère contre vous.

LE MAITRE TAILLEUR.

Je n'ai pu venir plutôt, et j'ai mis vingt garçons après votre habit.

M. JOURDAIN.

Vous m'avez envoyé des bas de soie si étroits, que j'ai eu toutes les peines du monde à les mettre; et il y a deux mailles de rompues.

LE MAITRE TAILLEUR.

Ils ne s'élargiront que trop.

M. JOURDAIN.

Oui, si je romps toujours des mailles. Vous m'avez aussi fait faire des souliers qui me blessent furieusement.

LE MAITRE TAILLEUR.

Point du tout, monsieur.

M. JOURDAIN.

Comment, point du tout?

ACTE II. SCÈNE VIII.

LE MAITRE TAILLEUR.

Non, ils ne vous blessent point.

M. JOURDAIN.

Je vous dis qu'ils me blessent, moi.

LE MAITRE TAILLEUR.

Vous vous imaginez cela.

M. JOURDAIN.

Je me l'imagine, parce que je le sens. Voyez la belle raison!

LE MAITRE TAILLEUR.

Tenez, voilà le plus bel habit de la cour, et le mieux assorti. C'est un chef-d'œuvre que d'avoir inventé un habit sérieux qui ne fût pas noir; et je le donne en six coups aux tailleurs les plus éclairés.

M. JOURDAIN.

Qu'est-ce que c'est que ceci? Vous avez mis les fleurs en en-bas.

LE MAITRE TAILLEUR.

Vous ne m'avez pas dit que vous les vouliez en en-haut.

M. JOURDAIN.

Est-ce qu'il faut dire cela?

LE MAITRE TAILLEUR.

Oui, vraiment. Toutes les personnes de qualité les portent de la sorte.

M. JOURDAIN.

Les personnes de qualité portent les fleurs en en-bas?

LE MAITRE TAILLEUR.

Oui, monsieur.

M. JOURDAIN.

Oh! voilà qui est donc bien?

LE MAITRE TAILLEUR.

Si vous voulez, je les mettrai en en-haut.

M. JOURDAIN.

Non, non.

LE MAITRE TAILLEUR.

Vous n'avez qu'à dire.

M. JOURDAIN.

Non, vous dis-je; vous avez bien fait. Croyez-vous que mon habit m'aille bien?

LE BOURGEOIS GENTILHOMME.

LE MAITRE TAILLEUR.

Belle demande! Je défie un peintre, avec son pinceau, de vous faire rien de plus juste. J'ai chez moi un garçon qui, pour monter une ringrave, est le plus grand génie du monde ; et un autre qui, pour assembler un pourpoint, est le héros de notre tems.

M. JOURDAIN.

La perruque et les plumes sont-elles comme il faut?

LE MAITRE TAILLEUR.

Tout est bon.

M. JOURDAIN *regardant le maître tailleur.*

Ah, ah! monsieur le tailleur, voilà de mon étoffe du dernier habit que vous m'avez fait. Je la reconnois bien.

LE MAITRE TAILLEUR.

C'est que l'étoffe me sembla si belle, que j'en ai voulu lever un habit pour moi.

M. JOURDAIN.

Oui : mais il ne falloit pas le lever avec le mien.

LE MAITRE TAILLEUR.

Voulez-vous mettre votre habit?

M. JOURDAIN.

Oui : donnez-le moi.

LE MAITRE TAILLEUR.

Attendez. Cela ne va pas comme cela. J'ai amené des gens pour vous habiller en cadence, et ces sortes d'habits se mettent avec cérémonie. Holà ! entrez, vous autres.

SCÈNE IX.

M. JOURDAIN, LE MAITRE TAILLEUR, LE GARÇON TAILLEUR, GARÇONS TAILLEURS *dansans*, UN LAQUAIS.

LE MAITRE TAILLEUR *à ses Garçons.*

Mettez cet habit à monsieur, de la manière que vous faites aux personnes de qualité.

ACTE II. SCÈNE IX.
PREMIÈRE ENTRÉE DE BALLET.

Les quatre Garçons tailleurs dansans s'approchent de M. Jourdain. Deux lui arrachent le haut-de-chausses de ses exercices, les deux autres lui ôtent la camisole : après quoi, toujours en cadence, ils lui mettent son habit neuf.

M. Jourdain se promène au milieu d'eux, et leur montre son habit pour voir s'il est bien.

GARÇON TAILLEUR.
Mon Gentilhomme, donnez, s'il vous plaît, aux garçons quelque chose pour boire.

M. JOURDAIN.
Comment m'appelez-vous ?

GARÇON TAILLEUR.
Mon Gentilhomme.

M. JOURDAIN.
Mon Gentilhomme ! Voilà ce que c'est que de se mettre en personne de qualité ! Allez-vous-en demeurer toujours habillé en bourgeois, on ne vous dira point mon Gentilhomme. (*Donnant de l'argent.*) Tenez, voilà pour mon Gentilhomme.

GARÇON TAILLEUR.
Monseigneur, nous vous sommes bien obligés.

M. JOURDAIN.
Monseigneur ! Oh, oh ! Monseigneur ! Attendez, mon ami ; Monseigneur mérite quelque chose, et ce n'est pas une petite parole que Monseigneur ! Tenez, voilà ce que Monseigneur vous donne.

GARÇON TAILLEUR.
Monseigneur, nous allons boire tous à la santé de votre Grandeur.

M. JOURDAIN.
Votre Grandeur ! Oh, oh, oh ! Attendez ; ne vous en allez pas. A moi votre Grandeur ! (*bas à part.*) Ma foi, s'il va jusqu'à l'Altesse, il aura toute la bourse. (*haut.*) Tenez, voilà pour ma Grandeur.

GARÇON TAILLEUR.
Monseigneur, nous la remercions très-humblement de ses libéralités.

M. JOURDAIN.
Il a bien fait ; je lui allois tout donner.

SCÈNE X.

DEUXIÈME ENTRÉE DE BALLET.

Les quatre garçons tailleurs se réjouissent, en dansant de la libéralité de M. Jourdain.

ACTE III.

SCENE I.

M. JOURDAIN, DEUX LAQUAIS.

M. JOURDAIN.

Suivez-moi, que j'aille un peu montrer mon habit par la ville ; et surtout, ayez soin tous deux de marcher immédiatement sur mes pas, afin qu'on voye bien que vous êtes à moi.

LAQUAIS.

Oui, monsieur.

M. JOURDAIN.

Appelez-moi Nicole, que je lui donne quelques ordres. Ne bougez : la voilà.

SCÈNE II.

M. JOURDAIN, NICOLE, DEUX LAQUAIS.

M. JOURDAIN.

Nicole ?

ACTE III. SCÈNE II.

NICOLE.

Plaît-il.

M. JOURDAIN.

Écoutez.

NICOLE *riant*.

Hi, hi, hi, hi, hi.

M. JOURDAIN.

Qu'as-tu à rire ?

NICOLE.

Hi, hi, hi, hi, hi, hi.

M. JOURDAIN.

Que veut dire cette coquine-là ?

NICOLE.

Hi, hi, hi. Comme vous voilà bâti ! hi, hi, hi.

M. JOURDAIN.

Comment donc ?

NICOLE.

Ah, ah ! mon Dieu ! Hi, hi, hi, hi.

M. JOURDAIN.

Quelle friponne est-ce là ? Te moques-tu de moi ?

NICOLE.

Nenni, monsieur; j'en serois bien fâchée. Hi, hi, hi, hi, hi, hi, hi.

M. JOURDAIN.

Je te baillerai sur le nez, si tu ris davantage.

NICOLE.

Monsieur, je ne puis pas m'en empêcher. Hi, hi, hi, hi, hi.

M. JOURDAIN.

Tu ne t'arrêteras pas ?

NICOLE.

Monsieur, je vous demande pardon; mais vous êtes si plaisant, que je ne me saurois tenir de rire. Hi, hi, hi.

M. JOURDAIN.

Mais voyez quelle insolence !

NICOLE.

Vous êtes tout-à-fait drôle comme cela. Hi, hi.

M. JOURDAIN.

Je te....

NICOLE.

Je vous prie de m'excuser. Hi, hi, hi, hi.

M. JOURDAIN.

Tiens, si tu ris encore le moins du monde, je te jure que je t'appliquerai sur la joue le plus grand soufflet qui se soit jamais donné.

NICOLE.

Hé bien! monsieur, voilà qui est fait : je ne rirai plus.

M. JOURDAIN.

Prends-y bien garde. Il faut que, pour tantôt, tu nettoyes...

NICOLE.

Hi, hi.

M. JOURDAIN.

Que tu nettoyes comme il faut....

NICOLE.

Hi, hi.

M. JOURDAIN.

Il faut, dis-je, que tu nettoyes la salle, et....

NICOLE.

Hi, hi.

M. JOURDAIN.

Encore?

NICOLE *tombant à force de rire.*

Tenez, monsieur, battez-moi plutôt, et me laissez rire tout mon saoul ; cela me fera plus de bien. Hi, hi, hi, hi.

M. JOURDAIN.

J'enrage.

NICOLE.

De grace, monsieur, je vous prie de me laisser rire. Hi, hi, hi.

M. JOURDAIN.

Si je te prends...

NICOLE.

Monsieur, je creverai, ai, si je ne ris. Hi, hi, hi.

M. JOURDAIN.

Mais a-t-on jamais vu une pendarde comme celle-là, qui me vient rire insolemment au nez, au lieu de recevoir mes ordres?

ACTE III. SCÈNE III.

NICOLE.
Que voulez-vous que je fasse, monsieur?

M. JOURDAIN.
Que tu songes, coquine, à préparer ma maison pour la compagnie qui doit venir tantôt.

NICOLE *se relevant.*
Ah! par ma foi, je n'ai plus envie de rire; et toutes vos compagnies font tant de désordres céans, que ce mot est assez pour me mettre en mauvaise humeur.

M. JOURDAIN.
Ne dois-je point, pour toi, fermer ma porte à tout le monde?

NICOLE.
Vous devriez au moins la fermer à certaines gens.

SCÈNE III.

MADAME JOURDAIN, M. JOURDAIN, NICOLE, DEUX LAQUAIS.

Madame JOURDAIN.
Ah, ah! voici une nouvelle histoire! Qu'est-ce que c'est donc, mon mari, que cet équipage-là? Vous moquez-vous du monde, de vous être fait enharnacher de la sorte? Et avez-vous envie qu'on se raille partout de vous?

M. JOURDAIN.
Il n'y a que des sots et des sottes, ma femme, qui se railleront de moi.

Madame JOURDAIN.
Vraiment, on n'a pas attendu jusqu'à cette heure; et il y a long-tems que vos façons de faire donnent à rire à tout le monde.

M. JOURDAIN.
Qui est donc tout ce monde-là, s'il vous plaît?

Madame JOURDAIN.
Tout ce monde-là est un monde qui a raison, et qui est plus sage que vous. Pour moi, je suis scandalisée de la vie que vous menez. Je ne sais plus ce que c'est que notre maison. On diroit qu'il est céans carême-prenant tous les jours; et, dès le

matin, de peur d'y manquer, on y entend des vacarmes de violons et de chanteurs, dont tout le voisinage se trouve incommodé.

NICOLE.

Madame parle bien. Je ne saurois plus voir mon ménage propre avec cet attirail de gens que vous faites venir chez vous. Ils ont des pieds qui vont chercher de la boue dans tous les quartiers de la ville pour l'apporter ici*; et la pauvre Françoise est presque sur les dents, à frotter les planchers que vos biaux maîtres viennent crotter régulièrement tous les jours.

M. JOURDAIN.

Ouais. Notre servante Nicole, vous avez le caquet bien affilé pour une paysanne !

Madame JOURDAIN.

Nicole a raison; et son sens est meilleur que le vôtre. Je voudrois bien savoir ce que vous pensez faire d'un maître à danser, à l'âge que vous avez ?

NICOLE.

Et d'un grand maître tireur d'armes, qui vient avec ses battemens de pied, ébranler toute la maison, et nous déraciner tous les carriaux de notre salle ?

M. JOURDAIN.

Taisez-vous, ma servante et ma femme.

Madame JOURDAIN.

Est-ce que vous voulez apprendre à danser pour quand vous n'aurez plus de jambes ?

---

* L'excellente Nicole 1 dont le rire jette tant de gaieté dans le commencement de cet acte, dit, dans la scène troisième, en parlant des maîtres de chant et de danse de M. Jourdain, *qu'ils ont des pieds qui vont chercher de la boue dans tous les quartiers de la ville pour crotter les planchers de la maison.* Cette plaisanterie ne peint plus aujourd'hui les maîtres fameux de cette espèce, qu'on ne trouve pas plus à pied qu'un médecin sur une mule.

1 La demoiselle Beauval joua ce rôle si supérieurement, que Louis XIV, à qui elle avoit déplu dans son début, dit à Molière, après la première représentation de cette pièce : *Molière, je reçois votre actrice.* On dit cependant que la figure et la voix de cette comédienne ne plurent jamais à ce prince.

ACTE III. SCÈNE III.

NICOLE.
Est-ce que vous avez envie de tuer quelqu'un ?

M. JOURDAIN.
Taisez-vous, vous dis-je ; vous êtes des ignorantes l'une et l'autre ; et vous ne savez pas les prérogatives de tout cela.

Madame JOURDAIN.
Vous devriez bien plutôt songer à marier votre fille, qui est en âge d'être pourvue.

M. JOURDAIN.
Je songerai à marier ma fille quand il se présentera un parti pour elle ; mais je veux songer aussi à apprendre les belles choses.

NICOLE.
J'ai encore oui dire, madame, qu'il a pris aujourd'hui, pour renfort de potage, un maître de philosophie.

M. JOURDAIN.
Fort bien ! Je veux avoir de l'esprit, et savoir raisonner des choses parmi les honnêtes gens.

Madame JOURDAIN.
N'irez-vous point l'un de ces jours au collége vous faire donner le fouet, à votre âge ?

M. JOURDAIN.
Pourquoi non ? Plût à Dieu l'avoir tout-à-l'heure, le fouet devant tout le monde, et savoir ce qu'on apprend au collége !

NICOLE.
Oui, ma foi ! cela vous rendroit la jambe bien mieux faite.

M. JOURDAIN.
Sans doute.

Madame JOURDAIN.
Tout cela est fort nécessaire pour conduire votre maison.

M. JOURDAIN.
Assurément. Vous parlez toutes deux comme des bêtes ; et
(*à madame Jourdain.*)
j'ai honte de votre ignorance. Par exemple, savez-vous, vous, ce que c'est que vous dites à cette heure ?

Madame JOURDAIN.
Oui. Je sais que ce que je dis est fort bien dit, et que vous devriez songer à vivre d'autre sorte.

M. JOURDAIN.

Je ne parle pas de cela. Je vous demande ce que c'est que les paroles que vous dites ici ?

Madame JOURDAIN.

Ce sont des paroles bien sensées, et votre conduite ne l'est guère.

M. JOURDAIN.

Je ne parle pas de cela, vous dis-je. Je vous demande ce que je parle avec vous, ce que je vous dis à cette heure, qu'est-ce que c'est ?

Madame JOURDAIN.

Des chansons.

M. JOURDAIN.

Hé, non : ce n'est pas cela. Ce que nous disons tous deux, le langage que nous parlons à cette heure ?

Madame JOURDAIN.

Hé bien.

M. JOURDAIN.

Comment est-ce que cela s'appelle ?

Madame JOURDAIN.

Cela s'appelle comme on veut l'appeler.

M. JOURDAIN.

C'est de la prose, ignorante.

Madame JOURDAIN.

De la prose ?

M. JOURDAIN.

Oui, de la prose. Tout ce qui est prose, n'est point vers ; et tout ce qui n'est point vers, est prose. Hé ! voilà ce que c'est que d'étudier. (à *Nicole.*) Et toi, sais-tu bien comme il faut faire pour dire un U ?

NICOLE.

Comment ?

M. JOURDAIN.

Oui. Qu'est-ce que tu fais quand tu dis un U ?

NICOLE.

Quoi ?

M. JOURDAIN.

Dis un peu U, pour voir.

NICOLE.
Hé bien ! U.

M. JOURDAIN.
Qu'est-ce que tu fais ?

NICOLE.
Je dis U.

M. JOURDAIN.
Oui ; mais quand tu dis U, qu'est-ce que tu fais ?

NICOLE.
Je fais ce que vous me dites.

M. JOURDAIN.
Oh ! l'étrange chose, que d'avoir affaire à des bêtes ! Tu alonges les levres en dehors, et approches la mâchoire d'en haut de celle d'en bas : U ; vois-tu ? Je fais la moue : U.

NICOLE.
Oui : cela est bian !

Madame JOURDAIN.
Voilà qui est admirable !

M. JOURDAIN.
C'est bien autre chose, si vous aviez vu O, et DA, DA, et FA, FA !

Madame JOURDAIN.
Qu'est-ce que c'est que tout ce galimathias-là ?

NICOLE.
De quoi est-ce que tout cela guérit ?

M. JOURDAIN.
J'enrage, quand je vois des femmes ignorantes.

Madame JOURDAIN.
Allez, vous devriez envoyer promener tous ces gens-là, avec leurs fariboles.

NICOLE.
Et surtout ce grand escogriffe de maître d'armes, qui remplit de poudre tout mon ménage.

M. JOURDAIN.
Ouais ! ce maître d'armes vous tient bien au cœur ! Je te veux faire voir ton impertinence tout-à-l'heure.

(*Après avoir fait apporter des fleurets, et en avoir donné un à Nicole.*)

Tiens, raison démonstrative, la ligne du corps. Quand on

pousse en quarte, on n'a qu'à faire cela; et quand on pousse en tierce, on n'a qu'à faire cela. Voilà le moyen de n'être jamais tué; et cela n'est-il pas beau, d'être assuré de son fait quand on se bat contre quelqu'un? Là, pousse-moi un peu pour voir.

NICOLE.

Hé bien ! quoi ?

(*Nicole pousse plusieurs bottes à M. Jourdain.*)

M. JOURDAIN.

Tout beau ! Holà ! ho ! Doucement ! Diantre soit la coquine !

NICOLE.

Vous me dites de pousser.

M. JOURDAIN.

Oui; mais tu me pousses en tierce avant que de pousser en quarte, et tu n'as pas la patience que je pare.

Madame JOURDAIN.

Vous êtes fou, mon mari, avec toutes vos fantaisies; et cela vous est venu depuis que vous vous mêlez de hanter la noblesse.

M. JOURDAIN.

Lorsque je hante la noblesse, je fais paroître mon jugement; et cela est plus beau que de hanter votre bourgeoisie.

Madame JOURDAIN

Çamon vraiment ! il y a fort à gagner à fréquenter vos nobles, et vous avez bien opéré avec ce monsieur le comte, dont vous vous êtes embéguiné.

M. JOURDAIN.

Paix : songez à ce que vous dites. Savez-vous bien, ma femme, que vous ne savez pas de qui vous parlez, quand vous parlez de lui ? C'est une personne d'importance plus que vous ne pensez, un seigneur que l'on considère à la Cour, et qui parle au Roi tout comme je vous parle. N'est-ce pas une chose qui m'est tout-à-fait honorable, que l'on voye venir chez moi si souvent une personne de cette qualité, qui m'appelle son cher ami, et me traite comme si j'étois son égal ? Il a pour moi des bontés qu'on ne devineroit jamais; et, devant tout le monde, il me fait des caresses dont je suis moi-même confus.

ACTE III. SCENE III.

Madame JOURDAIN.
Oui; il a des bontés pour vous, et vous fait des caresses; mais il vous emprunte votre argent.

M. JOURDAIN.
Hé bien! ne m'est-ce pas de l'honneur de prêter de l'argent à un homme de cette condition-là? Et puis-je faire moins pour un seigneur qui m'appelle son cher ami?

Madame JOURDAIN.
Et ce seigneur, que fait-il pour vous?

M. JOURDAIN.
Des choses dont on seroit étonné, si on les savoit.

Madame JOURDAIN.
Et quoi?

M. JOURDAIN.
Baste! je ne puis pas m'expliquer. Il suffit que, si je lui ai prêté de l'argent, il me le rendra bien, et avant qu'il soit peu.

Madame JOURDAIN.
Oui. Attendez-vous à cela.

M. JOURDAIN.
Assurément. Ne me l'a-t-il pas dit?

Madame JOURDAIN.
Oui, oui, il ne manquera pas d'y faillir.

M. JOURDAIN.
Il m'a juré sa foi de gentilhomme.

Madame JOURDAIN.
Chansons.

M. JOURDAIN.
Ouais! Vous êtes bien obstinée, ma femme! Je vous dis qu'il me tiendra sa parole: j'en suis sûr.

Madame JOURDAIN.
Et moi, je suis sûre que non, et que toutes les caresses qu'il vous fait, ne sont que pour vous engeoler.

M. JOURDAIN.
Taisez-vous. Le voici.

Madame JOURDAIN.
Il ne nous faut plus que cela. Il vient peut-être encore vous faire quelqu'emprunt; et il me semble que j'ai dîné quand je le vois.

M. JOURDAIN.
Taisez-vous, vous dis-je.

SCÈNE IV.

DORANTE, M. JOURDAIN, MADAME JOURDAIN, NICOLE.

DORANTE.

Mon cher ami monsieur Jourdain, comment vous portez-vous ?

M. JOURDAIN.

Fort bien, monsieur, pour vous rendre mes petits services.

DORANTE.

Et madame Jourdain, que voilà, comment se porte-t-elle ?

Madame JOURDAIN.

Madame Jourdain se porte comme elle peut.

DORANTE.

Comment ! Monsieur Jourdain, vous voilà le plus propre du monde.

M. JOURDAIN.

Vous voyez.

DORANTE.

Vous avez tout-à-fait bon air avec cet habit ; nous n'avons point de jeunes gens à la Cour qui soient mieux faits que vous.

M. JOURDAIN.

Hai, hai ?

Madame JOURDAIN *à part*.

Il le gratte par où il se demange *.

DORANTE.

Tournez-vous. Cela est tout-à-fait galant.

Madame JOURDAIN *à part*.

Oui, aussi sot par-derrière que par-devant.

DORANTE.

Ma foi, monsieur Jourdain, j'avois une impatience étrange de vous voir. Vous êtes l'homme du monde que j'estime le plus, et je parlois encore de vous ce matin dans la chambre du roi.

* *Par où il se demange.* Il faudroit *par où il lui demange.*

M. JOURDAIN.

Vous me faites beaucoup d'honneur, monsieur. (*à madame Jourdain.*) Dans la chambre du roi.

DORANTE.

Allons, mettez.

M. JOURDAIN.

Monsieur, je sais le respect que je vous dois.

DORANTE.

Mon Dieu! mettez. Point de cérémonie entre nous, je vous prie.

M. JOURDAIN.

Monsieur....

DORANTE.

Mettez, vous dis-je, monsieur Jourdain; vous êtes mon ami.

M. JOURDAIN.

Monsieur, je suis votre serviteur.

DORANTE.

Je ne me couvrirai point, si vous ne vous couvrez.

M. JOURDAIN *à part.*

J'aime mieux être incivil qu'importun.

DORANTE.

Je suis votre débiteur, comme vous le savez.

Madame JOURDAIN *à part.*

Oui : nous ne le savons que trop.

DORANTE.

Vous m'avez généreusement prêté de l'argent en plusieurs occasions; et vous m'avez obligé de la meilleure grace du monde, assurément.

M. JOURDAIN.

Monsieur, vous vous moquez.

DORANTE.

Mais je sais rendre ce qu'on me prête, et reconnoître les plaisirs qu'on me fait.

M. JOURDAIN.

Je n'en doute point, monsieur.

DORANTE.

Je veux sortir d'affaire avec vous; et je viens ici pour faire nos comptes ensemble.

M. JOURDAIN *bas à madame Jourdain.*

Hé bien ! vous voyez votre impertinence, ma femme.

DORANTE.

Je suis homme qui aime à m'acquitter le plus tôt que je puis.

M. JOURDAIN *bas à madame Jourdain.*

Je vous le disois bien.

DORANTE.

Voyons un peu ce que je vous dois.

M. JOURDAIN *bas à madame Jourdain.*

Vous voilà avec vos soupçons ridicules.

DORANTE.

Vous souvenez-vous bien de tout l'argent que vous m'avez prêté ?

M. JOURDAIN.

Je crois que oui. J'en ai fait un petit mémoire. Le voici. Donné à vous une fois deux cents louis.

DORANTE.

Cela est vrai.

M. JOURDAIN.

Une autre fois, six-vingts.

DORANTE.

Oui.

M. JOURDAIN.

Et une autre fois cent quarante.

DORANTE.

Vous avez raison.

M. JOURDAIN.

Ces trois articles font quatre cent soixante louis, qui valent cinq mille soixante livres *.

DORANTE.

Le compte est fort bon. Cinq mille soixante livres.

M. JOURDAIN.

Mille huit cent trente-deux livres à votre plumassier.

---

* *Donné à vous une fois deux cents louis.* Le louis valoit alors 11 liv. Voyez le Blanc, traité des monnaies, pag. 306. Ce qui est vérifié par le compte de *quatre cent soixante louis, valant cinq mille soixante livres* d'argent prêté à Dorante par M. Jourdain.

ACTE III. SCÈNE IV.

DORANTE.

Justement.

M. JOURDAIN.

Deux mille sept cent quatre-vingts livres à votre tailleur.

DORANTE.

Il est vrai.

M. JOURDAIN.

Quatre mille trois cent septante-neuf livres douze sols huit deniers à votre marchand.

DORANTE.

Fort bien. Douze sols huit deniers : le compte est juste.

M. JOURDAIN.

Et mille sept cent quarante-huit livres sept sols quatre deniers à votre sellier.

DORANTE.

Tout cela est véritable. Qu'est-ce que cela fait ?

M. JOURDAIN.

Somme totale, quinze mille huit cents livres.

DORANTE.

Somme totale est juste. Quinze mille huit cents livres. Mettez encore deux cents louis que vous m'allez donner : cela fera justement dix-huit mille francs, que je vous paierai au premier jour.

Madame JOURDAIN *bas à M. Jourdain.*

Hé bien ! ne l'avois-je pas bien deviné ?

M. JOURDAIN *bas à madame Jourdain.*

Paix.

DORANTE.

Cela vous incommodera-t-il, de me donner ce que je vous dis ?

M. JOURDAIN.

Hé ! non.

Madame JOURDAIN *bas à M. Jourdain.*

Cet homme-là fait de vous une vache à lait.

M. JOURDAIN *bas à madame Jourdain.*

Taisez-vous.

DORANTE.

Si cela vous incommode, j'en irai chercher ailleurs.

M. JOURDAIN.

Non, monsieur.

Madame JOURDAIN *bas à M. Jourdain.*

Il ne sera pas content qu'il ne vous ait ruiné.

M. JOURDAIN *bas à Madame Jourdain.*

Taisez-vous, vous dis-je.

DORANTE.

Vous n'avez qu'à me dire si cela vous embarrasse.

M. JOURDAIN.

Point, monsieur.

Madame JOURDAIN *bas à M. Jourdain.*

C'est un vrai engeoleur.

M. JOURDAIN *bas à madame Jourdain.*

Taisez-vous donc.

Madame JOURDAIN *bas à M. Jourdain.*

Il vous sucera jusqu'au dernier sou.

M. JOURDAIN *bas à madame Jourdain.*

Vous tairez-vous ?

DORANTE.

J'ai force gens qui m'en prêteroient avec joie ; mais, comme vous êtes mon meilleur ami, j'ai cru que je vous ferois tort, si j'en demandois à quelque autre.

M. JOURDAIN.

C'est trop d'honneur, monsieur, que vous me faites. Je vais querir votre affaire.

Madame JOURDAIN *bas à M. Jourdain.*

Quoi ! vous allez encore lui donner cela ?

M. JOURDAIN *bas à madame Jourdain.*

Que faire ? voulez-vous que je refuse un homme de cette condition-là : qui a parlé de moi ce matin dans la chambre du roi ?

Madame JOURDAIN *bas à M. Jourdain.*

Allez, vous êtes une vraie dupe.

SCÈNE V.

DORANTE, MADAME JOURDAIN, NICOLE.

DORANTE.

Vous me semblez toute mélancolique ? Qu'avez-vous, madame Jourdain ?

ACTE III. SCÈNE V.

Madame JOURDAIN *.

J'ai la tête plus grosse que le poing, et si, elle n'est pas enflée.

DORANTE.

Mademoiselle votre fille, où est-elle, que je ne la vois point?

Madame JOURDAIN.

Mademoiselle ma fille est bien où elle est.

DORANTE.

Comment se porte-t-elle ?

Madame JOURDAIN.

Elle se porte sur ses deux jambes.

DORANTE.

Ne voulez-vous point, un de ces jours, venir voir avec elle le ballet et la comédie que l'on fait chez le Roi ** ?

Madame JOURDAIN.

Oui, vraiment! nous avons fort envie de rire, fort envie de rire nous avons.

DORANTE.

Je pense, madame Jourdain, que vous avez eu bien des amans dans votre jeûne âge, belle et d'agréable humeur comme vous étiez.

Madame JOURDAIN.

Tredame, monsieur, est-ce que madame Jourdain est décrépite, et la tête lui grouille-t-elle déjà ?

DORANTE.

Ah! ma foi, madame Jourdain, je vous demande pardon ! Je ne songeois pas que vous êtes jeune; et je rêve le plus souvent. Je vous prie d'excuser mon impertinence.

---

* Quelques gens remarquent, à l'égard de cette scène et du caractère de madame Jourdain, aussi neuf et aussi original que celui de madame Pernelle, qu'il ne seroit pas sûr de risquer de nos jours la rusticité sèche de ses réponses à M. le comte. Si cette crainte est fondée, tant pis pour la délicatesse outrée de nos juges, qui ne pourroit que nous écarter par là de la nature, et qui a fait prendre à nos écrivains une uniformité de ton et de coloris faite pour rebuter et pour nous éloigner du seul modèle que nous eussions à suivre.

** *La comédie qu'on fait chez le Roi*. Ne se diroit plus aujourd'hui.

LE BOURGEOIS GENTILHOMME.
SCÈNE VI *.

M. JOURDAIN, MADAME JOURDAIN, DORANTE, NICOLE.

M. JOURDAIN *à Dorante*.

Voilà deux cents louis bien comptés.

DORANTE.

Je vous assure, monsieur, Jourdain, que je suis tout à vous, et que je brûle de vous rendre un service à la cour.

M. JOURDAIN.

Je vous suis trop obligé.

DORANTE.

Si madame Jourdain veut voir le divertissement royal, je lui ferai donner les meilleures places de la salle.

Madame JOURDAIN.

Madame Jourdain vous baise les mains.

DORANTE *bas à M. Jourdain*.

Notre belle marquise, comme je vous ai mandé par mon billet, viendra tantôt ici pour le ballet et le repas, et je l'ai fait consentir enfin au cadeau que vous lui voulez donner.

M. JOURDAIN.

Tirons-nous un peu plus loin, pour cause.

DORANTE.

Il y a huit jours que je ne vous ai vu, et je ne vous ai point mandé de nouvelles du diamant que vous me mîtes entre les mains pour lui en faire présent de votre part ; mais c'est que j'ai eu toutes les peines du monde à vaincre son scrupule ; et ce n'est que d'aujourd'hui qu'elle s'est résolue à l'accepter.

M. JOURDAIN.

Comment l'a-t-elle trouvé ?

---

* M. le Sage, dans son *Turcaret*, a profité de cette scène, et en général, le chevalier et sa coquette sont dessinés d'après Dorante et Dorimène du *Bourgeois Gentilhomme*. Loin que cet auteur soit le seul à qui on puisse reprocher une pareille imitation, il seroit aisé de prouver qu'à l'exception du chef-d'œuvre de *la Métromanie*, nous n'avons aucune bonne pièce qui ne doive quelque chose à Molière.

ACTE III. SCÈNE VI.

DORANTE.

Merveilleux ; et je me trompe fort, ou la beauté de ce diamant fera pour vous sur son esprit un effet admirable.

M. JOURDAIN.

Plût au ciel !

Madame JOURDAIN à Nicole.

Quand il est une fois avec lui, il ne peut le quitter.

DORANTE.

Je lui ai fait valoir comme il faut la richesse de ce présent, et la grandeur de votre amour.

M. JOURDAIN.

Ce sont, monsieur, des bontés qui m'accablent ; et je suis dans une confusion la plus grande du monde de voir une personne de votre qualité s'abaisser pour moi à ce que vous faites.

DORANTE.

Vous moquez-vous ? Est-ce qu'entre amis on s'arrête à ces sortes de scrupules ? Et ne feriez-vous pas pour moi la même chose, si l'occasion s'en offroit ?

M. JOURDAIN.

Oh ! assurément, et de très-grand cœur !

Madame JOURDAIN bas à Nicole.

Que sa présence me pèse sur les épaules !

DORANTE.

Pour moi, je ne regarde rien quand il faut servir un ami ; et lorsque vous me fîtes confidence de l'ardeur que vous aviez prise pour cette marquise agréable, chez qui j'avois commerce*, vous vîtes que d'abord je m'offris de moi-même à servir votre amour.

M. JOURDAIN.

Il est vrai. Ce sont des bontés qui me confondent.

Madame JOURDAIN à Nicole.

Est-ce qu'il ne s'en ira point ?

NICOLE.

Ils se trouvent bien ensemble.

DORANTE.

Vous avez pris le bon biais pour toucher son cœur. Les femmes aiment surtout les dépenses qu'on fait pour elles ; et vos fré-

* *Chez qui j'avois commerce.* Ne se diroit plus aujourd'hui.

quentes sérénades, et vos bouquets continuels, ce superbe feu-d'artifice qu'elle trouva sur l'eau, le diamant qu'elle a reçu de votre part, et le cadeau que vous lui préparez ; tout cela lui parle bien mieux en faveur de votre amour, que toutes les paroles que vous auriez pu lui dire vous-même.

M. JOURDAIN.

Il n'y a point de dépense que je ne fisse, si par là je pouvois trouver le chemin de son cœur. Une femme de qualité a pour moi des charmes ravissans; et c'est un honneur que j'acheterois au prix de toutes choses.

Madame JOURDAIN *bas à Nicole.*

Que peuvent-ils tant dire ensemble ? Va-t-en un peu tout doucement prêter l'oreille.

DORANTE.

Ce sera tantôt que vous jouirez à votre aise du plaisir de sa vue ; et vos yeux auront tout le tems de se satisfaire.

M. JOURDAIN.

Pour être en pleine liberté, j'ai fait en sorte que ma femme ira dîner chez ma sœur, où elle passera toute l'après-dînée.

DORANTE.

Vous avez fait prudemment ; et votre femme auroit pu nous embarrasser. J'ai donné pour vous l'ordre qu'il faut au cuisinier, et à toutes les choses qui sont nécessaires pour le ballet. Il est de mon invention ; et, pourvu que l'exécution puisse répondre à l'idée, je suis sûr qu'il sera trouvé....

M. JOURDAIN *s'apercevant que Nicole écoute, et lui donnant un soufflet.*

(*à Dorante.*)

Ouais! Vous êtes bien impertinente! Sortons, s'il vous plaît.

SCÈNE VII.

MADAME JOURDAIN, NICOLE.

NICOLE.

Ma foi, madame, la curiosité m'a coûté quelque chose ; mais je crois qu'il y a quelque anguille sous roche ; et ils parlent de quelque affaire où ils ne veulent pas que vous soyez.

ACTE III. SCÈNE VIII.

Madame JOURDAIN.

Ce n'est pas d'aujourd'hui, Nicole, que j'ai conçu des soupçons de mon mari. Je suis la plus trompée du monde, ou il y a quelqu'amour en campagne ; et je travaille à découvrir ce que ce peut être. Mais songeons à ma fille. Tu sais l'amour que Cléonte a pour elle : c'est un homme qui me revient ; et je veux aider sa recherche, et lui donner Lucile, si je puis.

NICOLE.

En vérité, madame, je suis la plus ravie du monde, de vous voir dans ces sentimens ; car si le maître vous revient, le valet ne me revient pas moins ; et je souhaiterois que notre mariage se pût faire à l'ombre du leur.

Madame JOURDAIN.

Va-t-en lui en parler de ma part, et lui dire que tout-à-l'heure il me vienne trouver, pour faire ensemble à mon mari la demande de ma fille.

NICOLE.

J'y cours, madame, avec joie ; et je ne pouvois recevoir une commission plus agréable.

(*seule.*)

Je vais, je pense, bien réjouir les gens.

SCÈNE VIII.

CLÉONTE, COVIELLE, NICOLE.

NICOLE à *Cléonte.*

Ah ! vous voilà tout-à-propos ! Je suis une ambassadrice de joie, et je viens....

CLÉONTE.

Retire-toi, perfide, et ne me viens pas amuser avec tes traîtresses paroles.

NICOLE.

Est-ce ainsi que vous recevez....

CLÉONTE.

Retire-toi, te dis-je, et va-t-en, de ce pas, dire à ton infidelle maîtresse qu'elle n'abusera de sa vie le trop simple Cléonte.

NICOLE.

Quel vertigo est-ce donc-là ? Mon pauvre Covielle, dis-moi un peu ce que cela veut dire ?

COVIELLE.

Ton pauvre Covielle, petite scélérate ! Allons vîte, ôte-toi de mes yeux, vilaine, et me laisse en repos.

NICOLE.

Quoi ! Tu me viens aussi...

COVIELLE.

Ote-toi de mes yeux, te dis-je ; et ne me parle de ta vie.

NICOLE à *part*.

Ouais ! quelle mouche les a piqués tous deux ? Allons de cette belle histoire informer ma maîtresse.

SCÈNE IX.

CLÉONTE COVIELLE.

CLÉONTE.

Quoi ! traiter un amant de la sorte, et un amant le plus fidèle et le plus passionné de tous les amans !

COVIELLE.

C'est une chose épouvantable, que ce qu'on nous fait à tous deux.

CLÉONTE.

Je fais voir pour une personne toute l'ardeur et toute la tendresse qu'on peut imaginer ; je n'aime rien au monde qu'elle, et je n'ai qu'elle dans l'esprit ; elle fait tous mes soins, tous mes desirs, toute ma joie ; je ne parle que d'elle, je ne pense qu'à elle, je ne fais des songes que d'elle, je ne respire que par elle, mon cœur vit tout en elle ; et voila de tant d'amitié la digne récompense ! Je suis deux jours sans la voir, qui sont pour moi deux siècles effroyables : je la rencontre par hasard ; mon cœur à cette vue se sent tout transporté, ma joie éclate sur mon visage, je vole avec ravissement vers elle ; et l'infidelle détourne de moi ses regards, et passe brusquement, comme si de sa vie elle ne m'avoit vu.

COVIELLE.

Je dis les mêmes choses que vous.

ACTE III. SCENE IX.

CLÉONTE.

Peut-on rien voir d'égal, Covielle, à cette perfidie de l'ingrate Lucile ?

COVIELLE.

Et à celle, monsieur, de la pendarde de Nicole ?

CLÉONTE.

Après tant de sacrifices ardens, de soupirs et de vœux que j'ai faits à ses charmes ;

COVIELLE.

Après tant d'assidus hommages, de soins et de services que je lui ai rendus dans sa cuisine ;

CLÉONTE.

Tant de larmes que j'ai versées à ses genoux ;

COVIELLE.

Tant de seaux d'eau que j'ai tirés au puits pour elle ;

CLÉONTE.

Tant d'ardeur que j'ai fait paroître à la chérir plus que moi-même ;

COVIELLE.

Tant de chaleur que j'ai soufferte à tourner la broche à sa place ;

CLÉONTE.

Elle me fuit avec mépris ;

COVIELLE.

Elle me tourne le dos avec effronterie ;

CLÉONTE.

C'est une perfidie digne des plus grands châtimens.

COVIELLE.

C'est une trahison à mériter mille soufflets.

CLÉONTE.

Ne t'avise point, je te prie, de me parler jamais pour elle.

COVIELLE.

Moi, monsieur ? Dieu m'en garde !

CLÉONTE.

Ne viens point m'excuser l'action de cette infidelle.

COVIELLE.

N'ayez pas peur.

CLÉONTE.

Non, vois-tu? tous tes discours pour la défendre, ne serviront de rien.

COVIELLE.

Qui songe à cela?

CLÉONTE.

Je veux contr'elle conserver mon ressentiment, et rompre ensemble tout commerce.

COVIELLE.

J'y consens.

CLÉONTE.

Ce monsieur le comte qui va chez elle, lui donne peut-être dans la vue; et son esprit, je le vois bien, se laisse éblouir à la qualité. Mais il me faut, pour mon honneur, prévenir l'éclat de son inconstance. Je veux faire autant de pas qu'elle au changement où je la vois courir *, et ne lui laisser pas toute la gloire de me quitter.

COVIELLE.

C'est fort bien dit, et j'entre pour mon compte dans tous vos sentimens.

CLÉONTE.

Donne la main à mon dépit, et soutiens ma résolution contre tous les restes d'amour qui me pourroient parler pour elle. Dis-m'en, je t'en conjure, tout le mal que tu pourras. Fais-moi de sa personne une peinture qui me la rende méprisable, et marque-moi bien, pour m'en dégoûter, tous les défauts que tu peux voir en elle.

COVIELLE.

Elle, monsieur, voilà une belle mijaurée, une pimpe-souée bien bâtie, pour vous donner tant d'amour **! Je ne lui vois

---

* *Je veux faire autant de pas qu'elle au changement.* Le tour a paru vicieux.

** Molière, dans cette scène, a fait le portrait de sa femme, et il ne paroît pas que leur mésintelligence, déjà ancienne, ait rien pris sur la tendresse de cet époux malheureux, au moins par les inquiétudes et par le desir de plaire qu'avoit mademoiselle Molière.

Il la peint avec une bouche assez grande, mais dans laquelle

ACTE III. SCÈNE IX.

rien que de très-médiocre ; et vous trouverez cent personnes qui seront plus dignes de vous. Premièrement, elle a les yeux petits.

CLÉONTE.

Cela est vrai, elle a les yeux petits ; mais elle les a pleins de feu, les plus brillans, les plus perçans du monde, les plus touchans qu'on puisse voir.

COVIELLE.

Elle a la bouche grande.

CLÉONTE.

Oui ; mais on y voit des graces qu'on ne voit point aux autres bouches ; et cette bouche, en la voyant, inspire des desirs : elle est la plus attrayante, la plus amoureuse du monde.

COVIELLE.

Pour sa taille, elle n'est pas grande.

CLÉONTE.

Non ; mais elle est aisée et bien prise.

COVIELLE.

Elle affecte une nonchalance dans son parler et dans ses actions....

CLÉONTE.

Il est vrai ; mais elle a grace à tout cela ; et ses manières engageantes ont je ne sais quel charme à s'insinuer dans les cœurs.

---

on voit des graces qu'on ne voit point aux autres bouches. Il convient de la petitesse de ses yeux, mais il les voit pleins de feu, les plus perçans du monde, et les plus touchans. Il lui trouve une conversation charmante, un esprit fin et délicat, ou sérieux intéressant, et enfin, il justifie jusqu'aux caprices auxquels elle est sujette. Rien de si vif ni de si piquant que ce portrait dialogué, qu'il faut voir dans la scène dont nous parlons.

C'est un art bien sûr de réussir, que celui de mêler ainsi à la fable d'une pièce quelques traits qui, en peignant les acteurs qui la jouent, augmentent l'illusion du spectateur.

Voilà une belle mijaurée, une pimpe-souée bien bâtie. Ces deux expressions se trouvent encore dans la dernière édition du dictionnaire de l'Académie française. *Mijaurée*, terme familier qui se dit d'une fille ou d'une femme dont les manières sont affectées et ridicules. *Pimpe-souée*, terme familier qui se dit d'une femme qui fait la délicate et la précieuse. *Souée* vient de l'ancien mot. *Souef* Suavis.

COVIELLE.

Pour de l'esprit....

CLÉONTE.

Ah! elle en a, Covielle, du plus fin, du plus délicat.

COVIELLE.

Sa conversation....

CLÉONTE.

Sa conversation est charmante.

COVIELLE.

Elle est toujours sérieuse.

CLÉONTE.

Veux-tu de ces enjouemens épanouis, de ces joies toujours ouvertes? Et vois-tu rien de plus impertinent que des femmes qui rient à tout propos?

COVIELLE.

Mais enfin, elle est capricieuse autant que personne du monde.

CLÉONTE.

Oui, elle est capricieuse; j'en demeure d'accord; mais tout sied bien aux belles; on souffre tout des belles.

COVIELLE.

Puisque cela va comme cela, je vois bien que vous avez envie de l'aimer toujours.

CLÉONTE.

Moi! j'aimerois mieux mourir; et je vais la haïr autant que je l'ai aimée.

COVIELLE.

Le moyen, si vous la trouvez si parfaite?

CLÉONTE.

C'est en quoi ma vengeance sera plus éclatante, en quoi je veux faire mieux voir la force de mon cœur à la haïr, à la quitter, toute belle, toute pleine d'attraits, toute aimable que je la trouve. La voici.

SCÈNE X.*

LUCILE, CLÉONTE, COVIELLE, NICOLE.

NICOLE *à Lucile.*

Pour moi, j'en ai été toute scandalisée.

LUCILE.

Ce ne peut être, Nicole, que ce que je dis. Mais le voilà.

CLÉONTE *à Covielle.*

Je ne veux pas seulement lui parler.

COVIELLE.

Je veux vous imiter.

LUCILE.

Qu'est-ce donc, Cléonte ? qu'avez-vous ?

NICOLE.

Qu'as-tu donc, Covielle ?

LUCILE.

Quel chagrin vous possède ?

NICOLE.

Quelle mauvaise humeur te tient ?

LUCILE.

Êtes-vous muet, Cléonte ?

NICOLE.

As-tu perdu la parole, Covielle ?

CLÉONTE.

Que voilà qui est scélérat !

COVIELLE.

Que cela est Judas !

LUCILE.

Je vois bien que la rencontre de tantôt a troublé votre esprit.

---

* Autre scène de brouillerie et de raccommodement, répétée pour la troisième fois par Molière, mais toujours neuve entre ses mains, quant à la forme. Il lui est aussi aisé de ne point se ressembler en s'imitant lui-même, que de surpasser Plaute lorsqu'il emprunte une scène de lui.

CLÉONTE à Covielle.

Ah, ah! On voit ce qu'on a fait.

NICOLE.

Notre accueil de ce matin t'a fait prendre la chèvre.

COVIELLE à Cléonte.

On a deviné l'enclouûre.

LUCILE.

N'est-il pas vrai, Cléonte, que c'est là le sujet de votre dépit?

CLÉONTE.

Oui, perfide, ce l'est, puisqu'il faut parler; et j'ai à vous dire que vous ne triompherez pas, comme vous le pensez, de votre infidélité; que je veux être le premier à rompre avec vous; et que vous n'aurez pas l'avantage de me chasser. J'aurai de la peine, sans doute, à vaincre l'amour que j'ai pour vous; cela me causera des chagrins; je souffrirai un tems; mais j'en viendrai à bout, et je me percerai plutôt le cœur, que d'avoir la foiblesse de retourner à vous.

COVIELLE à Nicole.

Queussi, queumi.

LUCILE.

Voilà bien du bruit pour un rien! Je veux vous dire, Cléonte, le sujet qui m'a fait ce matin éviter votre abord.

CLÉONTE voulant s'en aller pour éviter Lucile.

Non. Je ne veux rien écouter.

NICOLE à Covielle.

Je te veux apprendre la cause qui nous a fait passer si vîte.

COVIELLE voulant aussi s'en aller pour éviter Nicole.

Je ne veux rien entendre.

LUCILE suivant Cléonte.

Sachez que ce matin.

CLÉONTE marchant toujours sans regarder Lucile.

Non, vous dis-je.

NICOLE suivant Covielle.

Apprends que....

COVIELLE marchant aussi sans regarder Nicole.

Non, traîtresse!

LUCILE.

Écoutez.

ACTE III. SCÈNE X.

CLÉONTE.

Point d'affaire.

NICOLE.

Laisse-moi dire.

COVIELLE.

Je suis sourd.

LUCILE.

Cléonte !

CLÉONTE.

Non.

NICOLE.

Covielle

COVIELLE.

Point.

LUCILE.

Arrêtez.

CLÉONTE.

Chansons.

NICOLE.

Entends-moi.

COVIELLE.

Bagatelle.

LUCILE.

Un moment.

CLÉONTE.

Point du tout.

NICOLE.

Un peu de patience.

COVIELLE.

Tarare.

LUCILE.

Deux paroles.

CLÉONTE.

Non : c'en est fait.

NICOLE.

Un mot.

COVIELLE.

Plus de commerce.

LUCILE *s'arrêtant.*

Hé bien ! puisque vous ne voulez pas m'écouter, demeurez dans votre pensée, et faites ce qu'il vous plaira.

NICOLE *s'arrêtant aussi.*

Puisque tu fais comme cela, prends-le tout comme tu voudras.

CLÉONTE *se tournant vers Lucile.*

Sachons donc le sujet d'un si bel accueil.

LUCILE *s'en allant à son tour pour éviter Cléonte.*

Il ne me plaît plus de le dire.

COVIELLE *se retournant vers Nicole.*

Apprends-nous un peu cette histoire.

NICOLE *s'en allant aussi pour éviter Covielle.*

Je ne veux plus, moi, te l'apprendre.

CLÉONTE *suivant Lucile.*

Dites-moi....

LUCILE *marchant toujours sans regarder Cléonte.*

Non, je ne veux rien dire.

COVIELLE *suivant Nicole.*

Conte-moi....

NICOLE *marchant aussi sans regarder Covielle.*

Non, je ne conte rien.

CLÉONTE.

De grace.

LUCILE.

Non, vous dis-je.

COVIELLE.

Par charité.

NICOLE.

Point d'affaire.

CLÉONTE.

Je vous en prie.

LUCILE.

Laissez-moi.

COVIELLE.

Je t'en conjure.

NICOLE.

Ote-toi de là.

ACTE III. SCÈNE X.

CLÉONTE.

Lucile !

LUCILE.

Non.

COVIELLE.

Nicole !

NICOLE.

Point.

CLÉONTE.

Au nom des dieux.

LUCILE.

Je ne veux pas.

COVIELLE.

Parle-moi.

NICOLE.

Point du tout.

CLÉONTE.

Éclaircissez mes doutes.

LUCILE.

Non : je n'en ferai rien.

COVIELLE.

Guéris-moi l'esprit.

NICOLE.

Non : il ne me plaît pas.

CLÉONTE.

Hé bien ! puisque vous vous souciez si peu de me tirer de peine, et de vous justifier du traitement indigne que vous avez fait à ma flamme ; vous me voyez, ingrate, pour la dernière fois ; et je vais, loin de vous, mourir de douleur et d'amour.

COVIELLE à *Nicole*.

Et moi, je vais suivre ses pas.

LUCILE à *Cléonte qui veut sortir*.

Cléonte !

NICOLE à *Covielle qui suit son maître*.

Covielle !

CLÉONTE *s'arrêtant*.

Hé ?

LE BOURGEOIS GENTILHOMME.

COVIELLE *s'arrêtant aussi.*

Plaît-il ?

LUCILE.

Où allez-vous ?

CLÉONTE.

Où je vous ai dit.

COVIELLE.

Nous allons mourir.

LUCILE.

Vous allez mourir, Cléonte ?

CLÉONTE.

Oui, cruelle, puisque vous le voulez.

LUCILE.

Moi ! je veux que vous mouriez ?

CLÉONTE.

Oui, vous le voulez.

LUCILE.

Qui vous le dit ?

CLÉONTE *s'approchant de Lucile.*

N'est-ce pas le vouloir, que de ne vouloir pas éclaircir mes soupçons ?

LUCILE.

Est-ce ma faute ? Et si vous aviez voulu m'écouter, ne vous aurois-je pas dit que l'aventure dont vous vous plaignez, a été causée ce matin par la présence d'une vieille tante qui veut, à toute force, que la seule approche d'un homme déshonore une fille ; qui perpétuellement nous sermone sur ce chapitre, et nous figure tous les hommes comme des diables qu'il faut fuir ?

NICOLE *à Covielle.*

Voilà le secret de l'affaire.

CLÉONTE.

Ne me trompez-vous point, Lucile ?

COVIELLE *à Nicole.*

Ne m'en donnes-tu point à garder ?

LUCILE *à Cléonte.*

Il n'est rien de plus vrai.

NICOLE *à Covielle.*

C'est la chose comme elle est.

COVIELLE *à Cléonte.*

Nous rendrons-nous à cela ?

ACTE III. SCÈNE XII.

CLÉONTE.

Ah, Lucile! qu'avec un mot de votre bouche vous savez apaiser de choses * dans mon cœur! et que facilement on se laisse persuader aux personnes qu'on aime!

COVIELLE.

Qu'on est aisément amadoué par ces diantres d'animaux-là!

SCÈNE XI.

MADAME JOURDAIN, CLÉONTE, LUCILE, COVIELLE, NICOLE.

Madame JOURDAIN.

Je suis bien aise de vous voir, Cléonte; et vous voilà tout à propos. Mon mari vient: prenez vite votre tems pour lui demander Lucile en mariage.

CLÉONTE.

Ah! madame, que cette parole m'est douce, et qu'elle flatte mes desirs! Pouvois-je recevoir un ordre plus charmant, une faveur plus précieuse?

SCÈNE XII.

CLÉONTE, M. JOURDAIN, MADAME JOURDAIN, LUCILE, COVIELLE, NICOLE.

CLÉONTE.

Monsieur, je n'ai voulu prendre personne pour vous faire une demande que je médite il y a long-tems. Elle me touche assez pour m'en charger moi-même; et sans autre détour, je vous dirai que l'honneur d'être votre gendre, est une faveur glorieuse que je vous prie de m'accorder.

M. JOURDAIN.

Avant que de vous rendre réponse, monsieur, je vous prie de me dire si vous êtes gentilhomme.

CLÉONTE.

Monsieur, la plupart des gens, sur cette question, n'hési-

---

* *Apaiser des choses.* Ne se dit guères.

tent pas beaucoup. On tranche le mot aisément. Ce nom ne fait aucun scrupule à prendre; et l'usage aujourd'hui semble en autoriser le vol. Pour moi, je vous l'avoue, j'ai les sentimens, sur cette matière, un peu plus délicats. Je trouve que toute imposture est indigne d'un honnête homme; et qu'il y a de la lâcheté à déguiser ce que le ciel nous a fait naître, à se parer aux yeux du monde d'un titre dérobé, à se vouloir donner pour ce qu'on n'est pas. Je suis né de parens, sans doute, qui ont tenu des charges honorables; je me suis acquis dans les armes l'honneur de six ans de service, et je me trouve assez de bien, pour tenir dans le monde un rang assez passable; mais avec tout cela, je ne veux point me donner un nom, où d'autres en ma place croiroient pouvoir prétendre, et je vous dirai franchement que je ne suis point gentilhomme.

M. JOURDAIN.

Touchez-là, monsieur : ma fille n'est pas pour vous.

CLÉONTE.

Comment ?

M. JOURDAIN.

Vous n'êtes point gentilhomme : vous n'aurez point ma fille *.

Madame JOURDAIN.

Que voulez-vous donc dire avec votre gentilhomme ? Est-ce que nous sommes, nous autres, de la côte de Saint-Louis.

M. JOURDAIN.

Taisez-vous, ma femme : je vous vois venir.

Madame JOURDAIN.

Descendons-nous tous deux que de bonne bourgeoisie ?

M. JOURDAIN.

Voilà pas le coup de langue ?

Madame JOURDAIN.

Et votre père n'étoit-il pas marchand aussi bien que le mien ?

---

* *Vous n'êtes point Gentilhomme, vous n'aurez point ma fille.* Cette exclusion que donne M. Jourdain à Cléonte, amant de sa fille, est un trait excellent de caractère; à combien de sots parmi nous échappe-t-il encore ?

ACTE III. SCÈNE XII.

M. JOURDAIN.

Peste soit de la femme! Elle n'y a jamais manqué. Si votre père a été marchand, tant pis pour lui; mais pour le mien, ce sont des mal avisés qui disent cela. Tout ce que j'ai à vous dire, moi, c'est que je veux avoir un gendre gentilhomme.

Madame JOURDAIN.

Il faut à votre fille un mari qui lui soit propre; et il vaut mieux pour elle un honnête homme riche et bien fait, qu'un gentilhomme gueux et mal bâti.

NICOLE.

Cela est vrai. Nous avons le fils du gentilhomme de notre village, qui est le plus grand malitorne *, et le plus sot dadais que j'aye jamais vu.

M. JOURDAIN à *Nicole*.

Taisez-vous, impertinente. Vous vous fourrez toujours dans la conversation. J'ai du bien assez pour ma fille : je n'ai besoin que d'honneurs; et je la veux faire marquise.

Madame JOURDAIN.

Marquise?

M. JOURDAIN.

Oui, marquise.

Madame JOURDAIN.

Hélas! Dieu m'en garde!

M. JOURDAIN.

C'est une chose que j'ai résolue.

Madame JOURDAIN.

C'est une chose, moi, où je ne consentirai point. Les alliances avec plus grand que soi sont sujettes toujours à de fâcheux inconvéniens. Je ne veux point qu'un gendre puisse à ma fille

---

* L'expression de *Malitorne*, dont Nicole se sert dans cette scène, est un mot qui convient à son état de servante: c'est ainsi que le peuple appelle un homme gauche et mal tourné. Quelques critiques délicats, en trouvant dans le fragment de Pétrone des expressions populaires, en ont conclu la supposition de l'ouvrage. Mais Pétrone les y a insérées exprès, pour distinguer l'état de ses interlocuteurs. Il est le premier des Anciens qui ait observé ces nuances distinctives. La nature est un peu blessée de voir les valets de Plaute et de Térence s'exprimer aussi poliment que leurs maîtres.

reprocher ses parens, et qu'elle ait des enfans qui aient honte de m'appeler leur grand'maman. S'il falloit qu'elle me vînt visiter en équipage de grand'dame, et qu'elle manquât, par mégarde, à saluer quelqu'un du quartier, on ne manqueroit pas aussitôt de dire cent sottises. Voyez-vous, diroit-on, cette madame la marquise qui fait tant la glorieuse ? C'est la fille de monsieur Jourdain, qui étoit trop heureuse, étant petite, de jouer à la madame avec nous. Elle n'a pas toujours été si relevée que la voilà; et ses deux grands-peres vendoient du drap auprès de la porte Saint-Innocent. Ils ont amassé du bien à leurs enfans, qu'ils payent maintenant, peut-être, bien cher en l'autre monde; et l'on ne devient guère si riche à être honnêtes gens. Je ne veux point tous ces caquets, et je veux un homme, en un mot, qui m'ait obligation de ma fille, et à qui je puisse dire: mettez-vous là, mon gendre, et dînez avec moi.

M. JOURDAIN.

Voilà bien les sentimens d'un petit esprit, de vouloir demeurer toujours dans la bassesse. Ne me répliquez pas davantage ; ma fille sera marquise, en dépit de tout le monde ; et, si vous me mettez en colère, je la ferai duchesse.

SCÈNE XIII.

MADAME JOURDAIN, LUCILE, CLÉONTE, NICOLE, COVIELLE.

Madame JOURDAIN.

Cléonte, ne perdez point courage encore.
(à Lucile.)
Suivez-moi, ma fille ; et venez dire, résolument, à votre père que, si vous ne l'avez, vous ne voulez épouser personne.

SCÈNE XIV.

CLÉONTE, COVIELLE.

COVIELLE.

Vous avez fait de belles affaires avec vos beaux sentimens.

ACTE III. SCÈNE XIV.

CLÉONTE.

Que veux-tu ? J'ai un scrupule là-dessus que l'exemple ne sauroit vaincre.

COVIELLE.

Vous moquez-vous, de le prendre sérieusement avec un homme comme cela ? Ne voyez-vous pas qu'il est fou ? Et vous coûtoit-il quelque chose de vous accommoder à ses chimères ?

CLÉONTE.

Tu as raison ; mais je ne croyois pas qu'il fallût faire ses preuves de noblesse pour être gendre de monsieur Jourdain.

COVIELLE *riant*.

Ah, ah, ah !

CLÉONTE.

De quoi ris-tu ?

COVIELLE.

D'une pensée qui me vient pour jouer notre homme, et vous faire obtenir ce que vous souhaitez.

CLÉONTE.

Comment ?

COVIELLE.

L'idée est tout-à-fait plaisante.

CLÉONTE.

Quoi donc ?

COVIELLE.

Il s'est fait, depuis peu, une certaine mascarade * qui vient le mieux du monde ici, et que je prétends faire entrer dans une bourde que je veux faire à notre ridicule. Tout cela sent un peu sa comédie ; mais avec lui, on peut hasarder toute chose ; il n'y faut point chercher tant de façons ; il est homme à y jouer son rôle à merveille, et a donner aisément dans tou-

---

* Molière feint, dans cette scène, qu'il s'est fait depuis peu à Paris une *certaine mascarade, qui sent un peu sa comédie*, dit-il ; c'est cette mascarade que Covielle propose à Cléonte, son maître, de répéter, pour amener M. Jourdain à ses vues. C'étoit prévenir habilement le spectateur de la bisarrerie des moyens qu'ils alloient employer pour cela ; et c'est à ces coups de maître qu'il faut regarder Molière comme l'inventeur du véritable art de la scène.

LE BOURGEOIS GENTILHOMME.

tes les fariboles qu'on s'avisera de lui dire. J'ai les acteurs, j'ai les habits tous prêts, laissez-moi faire seulement.

CLÉONTE.

Mais apprends-moi...

COVIELLE.

Je vais vous instruire de tout. Retirons-nous; le voilà qui revient.

SCÈNE XV.

M. JOURDAIN seul.

Que diable est-ce-là? Ils n'ont rien que les grands seigneurs à me reprocher; et moi, je ne vois rien de si beau que de hanter les grands seigneurs; il n'y a qu'honneur et que civilité avec eux; et je voudrois qu'il m'eût coûté deux doigts de la main, et être né comte ou marquis *.

SCÈNE XVI.

M. JOURDAIN, UN LAQUAIS.

LE LAQUAIS.

Monsieur, voici monsieur le comte, et une dame qu'il mène par la main.

M. JOURDAIN.

Hé, mon Dieu! j'ai quelques ordres à donner. Dis-leur que je vais venir tout-à-l'heure.

---

* *Je voudrois qu'il m'en eût coûté deux doigts de la main, et être né comte ou marquis.* Autre trait excellent de caractère; Molière ne fait pas un pas dans la pièce sans augmenter le ridicule de son personnage.

SCÈNE XVII.

DORIMÈNE, DORANTE, UN LAQUAIS.

LE LAQUAIS.

Monsieur dit comme cela, qu'il va venir ici tout-à-l'heure *.

DORANTE.

Voilà qui est bien.

SCENE XVIII.

DORIMÈNE, DORANTE.

DORIMÈNE.

Je ne sais pas, Dorante, je fais encore ici une étrange démarche, de me laisser amener par vous dans une maison où je ne connois personne.

DORANTE.

Quel lieu voulez-vous donc, madame, que mon amour choisisse pour vous régaler **, puisque, pour fuir l'éclat, vous ne voulez ni votre maison, ni la mienne?

DORIMÈNE.

Mais, vous ne dites pas que je m'engage insensiblement chaque jour à recevoir de trop grands témoignages de votre passion. J'ai beau me défendre des choses, vous fatiguez ma résistance, et vous avez une civile opiniâtreté qui me fait venir doucement à tout ce qu'il vous plaît. Les visites fréquentes ont commencé, les déclarations sont venues ensuite, qui, après elles, ont traîné les sérénades et les cadeaux, que les présens

---

* *Monsieur dit comme cela qu'il va venir*, etc. Cette phrase du laquais de M. Jourdain, prouve que Moliere n'a pas imité Plaute et Térence dans la pureté de langage qu'ils ont donnée aux valets de leurs pièces 1.

1 *Intererit multùm, Davus ne loquatur, an Heros*, etc.
Horac. Art. Poët.

** *Pour vous régaler.* Ne se diroit pas aujourd'hui.

ont suivi. Je me suis opposée à tout cela ; mais vous ne vous rebutez point, et pied-a-pied, vous gagnerez mes résolutions *. Pour moi, je ne puis plus répondre de rien ; et je crois qu'à la fin vous me ferez venir au mariage, dont je me suis tant éloignée.

DORANTE.

Ma foi, madame, vous y devriez déjà être. Vous êtes veuve, et ne dépendez que de vous. Je suis maître de moi, et vous aime plus que ma vie. A quoi tient-il que, dès aujourd'ui, vous ne fassiez tout mon bonheur ?

DORIMÈNE.

Mon Dieu, Dorante, il faut des deux parts bien des qualités pour vivre heureusement ensemble ; et les deux plus raisonnables personnes du monde ont souvent peine à composer une union ** dont ils soient satisfaits.

DORANTE.

Vous vous mocquez, madame, de vous y figurer tant de difficultés ; et l'expérience que vous avez faite ne conclut rien pour tous les autres.

DORIMÈNE.

Enfin, j'en reviens toujours-là. Les dépenses que je vous vois faire pour moi, m'inquiètent par deux raisons : l'une, qu'elles m'engagent plus que je ne voudrois ; et l'autre, que je suis sûre, sans vous déplaire, que vous ne les faites point que vous ne vous incommodiez ; et je ne veux point cela.

DORANTE.

Ah, madame, ce sont des bagatelles, et ce n'est pas par-là....

DORIMÈNE.

Je sais ce que je dis ; et entr'autres, le diamant que vous m'avez forcée à prendre est d'un prix...

DORANTE.

Hé, madame, de grace, ne faites pas tant valoir une chose

---

* *Vous gagnez mes résolutions.* Pour dire *vous me faites faire ce que je ne veux pas,* a paru impropre.

** *Composer une union.* Plusieurs auroient mieux aimé *former.*

que mon amour trouve indigne de vous ; et souffrez.... Voici le maître du logis.

SCÈNE XIX.

M. JOURDAIN, DORIMÈNE, DORANTE.

M. JOURDAIN, *après avoir fait deux révérences, se trouvant trop près de Dorimène.*

Un peu plus loin, madame.

DORIMÈNE.

Comment ?

M. JOURDAIN.

Un pas, s'il vous plaît.

DORIMÈNE.

Quoi donc?

M. JOURDAIN.

Reculez un peu pour la troisième.

DORANTE.

Madame, monsieur Jourdain sait son monde.

M. JOURDAIN.

Madame, ce m'est une gloire bien grande, de me voir assez fortuné, pour être si heureux, que d'avoir le bonheur, que vous ayez eu la bonté de m'accorder la grace, de me faire l'honneur de m'honorer de la faveur de votre présence ; et si j'avois aussi le mérite pour mériter un mérite comme le vôtre, et que le ciel.. envieux de mon bien... m'eût accordé... l'avantage de me voir digne... des..

DORANTE.

Monsieur Jourdain, en voilà assez. Madame n'aime pas les grands complimens ; et elle sait que vous êtes homme d'esprit.
(*bas à Dorimène.*)
C'est un bon bourgeois assez ridicule, comme vous voyez, dans toutes ses manières.

DORIMÈNE *bas à Dorante.*

Il n'est pas mal-aisé de s'en apercevoir.

DORANTE.

Madame, voilà le meilleur de mes amis.

M. JOURDAIN.

C'est trop d'honneur que vous me faites.

DORANTE.

Galant homme tout-à-fait.

DORIMÈNE.

J'ai beaucoup d'estime pour lui.

M. JOURDAIN.

Je n'ai rien fait encore, madame, pour mériter cette grace.

DORANTE *bas à M. Jourdain.*

Prenez bien garde, au moins, à ne lui point parler du diamant que vous lui avez donné.

M. JOURDAIN *bas à Dorante.*

Ne pourrai-je pas seulement lui demander comment elle le trouve ?

DORANTE *bas à M. Jourdain.*

Comment ? Gardez-vous-en bien. Cela seroit vilain à vous ; et pour agir en galant homme, il faut que vous fassiez comme si ce n'étoit pas vous qui lui eussiez fait ce présent. Monsieur (*haut.*) Jourdain, madame, dit qu'il est ravi de vous voir chez lui.

DORIMÈNE.

Il m'honore beaucoup.

M. JOURDAIN *bas à Dorante.*

Que je vous suis obligé, monsieur, de lui parler ainsi pour moi !

DORANTE *bas à M. Jourdain.*

J'ai eu une peine effroyable à la faire venir ici.

M. JOURDAIN *bas à Dorante.*

Je ne sais quelles graces vous en rendre.

DORANTE.

Il dit, madame, qu'il vous trouve la plus belle personne du monde.

DORIMÈNE.

C'est bien de la grace qu'il me fait.

M. JOURDAIN.

Madame, c'est vous qui faites les graces, et....

DORANTE.

Songeons à manger.

SCÈNE XX.

M. JOURDAIN, DORIMÈNE, DORANTE, UN LAQUAIS.

LE LAQUAIS à *M. Jourdain.*

Tout est prêt, monsieur.

DORANTE.

Allons donc nous mettre à table; et qu'on fasse venir les musiciens.

SCÈNE XXI.

ENTRÉE DE BALLET.

Six cuisiniers qui ont préparé le festin, dansent ensemble; après quoi, ils apportent une table couverte de plusieurs mets.

ACTE IV.

SCÈNE I.

DORIMÈNE, M. JOURDAIN, DORANTE, TROIS MUSICIENS, UN LAQUAIS.

DORIMÈNE.

Comment, Dorante? voilà un repas tout-à-fait magnifique

M. JOURDAIN.

Vous vous moquez, madame, et je voudrois qu'il fût plus digne de vous être offert.

(*Dorimène, M. Jourdain, Dorante, et les trois Musiciens se mettent à table.*)

DORANTE.

Monsieur Jourdain a raison, madame, de parler de la sorte, et il m'oblige de vous faire si bien les honneurs de chez lui. Je demeure d'accord avec lui que le repas n'est pas digne de vous. Comme c'est moi qui l'ai ordonné, et que je n'ai pas sur cette matière les lumières de nos amis, vous n'avez pas ici un repas fort savant, et vous y trouverez des incongruités de bonne chère, et des barbarismes de bon goût. Si Damis s'en étoit mêlé, tout seroit dans les regles; il y auroit partout de l'élégance et de l'érudition, et il ne manqueroit pas de vous exagérer lui-même toutes les pièces du repas qu'il vous donneroit, et de vous faire tomber d'accord de sa haute capacité dans la science des bons morceaux; de vous parler d'un pain de rive à bizeau doré, relevé de croute partout, croquant tendrement sous la dent; d'un vin à sève veloutée, armé d'un vert qui n'est point trop commandant; d'un quarré de mouton gourmandé de persil; d'une longe de veau de riviere, longue comme cela, blanche, délicate, et qui, sous les dents est une vraie pâte d'amande; de perdrix relevées d'un fumet surprenant; et pour son opéra, d'une soupe à bouillon perlé, soutenue d'un jeune gros dindon, cantonnée de pigeonneaux, et couronnée d'oignons blancs mariés avec la chicorée. Mais, pour moi, je vous avoue mon ignorance; et, comme M. Jourdain a fort bien dit, je voudrois que le repas fût plus digne de vous être offert.

DORIMÈNE.

Je ne réponds à ce compliment, qu'en mangeant comme je fais.

M. JOURDAIN.

Ah! que voilà de belles mains!

DORIMÈNE.

Les mains sont médiocres, monsieur Jourdain; mais vous voulez parler du diamant, qui est fort beau.

M. JOURDAIN.

Moi, madame! Dieu me garde d'en vouloir parler; ce ne seroit pas agir en galant homme, et le diamant est fort peu de chose.

DORIMÈNE.

Vous êtes bien dégoûté.

ACTE IV. SCÈNE I.

M. JOURDAIN.
Vous avez trop de bonté....

DORANTE, *après avoir fait signe à M. Jourdain.*
Allons, qu'on donne du vin à monsieur Jourdain et à ces messieurs, qui nous feront la grace de nous chanter un air à boire.

DORIMÈNE.
C'est merveilleusement assaisonner la bonne chère, que d'y mêler la musique, et je me vois ici admirablement régalée.

M. JOURDAIN.
Madame, ce n'est pas....

DORANTE.
Monsieur Jourdain, prêtons silence à ces messieurs, ce qu'ils nous diront vaudra mieux que tout ce que nous pourrions dire.

PREMIER et SECOND MUSICIENS *ensemble, un verre à la main.*
Un petit doigt, Philis, pour commencer le tour:
Ah! qu'un verre en vos mains a d'agréables charmes!
    Vous et le vin, vous prêtez des armes,
Et je sens pour tous deux redoubler mon amour:
Entre lui, vous et moi, jurons, jurons, ma belle,
    Une ardeur éternelle.

Qu'en mouillant votre bouche il en reçoit d'attraits!
Et que l'on voit par lui votre bouche embellie!
    Ah! l'un de l'autre ils me donnent envie,
Et de vous et de lui je m'enivre a longs traits.
Entre lui, vous et moi, jurons, jurons, ma belle,
    Une ardeur éternelle.

SECOND et TROISIÈME MUSICIENS *ensemble.*
    Buvons, chers amis, buvons,
    Le tems qui fuit nous y convie:
      Profitons de la vie
      Autant que nous pouvons.

    Quand on a passé l'onde noire,
    Adieu le bon vin, nos amours.
      Dépêchons-nous de boire,
      On ne boit pas toujours.

Laissons raisonner les sots
Sur le vrai bonheur de la vie ;
Notre philosophie
Le met parmi les pots.

Les biens, le savoir et la gloire,
N'ôtent point les soucis fâcheux ;
Et ce n'est qu'à bien boire,
Que l'on peut être heureux.

TOUS TROIS ENSEMBLE.

Sus, sus, du vin partout : versez, garçon, versez,
Versez, versez toujours, tant qu'on vous dise assez.

DORIMÈNE.

Je ne crois pas qu'on puisse mieux chanter ; et cela est tout-à-fait beau.

M. JOURDAIN.

Je vois encore ici, madame, quelque chose de plus beau.

DORIMÈNE.

Ouais ! Monsieur Jourdain est plus galant que je ne ne pensois.

DORANTE.

Comment, madame ! pour qui prenez-vous monsieur Jourdain ?

M. JOURDAIN.

Je voudrois bien qu'elle me prît pour ce que je dirois.

DORIMÈNE.

Encore ?

DORANTE à *Dorimène*.

Vous ne le connoissez pas.

M. JOURDAIN.

Elle me connoîtra quand il lui plaira.

DORIMÈNE.

Oh ! je le quitte.

DORANTE.

Il est homme qui a toujours la riposte en main. Mais vous ne voyez pas que monsieur Jourdain, madame, mange tous les morceaux que vous avez touchés.

DORIMÈNE.

Monsieur Jourdain est un homme qui me ravit.

ACTE IV. SCÈNE II.

M. JOURDAIN.

Si je pouvois ravir votre cœur, je serois....

SCÈNE II.

MADAME JOURDAIN, M. JOURDAIN, DORIMÈNE, DORANTE, MUSICIENS, LAQUAIS.

Madame JOURDAIN.

Ah! ah! je trouve ici une bonne compagnie, et je vois bien qu'on ne m'y attendoit pas. C'est donc pour cette belle affaire-ci, monsieur mon mari, que vous avez eu tant d'empressement à m'envoyer dîner chez ma sœur? Je viens de voir un théâtre là-bas, et je vois ici un banquet à faire noces. Voilà comme vous dépensez votre bien; c'est ainsi que vous festinez les dames en mon absence*; et que vous leur donnez la musique et la comédie, tandis que vous m'envoyez promener.

DORANTE.

Que voulez-vous dire, madame Jourdain? et quelles fantaisies sont les vôtres, de vous aller mettre en tête que votre mari dépense son bien, et que c'est lui qui donne ce régal à madame? Apprenez que c'est moi, je vous prie; qu'il ne fait seulement que me prêter sa maison, et que vous devriez un peu mieux regarder aux choses que vous dites.

---

* *C'est ainsi que vous festinez les dames.* Cette façon bourgeoise de s'exprimer soutient à merveille le caractère ferme et grossier que Molière a donné à madame Jourdain. Le trouble qu'elle apporte au repas secret que donne son mari au comte et à la marquise, est d'une vérité et d'un sel bien rares aujourd'hui; c'est cependant ainsi qu'agit la nature, mais elle est trop rarement consultée.

Dans la scène 2 du quatrième acte, lorsque madame Jourdain vient troubler si plaisamment le repas que donne son mari à Dorimène et à Dorante, Molière paroît avoir imité la deuxième scène du cinquième acte de l'*Asinaria* de Plaute, où Artémone vient trouver son mari Déménète chez la courtisane Philénium, et qu'elle dit franchement à cette dernière : Pourquoi reçois-tu ici mon mari? *Quid tibi hùc receptio ad te est meum virum? Surge, amator, i domum,* etc. etc.

M. JOURDAIN.

Oui, impertinente, c'est monsieur le comte qui donne tout ceci à madame, qui est une personne de qualité. Il me fait l'honneur de prendre ma maison, et de vouloir que je sois avec lui.

Madame JOURDAIN.

Ce sont des chansons que cela ; je sais ce que je sais.

DORANTE.

Prenez, madame Jourdain, prenez de meilleures lunettes.

Madame JOURDAIN.

Je n'ai que faire de lunettes, monsieur, et je vois assez clair. Il y a long-tems que je sens les choses, et je ne suis pas une bête. Cela est fort vilain à vous, pour un grand seigneur, de prêter la main, comme vous faites, aux sottises de mon mari. Et vous, madame, pour une grande dame, cela n'est ni beau, ni honnête à vous, de mettre de la dissention dans un ménage, et de souffrir que mon mari soit amoureux de vous.

DORIMÈNE.

Que veut donc dire tout ceci ? Allez, Dorante, vous vous moquez, de m'exposer aux sottes visions de cette extravagante.

DORANTE *suivant Dorimène qui sort.*

Madame, holà ! Madame, où courez-vous ?

M. JOURDAIN.

Madame.... Monsieur le comte, faites-lui mes excuses, et tâchez de la ramener.

SCÈNE III.

MADAME JOURDAIN, M. JOURDAIN, LAQUAIS.

M. JOURDAIN.

Ah ! impertinente que vous êtes, voilà de vos beaux faits! Vous me venez faire des affronts devant tout le monde; et vous chassez de chez moi des personnes de qualité!

Madame JOURDAIN.

Je me moque de leur qualité.

ACTE IV. SCÈNE V.

M. JOURDAIN.

Je ne sais qui me tient, maudite, que je ne vous fende la tête avec les pièces du repas que vous êtes venue troubler.

(Les laquais emportent la table.)

Madame JOURDAIN *sortant.*

Je me moque de cela. Ce sont mes droits que je défends ; et j'aurai pour moi toutes les femmes.

M. JOURDAIN.

Vous faites bien d'éviter ma colère.

SCÈNE IV.

M. JOURDAIN *seul.*

ELLE est arrivée bien malheureusement. J'étois en humeur de dire de jolies choses ; et jamais je ne m'étois senti tant d'esprit. Qu'est-ce que c'est que cela ?

SCÈNE V.

M. JOURDAIN, COVIELLE *déguisé.*

COVIELLE.

MONSIEUR, je ne sais pas si j'ai l'honneur d'être connu de vous.

M. JOURDAIN.

Non, monsieur.

COVIELLE *étendant la main à un pied de terre.*

Je vous ai vu que vous n'étiez pas plus grand que cela.

M. JOURDAIN.

Moi ?

COVIELLE.

Oui. Vous étiez le plus bel enfant du monde, et toutes les dames vous prenoient dans leurs bras pour vous baiser.

M. JOURDAIN.

Pour me baiser ?

COVIELLE.

Oui. J'étois grand ami de feu monsieur votre père.

M. JOURDAIN.

De feu monsieur mon père ?

COVIELLE.

Oui. C'étoit un fort honnête gentilhomme.

M. JOURDAIN.

Comment dites-vous?

COVIELLE.

Je dis que c'étoit un fort honnête gentilhomme.

M. JOURDAIN.

Mon père?

COVIELLE.

Oui.

M. JOURDAIN.

Vous l'avez fort connu? *

COVIELLE.

Assurément.

---

* L'empressement que témoigne dans cette scène M. Jourdain, de croire, sur le rapport d'un inconnu, que son père étoit gentilhomme, met le comble à son ridicule. On l'a vu, dans la scène neuvieme du second acte, payer les titres que lui donne le garçon tailleur: *C'est ce qu'on voit tous les jours*, (dit M. Marmontel dans sa poétique,) *mais il avoue qu'il les paye: voilà pour le monseigneur ; c'est en quoi il renchérit sur ses modèles. Molière tire d'un sot l'aveu de ce ridicule, pour le mieux faire apercevoir dans ceux qui ont l'esprit de le dissimuler. Cette espèce d'exagération demande une grande justesse de raison et de goût. Le théâtre a son optique ; et le tableau est manqué, dès que le spectateur s'aperçoit qu'on a outré la nature.*

La cérémonie turque qui termine cet acte, est absolument dans le genre de la farce, comme Molière l'a annoncé.

Lully, déjà célèbre, en avoit composé la musique, et fit plus pour le succès de Moliere et les plaisirs de Louis: il se chargea, à Chambord, du rôle du Mupti. Le nom de *Chiaccherone* qu'on trouve dans la liste des acteurs pour le personnage en question, n'étoit qu'un nom supposé, sous lequel l'habile Pantomime Lully s'étoit caché. Sa gaîté donna à ce rôle tout le piquant dont il étoit susceptible, et l'on sait que quelques années après, Lully reparut encore à Versailles sous ce masque, malgré les avis qu'il avoit reçus que les secrétaires du roi, au nombre desquels il devoit être admis, se préparoient à lui faire, de cette complaisance pour les amusemens de son maître, une raison d'être rejeté. On trouve un détail de cette affaire, où M. de Louvois se compromit, dans la vie de Quinault, à la tête de ses ouvrages, et dans le parallèle de la musique des anciens avec la musique nouvelle, par M. *de Freneuze*.

ACTE IV. SCÈNE V.

M. JOURDAIN.

Et vous l'avez connu pour gentilhomme ?

COVIELLE.

Sans doute.

M. JOURDAIN.

Je ne sais donc pas comment le monde est fait.

COVIELLE.

Comment ?

M. JOURDAIN.

Il y a de sottes gens qui me veulent dire qu'il a été marchand.

COVIELLE.

Lui, marchand ? C'est pure médisance, il ne l'a jamais été. Tout ce qu'il faisoit, c'est qu'il étoit fort obligeant, fort officieux ; et, comme il se connoissoit fort bien en étoffes, il en alloit choisir de tous les côtés, les faisoit apporter chez lui, et en donnoit à ses amis pour de l'argent.

M. JOURDAIN.

Je suis ravi de vous connoître, afin que vous rendiez ce témoignage-là, que mon père étoit gentilhomme.

COVIELLE.

Je le soutiendrai devant tout le monde.

M. JOURDAIN.

Vous m'obligerez. Quel sujet vous amène ?

COVIELLE.

Depuis avoir connu * feu monsieur votre père, honnête gentilhomme, comme je vous ai dit, j'ai voyagé par tout le monde.

M. JOURDAIN.

Par tout le monde ?

COVIELLE.

Oui.

M. JOURDAIN.

Je pense qu'il y a bien loin en ce pays-là.

COVIELLE.

Assurément. Je ne suis revenu de tous mes longs voyages que

---

* *Depuis avoir.* Ne se dit plus.

depuis quatre jours ; et, par l'intérêt que je prends à tout ce qui vous touche, je viens vous annoncer la meilleure nouvelle du monde.

M. JOURDAIN.

Quelle ?

COVIELLE.

Vous savez que le fils du Turc est ici ?

M. JOURDAIN.

Moi ! Non.

COVIELLE.

Comment ! Il a un train tout-à-fait magnifique ; tout le monde le va voir, et il a été reçu en ce pays comme un seigneur d'importance.

M. JOURDAIN.

Par ma foi, je ne savois pas cela.

COVIELLE.

Ce qu'il y a d'avantageux pour vous, c'est qu'il est amoureux de votre fille.

M. JOURDAIN.

Le fils du grand Turc ?

COVIELLE.

Oui ; et il veut être votre gendre.

M. JOURDAIN.

Mon gendre, le fils du grand Turc ?

COVIELLE.

Le fils du grand Turc votre gendre. Comme je le fus voir, et que j'entends parfaitement sa langue, il s'entretint avec moi ; et, après quelques autres discours, il me dit : *Acciam croc soler onch alia moustaphgidélum amanahem varahini oussere carbulath.* C'est-à-dire : N'as-tu pas vu une jeune belle personne, qui est la fille de monsieur Jourdain, gentilhomme parisien ?

M. JOURDAIN.

Le fils du grand Turc dit cela de moi ?

COVIELLE.

Oui. Comme je lui eus répondu que je vous connoissois particulièrement, et que j'avois vu votre fille : Ah ! me dit-il, *marababa sahem !* c'est-à-dire, ah ! que je suis amoureux d'elle !

ACTE IV. SCÈNE V.

M. JOURDAIN.

Marababa sahem, veut dire : Ah, que je suis amoureux d'elle !

COVIELLE.

Oui.

M. JOURDAIN.

Par ma foi, vous faites bien de me le dire ; car, pour moi, je n'aurois jamais cru que *marababa sahem*, eût voulu dire : Ah, que je suis amoureux d'elle ! Voilà une langue admirable que ce turc.

COVIELLE.

Plus admirable qu'on ne peut croire. Savez-vous bien ce que veut dire, *caracacamouchen ?*

M. JOURDAIN.

Caracacamouchen ? Non.

COVIELLE.

C'est-à-dire, ma chère ame.

M. JOURDAIN.

Caracacamouchen veut dire ma chère ame ?

COVIELLE.

Oui.

M. JOURDAIN.

Voilà qui est merveilleux ! *Caracacamouchen*, ma chère ame. Diroit-on jamais cela ? Voilà qui me confond.

COVIELLE.

Enfin, pour achever mon ambassade, il vient vous demander votre fille en mariage ; et, pour avoir un beau-père qui soit digne de lui, il veut vous faire *Mamamouchi*, qui est une certaine grande dignité de son pays.

M. JOURDAIN.

Mamamouchi ?

COVIELLE.

Oui, *Mamamouchi* ; c'est-à-dire, en notre langue, paladin. Paladin, ce sont de ces anciens.... Paladin, enfin. Il n'y a rien de plus noble que cela dans le monde ; et vous irez de pair avec les plus grands seigneurs de la terre.

M. JOURDAIN.

Le fils du grand Turc m'honore beaucoup ; et je vous prie de me mener chez lui, pour lui faire mes remerciemens.

COVIELLE.
Comment! le voilà qui va venir ici.

M. JOURDAIN.
Il va venir ici?

COVIELLE.
Oui; et il a amené toutes choses pour la cérémonie de votre dignité.

M. JOURDAIN.
Voilà qui est bien prompt.

COVIELLE.
Son amour ne peut souffrir aucun retardement.

M. JOURDAIN.
Tout ce qui m'embarrasse ici, c'est que ma fille est une opiniâtre, qui s'est allé mettre en tête un certain Cléonte; et elle jure de n'épouser personne que celui-là.

COVIELLE.
Elle changera de sentiment, quand elle verra le fils du grand Turc : et puis il se rencontre ici une aventure merveilleuse, c'est que le fils du grand Turc ressemble à ce Cléonte, à peu de chose près. Je viens de le voir; on me l'a montré; et l'amour qu'elle a pour l'un, pourra passer aisément à l'autre, et.... Je l'entends venir : le voilà.

SCÈNE VI.

CLÉONTE *en turc*, **TROIS PAGES** *portant la veste de Cléonte*, **MONSIEUR JOURDAIN, COVIELLE.**

CLÉONTE.
Ambousahim oqui boraf, Giourdina, Salamaléqui.

COVIELLE *à M. Jourdain.*
C'est-à-dire, monsieur Jourdain, votre cœur soit toute l'année comme un rosier fleuri. Ce sont façons de parler obligeantes de ce pays-là.

M. JOURDAIN.
Je suis très-humble serviteur de son altesse turque.

COVIELLE.
Carigar camboto oustin moruf.

ACTE IV. SCÈNE VIII.

CLÉONTE.

Oustin yoc catamaléqui basum base alla moran.

COVIELLE.

Il dit que le ciel vous donne la force des lions, et la prudence des serpens.

M. JOURDAIN.

Son altesse turque m'honore trop ; et je lui souhaite toutes sortes de prospérités.

COVIELLE.

Ossa bin amen sadoc baballi oracaf ouram.

CLÉONTE.

Bel-men.

COVIELLE.

Il a dit que vous alliez vîte avec lui vous préparer pour la cérémonie, afin de voir ensuite votre fille, et de conclure le mariage.

M. JOURDAIN.

Tant de choses en deux mots ?

COVIELLE.

Oui. La langue turque est comme cela, elle dit beaucoup en peu de paroles. Allez vîte où il souhaite.

SCÈNE VII.

COVIELLE *seul*.

Ah, ah, ah ! ma foi, cela est tout-à-fait drôle. Quella dupe ! quand il auroit appris son rôle par cœur, il ne pourroit pas le mieux jouer. Ah, ah !

SCÈNE VIII.

DORANTE, COVIELLE.

COVIELLE.

Je vous prie, monsieur, de nous vouloir aider céans dans une affaire qui s'y passe.

DORANTE.

Ah, ah ! Covielle, qui t'auroit reconnu ? Comme te voilà ajusté !

COVIELLE.

Vous voyez. Ah, ah, ah!

DORANTE.

De quoi ris-tu?

COVIELLE.

D'une chose, monsieur, qui le mérite bien.

DORANTE.

Comment?

COVIELLE.

Je vous le donnerois en bien des fois, monsieur, à deviner le stratagême dont nous nous servons auprès de monsieur Jourdain pour porter son esprit à donner sa fille à mon maître.

DORANTE.

Je ne devine point le stratagême; mais je devine qu'il ne manquera pas de faire son effet, puisque tu l'entreprends.

COVIELLE.

Je sais, monsieur, que la bête vous est connue.

DORANTE.

Apprends-moi ce que c'est.

COVIELLE.

Prenez la peine de vous tirer un peu plus loin, pour faire place à ce que j'aperçois venir. Vous pourrez voir une partie de l'histoire, tandis que je vous conterai le reste.

SCÈNE IX.

CÉRÉMONIE TURQUE.

LE MUFTI, DERVIS, TURCS assistans du Mufti, chantans et dansans.

PREMIÈRE ENTRÉE DE BALLET.

Six Turcs entrent gravement deux à deux, au son des instrumens. Ils portent trois tapis qu'ils lèvent fort haut, après en avoir fait, en dansant, plusieurs figures. Les Turcs chantans passent par-dessous ces tapis, pour s'aller ranger aux deux côtés du théâtre. Le Mufti, accompagné des Dervis, ferme cette marche.

ACTE IV. SCÈNE XI.

Alors les Turcs étendent les tapis par terre, et se mettent dessus à genoux. Le Mufti et les Dervis restent debout au milieu d'eux. Et, pendant que le Mufti invoque Mahomet, en faisant beaucoup de contorsions et de grimaces sans proférer une seule parole, les Turcs assistant se prosternent jusqu'à terre, chantant, alli, lèvent les bras au ciel, en chantant, alla; ce qu'ils continuent jusqu'à la fin de l'invocation, après laquelle ils se lèvent tous, chantant, alla ekber; et deux Dervis vont chercher M. Jourdain.

SCÈNE X.

LE MUFTI, DERVIS, TURCS *chantans et dansans*; M. JOURDAIN *vêtu à la turque, la tête rasée, sans turban et sans sabre.*

LE MUFTI *à M. Jourdain.*

Se ti sabir,
Ti respondir;
Se non sabir,
Tazir, tazir.

Mi star mufti,
Ti qui star ti
Non intendir;
Tazir, tazir.

(*Deux Dervis font retirer M. Jourdain.*)

SCÈNE XI.

LE MUFTI, DERVIS, TURCS *chantans et dansans.*

LE MUFTI.

Dice Turqué, qui star quista.
Anabatista, Anabatista?

LES TURCS.

Ioc.

LE MUFTI.

Zuinglista?

LES TURCS.

Ioc.

LE MUFTI.

Coffita?

LES TURCS.

Ioc.

LE MUFTI.

Hussita? Morista? Fronista?

LES TURCS.

Ioc, ioc, ioc.

LE MUFTI.

Ioc, ioc, ioc. Star Pagana?

LES TURCS.

Ioc.

LE MUFTI.

Lutérana?

LES TURCS.

Ioc.

LE MUFTI.

Puritana?

LES TURCS.

Ioc.

LE MUFTI.

Bramina? Moffina? Zurina?

LES TURCS.

Ioc, ioc, ioc.

LE MUFTI.

Ioc, ioc, ioc. Mahamétana, Mahamétana?

LES TURCS.

Hi valla. Hi valla.

LE MUFTI.

Como chamara? Como chamara?

LES TURCS.

Giourdina, Giourdina.

LE MUFTI *sautant*.

Giourdina, Giourdina.

ACTE IV. SCÈNE XIII.

LES TURCS.

Giourdina, Giourdina.

LE MUFTI.

Mahaméta, per Giourdina,
Mi prégar, séra è matina.
Voler far un Paladina
De Giourdina, de Giourdina;
Dar Turbanta, è dar scarrina,
Con galéra, è brigantina,
Per deffender Palestina.
Mahaméta, per Giourdina,
Mi prégar séra è matina.

(*Aux Turcs.*)

Star bon Turca Giourdina ?

LES TURCS.

Hi valla, Hi valla.

LE MUFTI *chantant et dansant.*

Ha la ba, ba la chou, ba la ba, ba la da.

LES TURCS.

Ha la ba, ba la chou, ba la ba, ba la da.

SCÈNE XII.

TURCS *chantans et dansans.*

DEUXIÈME ENTRÉE DE BALLET.

SCÈNE XIII.

LE MUFTI, DERVIS, M. JOURDAIN, TURCS *chantans et dansans.*

Le Muphti revient coiffé avec son turban de cérémonie, qui est d'une grosseur démesurée, et garni de bougies allumées à quatre ou cinq rangs; il est accompagné de deux Dervis qui portent l'alcoran, et qui ont des bonnets pointus, garnis aussi de bougies allumées.

Les deux autres Dervis amènent M. Jourdain, et le font mettre à genoux les mains par terre; de façon que son dos, sur lequel est mis l'alcoran, sert de pupitre au Muphti, qui fait une seconde invocation burlesque, fronçant le sourcil, frappant de tems en tems sur l'alcoran, et tournant les feuillets avec précipitation ; après quoi, en levant les bras au ciel, le Mufti crie à haute voix, hou.

Pendant cette seconde invocation, les Turcs assistans, s'inclinant et se relevant alternativement, chantent aussi hou, hou, hou.

M. JOURDAIN *après qu'on lui a ôté l'alcoran de dessus le dos.*
Ouf.

LE MUFTI *à M. Jourdain.*
Ti non star furba ?

LES TURCS.
No, no, no.

LE MUFTI.
Non star forfanta ?

LES TURCS.
No, no, no.

LE MUFTI *aux Turcs.*
Donar turbanta.

LES TURCS.
Ti non star furba ?
No, no, no.
Non star forfanta ?
No, no, no.
Donar turbanta.

TROISIÈME ENTRÉE DE BALLET.

Les Turcs dansans mettent le turban sur la tête de M. Jourdain au son des instrumens.

LE MUFTI *donnant le sabre à M. Jourdain.*
Ti star nobile, non star fabbola.
Pigliar schiabbola.

LES TURCS *mettant le sabre à la main.*
Ti star nobile, non star fabbola.
Pigliar schiabbola.

QUATRIÈME ENTRÉE DE BALLET.

Les Turcs dansans donnent en cadence plusieurs coups de sabre à M. Jourdain.

LE MUFTI.

Dara, dara
Bastonara.

LES TURCS.

Dara, dara
Bastonara.

CINQUIÈME ENTRÉE DE BALLET.

Les Turcs dansans donnent à M. Jourdain des coups de bâton en cadence.

LE MUFTI.

Non tener honta
Questa star l'ultima affronta.

LES TURCS.

Non tener honta
Questa star l'ultima affronta.

Le Mufti commence une troisième invocation. Les Dervis le soutiennent par-dessous les bras avec respect; après quoi les Turcs chantans et dansans, sautant autour du Mufti, se retirent avec lui, et emmènent M. Jourdain.

ACTE V.*

SCENE I.

MADAME JOURDAIN, M. JOURDAIN.

Madame JOURDAIN.

Ah, Mon Dieu, miséricorde ! Qu'est-ce que c'est donc que cela ? Quelle figure ! est-ce un momon que vous allez porter, et est-il tems d'aller en masque ? Parlez donc, et qu'est-ce que c'est que ceci ? Qui vous a fagoté comme cela ?

---

* Le cinquième acte, très-court, est dénoué avec la même gaîté des précédens, et les principaux acteurs de la pièce y sont ramenés avec assez de vraisemblance, quoique cela fût fort difficile ; beaucoup de dénouemens modernes ont emprunté de celui-ci différentes situations. Cette pièce, qu'on voit toujours avec le même plaisir, étoit alors terminée par un ballet et des chants, dont les paroles sont en différentes langues.

Molière avoit fait sa cour à la reine, en faisant paroître des espagnols chantans et dansans, tirés de la troupe qu'elle entretenoit à Paris, et qu'elle garda jusqu'en 1673.

A l'égard des paroles françaises chantées, on est convenu plus d'une fois, dans ce commentaire, que Molière n'étoit pas heureux ; cependant on peut y voir un duo, dont plus d'un de nos écrivains lyriques se sont approprié l'image.

Vois, ma Climène,
Vois sous ce chêne,
S'entre-baiser ces oiseaux amoureux, etc.

Ces bagatelles coûtoient peut-être à Molière plus qu'une scène excellente ; c'est ainsi qu'on ne retrouve plus La Fontaine, lorsqu'il traduit l'Eunuque de Térence. Remarquons aussi, puisque nous parlons de La Fontaine, qu'il n'écrivit pas mieux la scène lyrique que Molière. Despréaux n'eut jamais pu l'écrire ; M. de Voltaire essaya vainement ce genre. Le vrai génie, sans doute, descend difficilement à la mesure du talent que demande cette espèce de poésie.

ACTE V. SCÈNE I.

M. JOURDAIN.

Voyez l'impertinente, de parler de la sorte à un *Mamamouchi*.

Madame JOURDAIN.

Comment donc ?

M. JOURDAIN.

Oui, il me faut porter du respect maintenant, et l'on vient de me faire *Mamamouchi*.

Madame JOURDAIN.

Que voulez-vous dire avec votre *Mamamouchi* ?

M. JOURDAIN.

Mamamouchi, vous dis-je. Je suis *Mamamouchi*.

Madame JOURDAIN.

Quelle bête est-ce-là ?

M. JOURDAIN.

Mamamouchi ; c'est-à-dire, en notre langue, Paladin.

Madame JOURDAIN.

Baladin ? Êtes-vous en âge de danser des ballets ?

M. JOURDAIN.

Quelle ignorante ! Je dis Paladin : c'est une dignité dont on vient de me faire la cérémonie.

Madame JOURDAIN.

Quelle cérémonie donc ?

M. JOURDAIN.

Mah améta per Giourdina.

Madame JOURDAIN.

Qu'est-ce que cela veut dire ?

M. JOURDAIN.

Giourdina, c'est-à-dire, Jourdain.

Madame JOURDAIN.

Hé bien ! quoi, Jourdain ?

M. JOURDAIN.

Voler far un Paladina de Giourdina.

Madame JOURDAIN.

Comment ?

M. JOURDAIN.

Dar turbanta con galera.

Madame JOURDAIN.

Qu'est-ce à dire, cela ?

M. JOURDAIN.

Per deffender Palestina.

Madame JOURDAIN.

Que voulez-vous donc dire ?

M. JOURDAIN.

Dara, dara bastonara.

Madame JOURDAIN.

Qu'est-ce donc que ce jargon-là ?

M. JOURDAIN.

Non tener honta, questa star l'ultima affronta.

Madame JOURDAIN.

Qu'est-ce donc que tout cela ?

M. JOURDAIN *chantant et dansant.*

Hou la ba, ba la chou, ba la ba, ba la da.

(*Il tombe par terre.*)

Madame JOURDAIN.

Hélas ! mon Dieu, mon mari est devenu fou !

M. JOURDAIN *se relevant et s'en allant.*

Paix, insolente. Portez respect à monsieur le *Mamamouchi.*

Madame JOURDAIN *seule.*

Où est-ce donc qu'il a perdu l'esprit ? courons l'empêcher de
(*apercevant Dorimène et Dorante.*)
sortir. Ah, ah ! voici justement le reste de notre écu ! Je ne
vois que chagrin de tous côtés.

SCÈNE II.

DORANTE, DORIMÈNE.

DORANTE.

Oui, madame, vous verrez la plus plus plaisante chose qu'on
puisse voir ; et je ne crois pas que dans tout le monde, il soit
possible de trouver encore un homme aussi fou que celui-là.
Et puis, madame, il faut tâcher de servir l'amour de Cléonte,
et d'appuyer toute sa mascarade. C'est un fort galant homme,
et qui mérite que l'on s'intéresse pour lui.

DORIMÈNE.

J'en fais beaucoup de cas, et il est digne d'une bonne fortune.

ACTE V. SCÈNE II.

DORANTE.

Outre cela, nous avons ici, madame, un ballet qui nous revient, que nous ne devons pas laisser perdre; et il faut bien voir si mon idée pourra réussir.

DORIMÈNE.

J'ai vu là des apprêts magnifiques, et ce sont des choses, Dorante, que je ne puis souffrir. Oui, je veux enfin vous empêcher vos profusions; et, pour rompre le cours à toutes les dépenses que je vous vois faire pour moi, j'ai résolu de me marier promptement avec vous. C'en est le vrai secret; et toutes ces choses finissent avec le mariage.

DORANTE.

Ah, madame! est-il possible que vous ayez pu prendre pour moi une si douce résolution?

DORIMÈNE.

Ce n'est que pour vous empêcher de vous ruiner : et, sans cela, je vois bien qu'avant qu'il fût peu, vous n'auriez pas un sou.

DORANTE.

Que j'ai d'obligation, madame, aux soins que vous avez de conserver mon bien! Il est entièrement à vous, aussi bien que mon cœur; et vous en userez de la façon qu'il vous plaira.

DORIMÈNE.

J'userai bien de tous les deux. Mais voici votre homme : la figure en est admirable.

SCENE III.

M. JOURDAIN, DORIMÈNE, DORANTE.

DORANTE.

Monsieur, nous venons rendre hommage, madame et moi, à votre nouvelle dignité, et nous réjouir avec vous du mariage que vous faites de votre fille avec le fils du grand-turc.

M. JOURDAIN *après avoir fait les révérences à la Turque.*

Monsieur, je vous souhaite la force des serpens et la prudence des lions.

DORIMÈNE.

J'ai été bien aise d'être des premières, monsieur, à venir vous féliciter du haut degré de gloire où vous êtes monté.

M. JOURDAIN.

Madame, je vous souhaite toute l'année votre rosier fleuri. Je vous suis infiniment obligé de prendre part aux honneurs qui m'arrivent; et j'ai beaucoup de joie de vous voir revenue ici pour vous faire les très-humbles excuses de l'extravagance de ma femme.

DORIMÈNE.

Cela n'est rien; j'excuse en elle un pareil mouvement: votre cœur lui doit être précieux; et il n'est pas étrange que la possession d'un homme comme vous puisse inspirer quelques alarmes.

M. JOURDAIN.

La possession de mon cœur est une chose qui vous est toute acquise.

DORANTE.

Vous voyez, madame, que monsieur Jourdain n'est pas de ces gens que les prospérités aveuglent; et qu'il sait, dans sa grandeur, connoître encore ses amis.

DORIMÈNE.

C'est la marque d'une ame tout-à-fait généreuse.

DORANTE.

Où est donc son altesse turque, nous voudrions bien, comme vos amis, lui rendre nos devoirs.

M. JOURDAIN.

Le voilà qui vient; et j'ai envoyé quérir ma fille pour lui donner la main.

SCÈNE IV.

M. JOURDAIN, DORIMÈNE, DORANTE, CLÉONTE *habillé en turc.*

DORANTE à *Cléonte.*

Monsieur, nous venons faire la révérence à votre altesse, comme amis de M. votre beau-père, et l'assurer avec respect de nos très-humbles services.

M. JOURDAIN.

Où est le truchement, pour lui dire qui vous êtes, et lui

ACTE V. SCÈNE V.

faire entendre ce que vous dites ? Vous verrez qu'il vous répondra ; et il vous parle turc à merveille.

(*à Cléonte.*)

Holà ! où diantre est-il allé ? *Strouf, strif, strof, straf:* monsieur est un *grande Segnore*, grande Segnore : grande Segnore ; et madame, une *granda Dama*, granda Dama. (*Voyant qu'il ne se fait point entendre.*) Ah ! (*à Cléonte.*)

(*Montrant Dorante.*)

Monsieur lui *Mamamouchi* Français ; et madame, *Mamamouchi* Française. Je ne puis pas parler plus clairement. Bon ! voici l'interprète.

SCENE V.

M. JOURDAIN, DORIMÈNE, DORANTE, CLÉONTE *habillé en turc,* **COVIELLE** *déguisé.*

M. JOURDAIN.

Où allez-vous donc ? nous ne saurions rien dire sans vous. (*montrant Cléonte.*) Dites-lui un peu que monsieur et madame sont des personnes de grande qualité, qui lui viennent faire la révérence, comme mes amis, et l'assurer de leurs services.

(*à Dorimène et à Dorante.*)

Vous allez voir comme il va répondre.

COVIELLE.

Alabala crociam acci boram alabamen.

CLÉONTE.

Catalequi tubal ourin soter amalouchan.

M. JOURDAIN *à Dorimène et à Dorante.*

Voyez-vous.

COVIELLE.

Il dit que la pluie des prospérités arrose en tout tems le jardin de votre famille.

M. JOURDAIN.

Je vous l'avois bien dit, qu'il parle turc.

DORIMÈNE.

Cela est admirable !

SCÈNE VI.

LUCILE, CLÉONTE, M. JOURDAIN, DORIMÈNE, DORANTE, COVIELLE.

M. JOURDAIN.

Venez, ma fille; approchez-vous; et venez donner la main à monsieur, qui vous fait l'honneur de vous demander en mariage.

LUCILE.

Comment, mon père! comme vous voilà fait? Est-ce une comédie que vous jouez?

M. JOURDAIN.

Non, non: ce n'est pas une comédie; c'est une affaire fort sérieuse, et la plus pleine d'honneur pour vous qui se peut
(*montrant Cléonte.*)
souhaiter *. Voilà le mari que je vous donne.

LUCILE.

A moi, mon père?

M. JOURDAIN.

Oui, à vous. Allons, touchez-lui dans la main, et rendez graces au ciel de votre bonheur.

LUCILE.

Je ne veux point me marier.

M. JOURDAIN.

Je le veux, moi, qui suis vôtre père.

LUCILE.

Je n'en ferai rien.

M. JOURDAIN.

Ah! que de bruit! Allons, vous dis-je. Çà, votre main.

LUCILE.

Non, mon père; je vous l'ai dit, il n'est point de pouvoir qui me puisse obliger à prendre un autre mari que Cléonte; et je me résoudrai plutôt à toutes les extrémités, que de.....

---

* *Qui se peut souhaiter.* La plupart auroient mieux aimé *qui se puisse.*

ACTE V. SCÈNE VII.

(*reconnoissant Cléonte.*)

Il est vrai que vous êtes mon père, je vous dois entièrement obéissance; et c'est à vous à disposer de moi selon vos volontés.

M. JOURDAIN.

Ah! je suis ravi de vous voir si promptement revenue dans votre devoir; et voilà qui me plaît d'avoir une fille obéissante.

SCÈNE VII ET DERNIÈRE.

MADAME JOURDAIN, CLÉONTE, M. JOURDAIN, LUCILE, DORANTE, DORIMÈNE, COVIELLE.

Madame JOURDAIN.

Comment donc? Qu'est-ce que c'est que ceci? On dit que vous voulez donner votre fille en mariage à un carême-prenant?

M. JOURDAIN.

Voulez-vous vous taire, impertinente? Vous venez toujours mêler vos extravagances à toutes choses, et il n'y a pas moyen de vous apprendre à être raisonnable.

Madame JOURDAIN.

C'est vous qu'il n'y a pas moyen de rendre sage, et vous allez de folie en folie. Quel est votre dessein, et que voulez-vous faire avec cet assemblage?

M. JOURDAIN.

Je veux marier notre fille avec le fils du grand Turc.

Madame JOURDAIN.

Avec le fils du grand Turc?

M. JOURDAIN.
(*Montrant Covielle.*)

Oui. Faites-lui faire vos complimens par le Truchement que voilà.

Madame JOURDAIN.

Je n'ai que faire du truchement; et je lui dirai bien moi-même, à son nez, qu'il n'aura pas ma fille.

M. JOURDAIN.

Voulez-vous vous taire, encore une fois?

DORANTE.

Comment! madame Jourdain, vous vous opposez à un honneur comme celui-là? Vous refusez son altesse turque pour gendre?

Madame JOURDAIN.

Mon Dieu, monsieur! mêlez-vous de vos affaires.

DORIMÈNE.

C'est une grande gloire qui n'est pas à rejeter.

Madame JOURDAIN.

Madame, je vous prie aussi de ne vous point embarrasser de ce qui ne vous touche pas.

DORANTE.

C'est l'amitié que nous avons pour vous, qui nous fait intéresser dans vos avantages.

Madame JOURDAIN.

Je me passerai bien de votre amitié.

DORANTE.

Voilà votre fille qui consent aux volontés de son père.

Madame JOURDAIN.

Ma fille consent à épouser un turc?

DORANTE.

Sans doute.

Madame JOURDAIN.

Elle peut oublier Cléonte?

DORANTE.

Que ne fait-on pas pour être grande dame?

Madame JOURDAIN.

Je l'étranglerois de mes mains, si elle avoit fait un coup comme celui-là.

M. JOURDAIN.

Voilà bien du caquet! Je vous dis que ce mariage-là se fera.

Madame JOURDAIN.

Je vous dis, moi, qu'il ne se fera point.

M. JOURDAIN.

Ah! que de bruit!

LUCILE.

Ma mère!

Madame JOURDAIN.

Allez, vous êtes une coquine.

M. JOURDAIN *à madame Jourdain*.

Quoi! vous la querellez de ce qu'elle m'obéit?

ACTE V. SCENE VII.

Madame JOURDAIN.

Oui. Elle est à moi aussi bien qu'à vous.

COVIELLE à Madame Jourdain.

Madame !

Madame JOURDAIN.

Que me voulez-vous conter, vous ?

COVIELLE.

Un mot.

Madame JOURDAIN.

Je n'ai que faire de votre mot.

COVIELLE à M. Jourdain.

Monsieur, si elle veut écouter une parole en particulier, je vous promets de la faire consentir à ce que vous voulez.

Madame JOURDAIN.

Je n'y consentirai point.

COVIELLE.

Écoutez-moi seulement.

Madame JOURDAIN.

Non.

M. JOURDAIN à Madame Jourdain.

Écoutez-le.

Madame JOURDAIN.

Non, je ne veux pas l'écouter.

M. JOURDAIN.

Il vous dira...

Madame JOURDAIN.

Je ne veux point qu'il me dise rien.

M. JOURDAIN.

Voilà une grande obstination de femme ! Cela vous feroit-il mal, de l'entendre ?

COVIELLE.

Ne faites que m'écouter : vous ferez après ce qu'il vous plaira.

Madame JOURDAIN.

Eh bien ! quoi ?

COVIELLE bas à Madame Jourdain.

Il y a une heure, madame, que nous vous faisons signe. Ne voyez-vous pas bien que tout ceci n'est fait que pour nous ajuster aux visions de votre mari, que nous l'abusons sous ce déguisement, et que c'est Cléonte lui-même qui est le fils du grand Turc ?

Madame JOURDAIN bas à Covielle.

Ah, ah!

COVIELLE bas à madame Jourdain.

Et moi Covielle, qui suis le truchement.

Madame JOURDAIN bas à Covielle.

Ah! comme cela, je me rends.

COVIELLE bas à madame Jourdain.

Ne faites pas semblant de rien.

Madame JOURDAIN haut.

Oui. Voilà qui est fait ; je consens au mariage.

M. JOURDAIN.

Ah ! voilà tout le monde raisonnable.

(à madame Jourdain.)

Vous ne vouliez pas l'écouter. Je savois bien qu'il vous expliqueroit ce que c'est que le fils du grand Turc.

Madame JOURDAIN.

Il me l'a expliqué comme il faut, et j'en suis satisfaite. Envoyons querir un notaire.

DORANTE.

C'est fort bien dit. Et afin, madame Jourdain, que vous puissiez avoir l'esprit tout-a-fait content, et que vous perdiez aujourd'hui toute la jalousie que vous pourriez avoir conçue de monsieur votre mari, c'est que nous nous servirons du même notaire pour nous marier madame et moi.

Madame JOURDAIN.

Je consens aussi à cela.

M. JOURDAIN bas à Dorante.

C'est pour lui faire accroire.

DORANTE bas à M. Jourdain.

Il faut bien l'amuser avec cette feinte.

M. JOURDAIN.

(bas.)   (haut.)

Bon, bon! Qu'on aille querir le notaire.

DORANTE.

Tandis qu'il viendra, et qu'il dressera les contrats, voyons notre ballet, et donnons-en le divertissement à son altesse turque.

M. JOURDAIN.
C'est fort bien avisé. Allons prendre nos places.
Madame JOURDAIN.
Et Nicole ?
M. JOURDAIN.
Je la donne au truchement, et ma femme à qui la voudra.
COVIELLE.
(à part.)

Monsieur, je vous remercie. Si l'on en peut voir un plus fou, je l'irai dire à Rome.

BALLET DES NATIONS.

PREMIÈRE ENTRÉE.

UN DONNEUR DE LIVRES *dansant*, IMPORTUNS *dansans*, DEUX HOMMES *du bel air*, DEUX FEMMES *du bel air*, DEUX GASCONS, UN SUISSE, UN VIEUX BOURGEOIS *babillard*, UNE VIEILLE BOURGEOISE *babillarde*, TROUPE DE SPECTATEURS *chantans*.

CHOEURS DE SPECTATEURS *au donneur de livres*.

A moi, monsieur, à moi; de grace, à moi, monsieur.
Un livre, s'il vous plaît, à votre serviteur.
PREMIER HOMME *du bel air*.
Monsieur, distinguez-nous parmi les gens qui crient:
Quelques livres ici ; les dames vous en prient.
SECOND HOMME *du bel air*.
Holà, monsieur! Monsieur, ayez la charité.
D'en jeter de notre côté.

LE BOURGEOIS GENTILHOMME.

PREMIÈRE FEMME *du bel air*.

Mon Dieu ! qu'aux personnes bien faites
On sait peu rendre honneur céans !

SECONDE FEMME *du bel air*.

Ils n'ont des livres et des bancs
Que pour mesdames les grisettes.

PREMIER GASCON.

Ah, l'homme aux libres ! qu'on m'en vaille.
J'ai déjà lé poulmon usé.
Bous boyez qué chacun mé raille.
Et jé suis escandalisé
Dé boir aux mains dé la canaille,
Ce qui m'est par bous réfusé.

SECOND GASCON.

Hé, cadédis, monseu, boyez qui l'on put être.
Un libret, jé bous prie, au Varon d'Asbarat.
Jé pense, mordi ! qué lé fat
N'a pas l'honnur dé mé connoître.

UN SUISSE.

Montsir le donner de papieir,
Que vuel dir sti façon dé fivre ?
Moi l'écorchair tout mon gosieir
  A crieir,
Sans que je pouvre avoir ein liffre.
Pardi ! mon foi, montsir, je pense vous l'être ifre.

(*Le donneur de livres, fatigué par les importuns qu'il trouve toujours sur ses pas, se retire en colère.*)

UN VIEUX BOURGEOIS *babillard*.

De tout ceci, franc et net,
  Je suis mal satisfait.
Et cela, sans doute, est laid,
  Que notre fille
Si bien faite et si gentille,
De tant d'amoureux l'objet,
  N'ait pas à son souhait
  Un livre de ballet,
  Pour lire le sujet
Du divertissement qu'on fait ;
Et que toute notre famille

ACTE V. PREMIÈRE ENTRÉE.

Si proprement s'habille
Pour être placée au sommet
De la salle où l'on met
Les gens de l'intriguet !
De tout ceci, franc et net,
Je suis mal satisfait ;
Et cela, sans doute, est laid.

UNE VIEILLE BOURGEOISE *babillarde*.

Il est vrai que c'est une honte ;
Le sang au visage me monte ;
Et ce jeteur de vers, qui manque au capital,
L'entend fort mal :
C'est un brutal,
Un vrai cheval,
Franc animal,
De faire si peu de compte
D'une fille qui fait l'ornement principal
Du quartier du Palais-Royal,
Et que ces jours passés un comte
Fut prendre la première au bal.
Il l'entend mal ;
C'est un brutal,
Un vrai cheval,
Franc animal.

HOMMES *du bel air*.

Ah ! quel bruit !

FEMMES *du bel air*.

Quel fracas ! quel chaos ! quel mélange !

HOMMES *du bel air*.

Quelle confusion ! quelle cohue étrange !
Quel désordre ! quel embarras !

PREMIÈRE FEMME *du bel air*.

On y sèche.

SECONDE FEMME *du bel air*.

L'on n'y tient pas.

PREMIER GASCON.

Bentre ! je suis à vout.

SECOND GASCON.

J'enrage, Dieu mé damne.

LE SUISSE.

Ah ! que li faire saif dans sti sal de cians !

PREMIER GASCON.

Jé murs.

SECOND GASCON.

Jé perds la tramontane.

LE SUISSE.

Mon foi, moi, le foudrois être hors de dedans.

LE VIEUX BOURGEOIS *babillard*.

Allons, ma mie,
Suivez mes pas,
Je vous en prie,
Et ne me quittez pas.
On fait de nous trop peu de cas,
Et je suis las
De ce tracas.
Tout ce fracas,
Cet embarras
Me pèse par trop sur les bras.
S'il me prend jamais envie
De retourner de ma vie
A ballet ni comédie,
Je veux bien qu'on m'estropie.
Allons, ma mie,
Suivez mes pas,
Je vous en prie,
Et ne me quittez pas.
On fait de nous trop peu de cas.

LA VIEILLE BOURGEOISE *babillarde*.

Allons, mon mignon, mon fils,
Regagnons notre logis ;
Et sortons de ce taudis,
Où l'on ne peut être assis.
Ils seront bien ébaubis,
Quand ils nous verront partis.
Trop de confusion règne dans cette salle,
Et j'aimerois mieux être au milieu de la halle.
Si jamais je reviens à semblable régale,
Je veux bien recevoir des soufflets plus de six.

ACTE V. DEUXIÈME ENTRÉE.

Allons, mon mignon, mon fils,
Regagnons notre logis,
Et sortons de ce taudis,
Où l'on ne peut être assis.

Le donneur de livres revient avec les importuns qui l'ont suivi.

CHOEUR DE SPECTATEURS.

A moi, monsieur, à moi; de grace, à moi, monsieur:
Un livre, s'il vous plaît, à votre serviteur.

Les importuns ayant pris des livres des mains de celui qui les donne, les distribuent aux spectateurs, pendant que le donneur de livres danse : après quoi, ils se joignent à lui, et forment la première entrée.

DEUXIÈME ENTRÉE.

ESAGNOLS.

TROIS ESPAGNOLS, *chantans*, ESPAGNOLS, *dansans*.

PREMIER ESPAGNOL.

Se que me muero de amor
Y solicito el dolor.

Aun muriendo de querer
De tan buen ayre adolezco
Que es mas de lo que padezco
Lo que quiero padecer
Y no pudiendo exceder
A mi deseo el rigor.

Se que me muero de amor
Y solicito el dolor.

Lisonjeame la suerte
Con piedad tan advertida,
Que me assegura la vida
En el riesgo de la muerte.
Vivir del golpe fuerte

Es de mi salud primor.
Se que me muero de amor
Y solicito el dolor.

(*Danse de six Espagnols, après laquelle deux autres Espagnols dansent ensemble.*)

PREMIER ESPAGNOL.

Ay que locura, con tanto rigor
Quexarse de amor
Del niño bonito
Que todo es dulçura.
Ay que locura,
Ay que locura.

SECOND ESPAGNOL.

El dolor solicita,
El que al dolor se da.
Y nadie de amor muere
Sino quien no save amar.

PREMIER ET SECOND ESPAGNOLS.

Dulce muerte es al amor
Con correspondencia ygual,
Y si esta gozamos oy,
Porque la quieres turbar?

TROISIÈME ESPAGNOL.

Alegrese enamorado
Y tome mi parecer
Que en esto de querer
Todo es allar el vado.

TOUS TROIS ENSEMBLE.

Vaya, vaya de fiestas,
Vaya de bayle,
Alegria, alegria, alegria.
Que esto de dolor es fantasia.

ACTE V. TROISIÈME ENTRÉE.

TROISIÈME ENTRÉE.

ITALIENS.

UNE ITALIENNE *chantante*, UN ITALIEN *chantant*, ARLEQUIN, TRIVELINS *et* SCARAMOUCHES *dansans*.

L'ITALIENNE.

Di rigori armata il seno
Contro amor mi ribellai,
Ma fui vinta in un baleno.
In mirar duo vaghi rai,
    Ahi che resiste puoco
Cor di gelo a stral di fuoco.

Ma si caro e'l mio tormento
Dolce è si la piaga mia
Ch'il penare è mio contento,
E'l sanarmi è tirannia.

    Ahi che più giova, e piace
Quanto amor è più vivace.

Deux Scaramouches et deux Trivelins représentent avec Arlequin une nuit à la manière des comédiens italiens.

L'ITALIEN.

Bel tempo che vola
Rapisce il contento,
D'amor ne la scola
Si coglie il momento.

L'ITALIENNE.

Insi che florida
  Ride l'età.
Che pur tropp'horrida,
  Da noi sen va.

TOUS DEUX ENSEMBLE.

Sù cantiamo
Sù godiamo

Ne bei di di gioventù ;
Perduto ben non si racquista più.
L'ITALIEN.
Pupilla che vaga
   Mill'alme inca tena,
Fà dolce la piaga,
Felice la pena.
L'ITALIENNE.
Ma poiche frigida
   Langue l'età,
Più l'alma rigida
Fiamme non ha.
TOUS DEUX ENSEMBLE.
Sù cantiamo
Sù godiamo.
Ne bei di di gioventù ;
Perduto ben non si racquista più.

Les Scaramouches et les Trivelins finissent l'entrée par une danse.

QUATRIÈME ENTRÉE.
FRANÇAIS.

DEUX POITEVINS *chantans et dansans*, POITEVINS et POITEVINES *dansans*.

PREMIER POITEVIN.
Ah ! qu'il fait beau dans ces bocages !
Ah ! que le ciel donne un beau jour !
SECOND POITEVIN.
Le rossignol, sous ces tendres feuillages,
Chante aux échos son doux retour :
   Ce beau séjour,
   Ces doux ramages,
   Ce beau séjour
Nous invite à l'amour.
TOUS DEUX ENSEMBLE.
Vois, ma Climène,
Vois, sous ce chêne

S'entrebaiser ces oiseaux amoureux :
Ils n'ont rien dans leurs vœux
Qui les gêne ;
De leurs doux feux
Leur ame est pleine.
Qu'ils sont heureux !
Nous pouvons tous deux,
Si tu le veux,
Être comme eux.

Trois Poitevins et trois Poitevines dansent ensemble.

DERNIÈRE ENTRÉE.

Les Espagnols, les Italiens et les Français se mêlent ensemble, et forment la dernière entrée.

CHŒUR DES SPECTATEURS.

Quels spectacles charmans ! quels plaisirs goûtons-nous !
Les dieux même, les dieux n'en ont point de plus doux.

FIN.

Noms des personnes qui ont chanté et dansé dans le Bourgeois gentilhomme, *Comédie-Ballet.*

DANS LE PREMIER ACTE.

Une musicienne, *mademoiselle Hilaire*. Premier musicien, *le sieur Langeais*. Second musicien, *le sieur Gaye*. Danseurs, *les sieurs la Pierre, Saint-André et Magny*.

DANS LE SECOND ACTE.

Garçons tailleurs dansans, *les sieurs Dolivet, le Chantre, Bonard, Isaac, Magny et Saint-André*.

DANS LE TROISIÈME ACTE.

Cuisiniers dansans...

DANS LE QUATRIÈME ACTE.

Premier musicien, *le sieur la Grille*. Second musicien, *le sieur Morel*. Troisième musicien, *le sieur Blondel*.

CÉRÉMONIE TURQUE.

Le Mufti chantant, *le sieur Chiaccheronne*. Dervis, chantans, *les sieurs Morel, Gingan le cadet, Noblet et Philbert*. Turcs assistans du Mufti chantans, *les sieurs Estival, Blondel, Gingan l'aîné, Hédouin, Rebel, Gillet, Fernon le cadet, Bernard, Deschamps, Langeais et Gaye*. Turcs assistans du Mufti, dansans, *les* sieurs Beauchamp, Dolivet, la Pierre, Favier, Mayeu, Chicanneau.

DANS LE CINQUIÈME ACTE.
BALLET DES NATIONS.

PREMIÈRE ENTRÉE. Un donneur de livres dansant, *le sieur Dolivet*. Importuns dansans, *les sieurs Saint-André, la Pierre et Favier*. Premier homme du bel air, *le sieur le Gros*. Second homme du bel air, *le sieur Rebel*. Première femme du bel air... Seconde femme du bel air... Premier gascon, *le sieur Gaye*. Second gascon, *le sieur Gingan le cadet*. Un suisse, *le sieur Philbert*. Un vieux bourgeois babillard, *le sieur Blondel*. Une vieille bourgeoise babillarde, *le sieur Langeais*. Troupe de spectateurs chantans, *les sieurs Estival, Hédouin, Morel, Gingan l'aîné, Fernon, Deschamps, Gillet, Bernard, Noblet, quatre pages de la musique*. Filles coquettes, *les sieurs Jeannot, Pierrot, Renier, un page de la chapelle*.

DEUXIÈME ENTRÉE. Premier espagnol chantant, *le sieur Morel*. Second espagnol chantant, *le sieur Grillet*. Troisième espagnol chantant, *le sieur Martin*. Espagnols dansans, *les sieurs Dolivet, le Chantre, Bonnard, Lestang, Isaac et Joubert*. Deux autres espagnols dansans, *les sieurs Beauchamp et Chicanneau*.

TROISIÈME ENTRÉE. Une Italienne chantante, *mademoiselle Hilaire*. Un Italien chantant, *le sieur Gaye*. Scaramouches dansans, *les sieurs*

Beauchamp et Mayeu. Trivelins dansans, *les sieurs Magny et Foignard le cadet.* Arlequin, *le sieur Dominique.*

Quatrième entrée. Premier Poitevin chantant et dansant, *le sieur Noblet.* Second Poitevin chantant et dansant, *le sieur la Grille.* Poitevins dansans, *les sieurs la Pierre, Favier et Saint-André.* Poitevines dansantes, *les sieurs Favre, Foignard et Favier le jeune...*

LES FOURBERIES DE SCAPIN,

COMÉDIE EN TROIS ACTES.

AVERTISSEMENT

DE L'ÉDITEUR

SUR

LES FOURBERIES DE SCAPIN.

Cette comédie, en trois actes et en prose, fut représentée sur le Théâtre du Palais royal, le 24 mai 1671.

Avant de se décider et de prononcer contre le genre de la farce avec certains esprits austères et dédaigneux, il faudroit examiner si nos spectacles, soumis à la réforme que quelques gens ont proposée, et devenus une école sérieuse de mœurs et de vertu, plairoient long-tems à la société en général, et si le délassement n'est pas un des moyens les plus surs de faire supporter l'instruction.

Nous doutons peu qu'après avoir discuté de bonne foi cette question préliminaire, on ne fût d'avis de conserver la comédie plaisante. On sait que le législateur d'Athènes contrefit le fou pour oser parler de *Salamine* à ses concitoyens : c'est dans ce point de vue qu'il faut tolérer nos farces, lorsqu'elles se bornent à arracher des ris sans alarmer la bienséance et les mœurs.

Avant Molière, la farce étoit pleine d'images et d'expressions propres à faire rougir l'honnête spectateur; elle ne servit qu'à le délasser innocemment, par la manière dont il la traita. Telle est celle *des Fourberies de Scapin*, dans laquelle il saisit même encore l'occasion d'essayer les armes du ridicule contre la chicane et la manie de plaider, une des plus vieilles maladies de la société française.

Molière, créateur de la bonne et vraie comédie parmi nous, le fut encore de la farce qui peut être permise. C'est pourtant ce génie sublime, que de son temps on osa traiter de *Maître d'École en fait de vilenie* (1). Ridicule extravagance répétée de nos jours même, lorsque dans une lettre sur les spectacles, page 50, on a osé écrire que *le Théâtre de Molière étoit une école de vices et de mauvaises mœurs*.

Le *Phormio* de Térence fut l'original que Molière se proposa d'imiter, et il n'est pas étonnant que le principal comique de l'ouvrage parte des valets ou des personnages subalternes, puisque les auteurs dramatiques latins n'en avoient guère connu que de cette espèce. Molière fut le premier qui en trouva une source plus heureuse dans les différens ridicules de la société. Ses successeurs, et Regnard sur-tout, ne

(1) Voyez la comédie froidement méchante d'*Élomire Hypocondre*, par Boulanger de Chalussay.

paroissent avoir voulu lui ressembler que par le désir que leurs intérêts leur suggérèrent quelquefois de lutter avec Plaute et Térence dans ce qu'ils avoient de moins parfait (1).

En travaillant aux *Fourberies de Scapin*, Molière ne prétendit pas faire une comédie du meilleur genre ; et si Despréaux y eût un peu réfléchi, il n'eût jamais écrit, après la mort d'un ami qu'il avoit si fort loué de son vivant, que *dans le sac ridicule où Scapin s'enveloppe, il ne connoissoit plus l'auteur du Misantrope*. Ces deux ouvrages ne pouvoient se comparer en aucun sens ; c'étoit méconnoître l'auteur de l'Illiade dans le Poëme comique du *Margites*. La distance des deux genres devoit s'apercevoir dans la manière différente de les traiter. D'ailleurs, si l'art de plaire aux bons esprits, et de les étonner, a ses hautes difficultés, celui d'entraîner au rire et à la gaîté, en a d'assez considérables, puisqu'il semble être aujourd'hui le désespoir de nos écrivains dramatiques.

Molière qui, dans la composition d'un Mime, ne mettoit pas plus d'importance que ce genre n'en méritoit, relativement à l'art du théâtre considéré par son utilité morale, ne se fit point scrupule d'emprunter quelques traits de *Rotrou*, (2) et le fond de deux scènes plaisantes de

(1) L'Acteur *Cinthio* répondit un jour à Saint-Evremon, qu'on verroit mourir de faim de bons comédiens avec d'excellentes pièces.

(2) Voyez la première et la troisième scènes du premier acte *de la Sœur*, comédie de Rotrou, et la première et la seconde du premier acte *des Fourberies*.

Cirano dans son *Pédant joué* (1). Il les associoit, à cet égard à Térence, dont il suivoit les traces, avec sa liberté ordinaire, dans son imitation du *Phormio*.

Le poëte latin, par exemple, fait un portrait charmant, et du coloris le plus brillant, de la jeune amante d'*Antiphon*; mais ce tableau si bien peint, est fait par un valet. Chez Molière, c'est l'amant lui-même, c'est *Octave* qui nous transporte par la description des attraits de sa maîtresse. Mais écoutons Térence, que Molière pouvoit ici difficilement surpasser du côté du style.

> . . . . . . *Virgo pulchra: et, quò magis diceres,*
> *Nihil aderat adjumenti ad pulchritudinem.*
> *Capillus passus, nudus pes, ipsa horrida:*
> *Lacrumœ, vestitus turpis: ut, ni vis boni*
> *In ipsá inesset formá, hæc formam extinguerent* (2).

Molière ne dit pas mieux, assurément; mais il ajoute un trait qui n'est pas dans Térence, et ce trait est enchanteur. *Ah! Scapin*, s'écrie *Octave*, *un Barbare l'auroit aimée*. Il s'est bien gardé, surtout, de donner, comme son modèle, des regrets

---

(1) *Ces deux scènes étoient bonnes*, disoit Molière; *elles m'appartenoient de droit: on reprend son bien partout où on le trouve.*

(2) Il y a bien de l'érudition à observer, comme fait madame Dacier, l'heureuse opposition du mot *extinguerent* à celui de *forma*, qui ne signifie proprement que chaleur, du mot *formus*, *caldus*, chaud.

au jeune amant d'avoir épousé son amante. La terreur qu'inspire à *Octave* le retour de son père, ne va pas jusqu'à lui faire dire, comme *Antiphon*, je n'aurois pas eu ma maitresse, il est vrai,... mais je n'éprouverois pas le trouble continuel qui me déchire.

Non potitus essem, ...
At non quotidiana cura hæc angeret animum.

Le morceau le plus fidèlement imité, c'est celui de la scène cinquième du premier acte de Térence, qui se trouve dans la scène huitième du second acte *des Fourberies de Scapin*. Nous rapporterons encore ce détail heureux que Molière lui-même ne pouvoit embellir.

Pericla, damna, exilia peregrè, rediens semper cogitet,
Aut fili peccatum, aut uxoris mortem, aut morbum filiæ,
Communia esse hæc ; fieri posse : ut ne quid animo sit novum.
Quidquid præter spem eveniat, omne id deputare esse in lucro.

Il y a cependant encore une différence ici à l'avantage de Molière : c'est que ce détail est dans la bouche de *Scapin*, et que chez Térence, il est dans celle du père qui, par-là, devoit moins se courroucer qu'il ne fait contre le mariage de son fils, puisqu'il étoit préparé à tous les inconvéniens de l'absence.

Mais on ne se livrera pas, pour cette pièce, au travail suivi qu'on a fait sur l'*Avare* et sur l'*Amphitryon*, pour montrer combien Molière, en imitant, s'élevoit au-dessus de ses originaux.

On croit la chose assez prouvée. Despréaux atteignoit quelquefois ses modèles ; Molière surpassa toujours les siens.

L'auteur fécond et célèbre *des singularités de la Nature*, nous a appris une allusion très-heureuse au trait plaisant du Pédant joué, *que diable alloit-il faire dans cette galère*, adopté par Molière. Nos lecteurs, à qui le petit écrit qu'on vient de citer peut être inconnu, seront bien aises de trouver ici cette bonne plaisanterie.

M. le comte de Saxe avoit imaginé en 1729, de faire construire une galère sans rames et sans voiles, qui devoit remonter la Seine de Rouen à Paris en vingt-quatre heures. Sur les certificats de deux Membres de l'Académie des Sciences, il avoit obtenu un privilège exclusif pour sa machine, qui lui coûta beaucoup, et qui ne réussit point : la fameuse Le Couvreur, amante du comte, s'écrioit, après cette dépense inutile : *Que diable alloit-il faire dans cette maudite galère !*

Nous terminerons cet avertissement par l'indignation où paroît être M. de Voltaire sur ce qu'avoit dit Despréaux à l'occasion de cette pièce, que Molière

Peut-être de son art eût remporté le prix.

Qui aura donc ce prix, s'écrie ce célèbre écrivain, *si Molière ne l'a pas ?*

Boileau a eu tort, dit M. Marmontel dans sa Poétique, s'il n'a pas reconnu l'auteur du *Mi-*

santhrope dans l'éloquence de *Scapin* avec le père de son maître, dans l'avarice de ce vieillard, dans la scène des deux pères, dans l'amour des deux fils. tableaux dignes de Térence, dans la confession de *Scapin*, qui se croit convaincu, et dans son insolence dès qu'il sent que son maître a besoin de lui.

D'ailleurs, comme l'a dit M. de Voltaire, qu'on verra bien que nous aimons à citer : *Molière ne seroit pas descendu quelquefois si bas, s'il n'eût eu pour spectateurs que des Louis XIV, des Condé, des Turenne, des ducs de la Rochefoucauld, des Montausier, des Beauvilliers, des dames de Montespan et de Thiange.* Comme chef de sa troupe, il avoit d'autres intérêts à ménager que ceux de sa gloire ; et c'étoit à lui, plutôt qu'à Térence, de dire : *Populo ut placerent quas fecisset fabulas.*

Je ne prends point, dit l'ingénieux auteur de *la Philosophie de l'esprit*, la défense de l'imagination particulière que Molière a eue dans sa pièce *des Fourberies de Scapin*, et je la laisse pour ce qu'elle vaut ; mais j'en prends occasion de dire que si Molière n'avoit fait des pièces que dans le goût *du Misanthrope*, il n'auroit eu que la moitié de cette force comique, *vis comica*, qui le met au-dessus de tous les poëtes de son genre qui ont existé dans tous les siècles chez tous les peuples policés. Il a mis, ajoute-t-il, également bien sur le théâtre tous les rangs de la vie humaine. Seul comique universel, il a peint convenablement et utilement le ridicule de toutes les conditions, et a beaucoup contribué à faire de la France l'école et le modèle de toutes les nations polies.

M. l'abbé le Monnier, dans son excellente traduction de Térence, a mis à la suite de ses notes sur le *Phormio*, les différentes scènes où Molière a imité l'ami de Scipion. Ce sont, dans le premier acte *des Fourberies de Scapin*, les scènes deuxième, quatrième, cinquième et sixième ; dans le second, la scène huitième ; et dans le troisième acte, les scènes septième et huitième : mais il faut observer que, quoique M. l'abbé le Monnier ait fait imprimer de très-grands morceaux du dialogue de Molière, il n'y en a aucun dans lequel notre auteur ait fidèlement traduit Térence qu'il se contente d'imiter, et auquel il ajoute toujours. Dans la scène huitième du second acte, par exemple, tout le détail comique de la procédure dont *Scapin* cherche à détourner *Argante* est purement de l'invention de Molière. Les inconvéniens d'un procès n'étoient pas, sans doute, aussi considérables du tems de Térence que du nôtre, puisque le poète latin ne se sert pas de ce moyen pour effrayer Chrémès, et pour tirer de lui l'argent qu'il ne se détermine que bien difficilement à délivrer.

Pour donner une preuve ici de notre bonne foi, nous conviendrons que *Scapin*, en disant à *Argante*, acte premier, scène sixième, *le voilà surpris avec elle par ses parens qui, la force à la main, le contraignent de l'épouser*, est bien loin de l'éloquente précision de Géta.

. . . *Factum est, ventum est, vincimur.*
Duxit.

Et comme l'a traduit heureusement M. le Monnier : assignation, plaidoierie, procès perdu, mariage.

ACTEURS.

ARGANTE, père d'Octave et de Zerbinette.
GÉRONTE, père de Léandre et d'Hyacinthe.
OCTAVE, fils d'Argante, et amant d'Hyacinthe.
LÉANDRE, fils de Géronte, et amant de Zerbinette.
ZERBINETTE, crue Égyptienne, et reconnue fille d'Argante, amante de Léandre.
HYACINTHE, fille de Géronte, et amante d'Octave.
SCAPIN, valet de Léandre.
SILVESTRE, valet d'Octave.
NÉRINE, nourrice d'Hyacinthe.
CARLE, ami de Scapin.
DEUX PORTEURS.

La scène est à Naples.

LES FOURBERIES DE SCAPIN.

ACTE PREMIER.

SCÈNE I.

OCTAVE, SILVESTRE.

OCTAVE.

Ah! fâcheuses nouvelles pour un cœur amoureux! dures extrémités où je me vois réduit! Tu viens, Silvestre, d'apprendre au port que mon père revient?

SILVESTRE.

Oui.

OCTAVE.

Qu'il arrive ce matin même?

SILVESTRE.

Ce matin même.

OCTAVE.

Et qu'il revient dans la résolution de me marier?

SILVESTRE.

Oui.

OCTAVE.

Avec une fille du seigneur Géronte?

SILVESTRE.

Du seigneur Géronte.

OCTAVE.

Et que cette fille est mandée de Tarente ici pour cela?

SILVESTRE.

Oui.

OCTAVE.

Et tu tiens ces nouvelles de mon oncle ?

SILVESTRE.

De votre oncle.

OCTAVE.

A qui mon père les a mandées par une lettre ?

SILVESTRE.

Par une lettre.

OCTAVE.

Et cet oncle, dis-tu, sait toutes nos affaires?

SILVESTRE.

Toutes nos affaires.

OCTAVE.

Ah ! parle si tu veux, et ne te fais point de la sorte arracher les mots de la bouche.

SILVESTRE.

Qu'ai-je à parler davantage? Vous n'oubliez aucune circonstance, et vous dites les choses tout justement comme elles sont.

OCTAVE.

Conseille-moi, du moins, et me dis ce que je dois faire dans ces cruelles conjonctures.

SILVESTRE.

Ma foi, je m'y trouve autant embarrassé que vous, et j'aurois bon besoin que l'on me conseillât moi-même.

OCTAVE.

Je suis assassiné par ce maudit retour.

SILVESTRE.

Je ne le suis pas moins.

OCTAVE.

Lorsque mon père apprendra les choses, je vais voir fondre sur moi un orage soudain d'impétueuses réprimandes.

SILVESTRE.

Les réprimandes ne sont rien, et plût au ciel que j'en fusse quitte à ce prix ! mais j'ai bien la mine, pour moi, de payer plus cher vos folies ; et je vois se former, de loin, un nuage de coups de bâton qui crèvera sur mes épaules.

ACTE I. SCÈNE II.

OCTAVE.

O ciel! par où sortir de l'embarras où je me trouve!

SILVESTRE.

C'est à quoi vous deviez songer avant que de vous y jeter.

OCTAVE.

Ah! tu me fais mourir, par tes leçons hors de saison.

SILVESTRE.

Vous me faites bien plus mourir par vos actions étourdies.

OCTAVE.

Que dois-je faire? Quelle résolution prendre? A quel remède recourir?

SCÈNE II.

OCTAVE, SCAPIN, SILVESTRE.

SCAPIN.

Qu'est-ce, seigneur Octave? Qu'avez-vous? Qu'y a-t-il? Quel désordre est-ce-là? Je vous vois tout troublé.

OCTAVE.

Ah! mon pauvre Scapin, je suis perdu, je suis désespéré; je suis le plus infortuné de tous les hommes.

SCAPIN.

Comment?

OCTAVE.

N'as-tu rien appris de ce qui me regarde?

SCAPIN.

Non.

OCTAVE.

Mon père arrive avec le seigneur Géronte, et ils me veulent marier.

SCAPIN.

Eh bien! qu'y a-t-il là de si funeste?

OCTAVE.

Hélas! tu ne sais pas la cause de mon inquiétude.

SCAPIN.

Non; mais il ne tiendra qu'à vous que je la sache bientôt; et je suis homme consolatif, homme à m'intéresser aux affaires des jeunes gens.

OCTAVE.

Ah ! Scapin, si tu pouvois trouver quelque invention, forger quelque machine, pour me tirer de la peine où je suis, je croirois t'être redevable de plus que de la vie.

SCAPIN.

A vous dire la vérité, il y a peu de choses qui me soient impossibles, quand je m'en veux mêler. J'ai sans doute reçu du ciel un génie assez beau pour toutes les fabriques de ces gentillesses d'esprit, de ces galanteries ingénieuses, à qui le vulgaire ignorant donne le nom de fourberies ; et je puis dire, sans vanité, qu'on n'a guère vu d'homme qui fût plus habile ouvrier de ressorts et d'intrigues, qui ait acquis plus de gloire que moi dans ce noble métier. Mais, ma foi, le mérite est trop maltraité aujourd'hui ; et j'ai renoncé à toutes choses, depuis certain chagrin d'une affaire qui m'arriva.

OCTAVE.

Comment ? quelle affaire, Scapin ?

SCAPIN.

Une aventure où je me brouillai avec la justice.

OCTAVE.

La justice ?

SCAPIN.

Oui. Nous eûmes un petit démêlé ensemble.

SILVESTRE.

Toi, et la justice !

SCAPIN.

Oui. Elle en usa fort mal avec moi ; et je me dépitai de telle sorte contre l'ingratitude du siècle, que je résolus de ne plus rien faire. Baste ! Ne laissez pas de me conter votre aventure.

OCTAVE.

Tu sais, Scapin, qu'il y a deux mois que le seigneur Géronte et mon père s'embarquèrent ensemble pour un voyage qui regarde certain commerce où leurs intérêts sont mêlés.

SCAPIN.

Je sais cela.

OCTAVE.

Et que Léandre et moi nous fûmes laissés par nos pères ; moi, sous la conduite de Silvestre, et Léandre sous ta direction.

ACTE I. SCENE II.

SCAPIN.

Oui. Je me suis fort bien acquitté de ma charge.

OCTAVE.

Quelque tems après, Léandre fit rencontre d'une jeune Egyptienne, dont il devint amoureux.

SCAPIN.

Je sais cela encore.

OCTAVE.

Comme nous sommes grands amis, il me fit aussitôt confidence de son amour, et me mena voir cette fille, que je trouvai belle à la vérité, mais non pas tant qu'il vouloit que je la trouvasse. Il ne m'entretenoit que d'elle chaque jour, m'exagéroit à tous momens sa beauté et sa grace, me louoit son esprit, et me parloit avec transport des charmes de son entretien, dont il me rapportoit jusqu'aux moindres paroles, qu'il s'efforçoit toujours de me faire trouver les plus spirituelles du monde. Il me querelloit quelquefois de n'être pas assez sensible aux choses qu'il me venoit dire, et me blâmoit sans cesse de l'indifférence où j'étois pour les feux de l'amour.

SCAPIN.

Je ne vois pas encore où ceci veut aller.

OCTAVE.

Un jour que je l'accompagnois pour aller chez les gens qui gardent l'objet de ses vœux, nous entendimes, dans une petite maison d'une rue écartée, quelques plaintes mêlées de beaucoup de sanglots. Nous demandons ce que c'est; une femme nous dit, en soupirant, que nous pouvions voir là quelque chose de pitoyable en des personnes étrangères, et qu'à moins d'être insensibles, nous en serions touchés.

SCAPIN.

Où est-ce que cela nous mène?

OCTAVE.

La curiosité me fit presser Léandre de voir ce que c'étoit. Nous entrons dans une salle où nous voyons une vieille femme mourante, assistée d'une servante qui faisoit des regrets, et d'une jeune fille toute fondante en larmes, la plus belle et la plus touchante qu'on puisse jamais voir.

SCAPIN.

Ah! ah!

OCTAVE.

Une autre eût paru effroyable en l'état où elle étoit, car elle n'avoit pour habillement qu'une méchante petite jupe, avec des brassières de nuit, qui étoient de simple futaine; et sa coiffure étoit une cornette jaune, retroussée au haut de sa tête, qui laissoit tomber en désordre ses cheveux sur ses épaules; et cependant, faite comme cela, elle brilloit de mille attraits, et ce n'étoit qu'agrément et que charmes que toute sa personne.

SCAPIN.

Je sens venir la chose.

OCTAVE.

Si tu l'avois vue, Scapin, en l'état que je dis, tu l'aurois trouvée admirable.

SCAPIN.

Oh! je n'en doute point; et, sans l'avoir vue, je vois bien qu'elle étoit tout-à-fait charmante.

OCTAVE.

Ses larmes n'étoient point de ces larmes désagréables, qui défigurent un visage; elle avoit, à pleurer, une grace touchante, et sa douleur étoit la plus belle du monde.

SCAPIN.

Je vois tout cela.

OCTAVE.

Elle faisoit fondre chacun en larmes, en se jetant amoureusement sur le corps de cette mourante, qu'elle appeloit sa chère mère; et il n'y avoit personne qui n'eût l'ame percée de voir un si bon naturel.

SCAPIN.

En effet, cela est touchant, et je vois bien que ce bon naturel-là vous la fit aimer.

OCTAVE.

Ah! Scapin, un barbare l'auroit aimée.

SCAPIN.

Assurément. Le moyen de s'en empêcher!

OCTAVE.

Après quelques paroles, dont je tâchai d'adoucir la douleur de cette charmante affligée, nous sortîmes de là; et demandant à Léandre ce qu'il lui sembloit de cette personne, il me répondit froidement qu'il la trouvoit assez jolie. Je fus piqué de la froideur avec laquelle il m'en parloit, et je ne voulus point lui découvrir l'effet que ses beautés avoient fait sur mon ame.

SILVESTRE à *Octave*.

Si vous n'abrégez ce récit, nous en voilà pour jusqu'à demain. Laissez-le moi finir en deux mots. (*à Scapin*.) Son cœur prend feu dès ce moment ; il ne sauroit plus vivre qu'il n'aille consoler son aimable affligée. Ses fréquentes visites sont rejetées de la servante, devenue la gouvernante par le trépas de la mère. Voilà mon homme au désespoir ; il presse, supplie, conjure : point d'affaire. On lui dit que la fille, quoique sans bien et sans appui, est de famille honnête ; et qu'à moins que de l'épouser, on ne peut souffrir ses poursuites. Voilà son amour augmenté par les difficultés. Il consulte dans sa tête, agite, raisonne, balance, prend sa résolution : le voilà marié avec elle depuis trois jours.

SCAPIN.

J'entends.

SILVESTRE.

Maintenant, mets avec cela le retour imprévu du père, qu'on n'attendoit que dans deux mois, la découverte que l'oncle a faite du secret de notre mariage, et l'autre mariage qu'on veut faire de lui avec la fille que le seigneur Géronte a eue d'une seconde femme qu'on dit qu'il a épousée à Tarente.

OCTAVE.

Et par-dessus tout cela, mets encore l'indigence où se trouve cette aimable personne, et l'impuissance où je me vois d'avoir de quoi la secourir.

SCAPIN.

Est-ce là tout ? Vous voilà bien embarrassés tous deux pour une bagatelle ! c'est bien-là de quoi se tant alarmer ! N'as-tu point de honte, toi, de demeurer court à si peu de chose ? Que diable ! te voilà grand et gros comme père et mère, et tu ne saurois trouver dans ta tête, forger dans ton esprit quelque ruse galante, quelque honnête petit stratagême, pour ajuster vos affaires? Fi ! Peste soit du butor ! Je voudrois bien que l'on m'eut donné autrefois nos vieillards à duper ; je les aurois joués tous deux par-dessous la jambe : et je n'étois pas plus grand que cela, que je me signalois déjà par cent tours d'adresse jolis.

SILVESTRE.

J'avoue que le ciel ne m'a pas donné des talens, et que je n'ai pas l'esprit, comme toi, de me brouiller avec la justice.

OCTAVE.

Voici mon aimable Hyacinthe.

SCÈNE III.

HYACINTHE, OCTAVE, SCAPIN, SILVESTRE.

HYACINTHE.

Ah! Octave, est-il vrai ce que Silvestre vient de dire à Nérine que votre père est de retour, et qu'il veut vous marier?

OCTAVE.

Oui, belle Hyacinthe; et ces nouvelles m'ont donné une atteinte cruelle. Mais, que vois-je? vous pleurez! Pourquoi ces larmes? Me soupçonnez-vous, dites-moi, de quelque infidélité, et n'êtes-vous pas assurée de l'amour que j'ai pour vous?

HYACINTHE.

Oui, Octave, je suis sûre que vous m'aimez; mais je ne le suis pas que vous m'aimiez toujours.

OCTAVE.

Eh! peut-on vous aimer, qu'on ne vous aime toute sa vie?

HYACINTHE.

J'ai ouï dire, Octave, que votre sexe aime moins long-tems que le nôtre, et que les ardeurs que les hommes font voir, sont des feux qui s'éteignent aussi facilement qu'ils naissent.

OCTAVE.

Ah! ma chère Hyacinthe, mon cœur n'est donc pas fait comme celui des autres hommes, et je sens bien, pour moi, que je vous aimerai jusqu'au tombeau.

HYACINTHE.

Je veux croire que vous sentez ce que vous dites, et je ne doute point que vos paroles ne soient sincères; mais je crains un pouvoir qui combattra dans votre cœur les tendres senti-

ACTE I. SCÈNE III.

mens que vous pouvez avoir pour moi. Vous dépendez d'un père qui veut vous marier à une autre personne, et je suis sûre que je mourrai, si ce malheur m'arrive.

OCTAVE.

Non, belle Hyacinthe, il n'y a point de père qui puisse me contraindre à vous manquer de foi, et je me résoudrai à quitter mon pays et le jour même, s'il est besoin, plutôt qu'à vous quitter. J'ai déjà pris, sans l'avoir vue, une aversion effroyable pour celle que l'on me destine; et, sans être cruel, je souhaiterois que la mer l'écartât d'ici pour jamais. Ne pleurez donc point, je vous prie, mon aimable Hyacinthe; car vos larmes me tuent, et je ne les puis voir sans me sentir percer le cœur.

HYACINTHE.

Puisque vous le voulez, je veux bien essuyer mes pleurs, et j'attendrai d'un œil constant ce qu'il plaira au ciel de résoudre de moi.

OCTAVE.

Le ciel nous sera favorable.

HYACINTHE.

Il ne sauroit m'être contraire, si vous m'êtes fidèle.

OCTAVE.

Je le serai assurément.

HYACINTHE.

Je serai donc heureuse.

SCAPIN *à part.*

Elle n'est point tant sotte, ma foi, et je la trouve assez passable.

OCTAVE *montrant Scapin.*

Voici un homme qui pourroit bien, s'il le vouloit, nous être, dans tous nos besoins, d'un secours merveilleux.

SCAPIN.

J'ai fait de grands sermens de ne me mêler plus du monde; mais si vous m'en priez bien fort tous deux, peut-être...

OCTAVE.

Ah! s'il ne tient qu'à te prier bien fort pour obtenir ton aide, je te conjure de tout mon cœur de prendre la conduite de notre barque.

SCAPIN *à Hyacinthe.*

Et vous, ne dites-vous rien ?

HYACINTHE.

Je vous conjure, à son exemple, par tout ce qui vous est le plus cher au monde, de vouloir servir notre amour.

SCAPIN.

Il faut se laisser vaincre, et avoir de l'humanité. Allez, je veux m'employer pour vous.

OCTAVE.

Crois que....

SCAPIN à *Octave*.

Chut! (*à Hyacinthe.*) Allez-vous-en, et soyez en repos.

SCÈNE IV.

OCTAVE, SCAPIN, SILVESTRE.

SCAPIN à *Octave*.

Et vous, préparez-vous à soutenir avec fermeté l'abord de votre père.

OCTAVE.

Je t'avoue que cet abord me fait trembler par avance, et j'ai une timidité naturelle que je ne saurois vaincre.

SCAPIN.

Il faut pourtant paroître ferme au premier choc, de peur que, sur votre foiblesse, il ne prenne le pied de vous mener comme un enfant. Là, tâchez de vous composer par étude. Un peu de hardiesse ; et songez à répondre résolument sur ce qu'il vous pourra dire.

OCTAVE.

Je ferai du mieux que je pourrai.

SCAPIN.

Ça, essayons un peu, pour vous accoutumer. Répétons un peu votre rôle, et voyons si vous ferez bien. Allons ; la mine résolue, la tête haute, les regards assurés.

OCTAVE.

Comme cela ?

SCAPIN.

Encore un peu davantage.

OCTAVE.

Ainsi ?

ACTE I. SCENE V.

SCAPIN.

Bon. Imaginez-vous que je suis votre père qui arrive, et répondez-moi fermement comme si c'étoit à lui-même. Comment, pendard, vaurien, infâme, fils indigne d'un père comme moi, oses-tu paroître devant mes yeux, après tes bons déportemens, après le lâche tour que tu m'as joué pendant mon absence? Est-ce-là le fruit de mes soins, maraud? Est-ce là le respect qui m'est dû, le respect que tu me conserves? (Allons donc.) Tu as l'insolence, fripon, de t'engager sans le consentement de ton père, de contracter un mariage clandestin! Réponds-moi, coquin; réponds-moi. Voyons un peu tes belles raisons.... Oh! que diable, vous demeurez interdit?

OCTAVE.

C'est que je m'imagine que c'est mon père que j'entends.

SCAPIN.

Eh, oui; c'est par cette raison qu'il ne faut pas être comme un innocent.

OCTAVE.

Je m'en vais prendre plus de résolution, et je répondrai fermement.

SCAPIN.

Assurément?

OCTAVE.

Assurément.

SILVESTRE.

Voilà votre père qui vient.

OCTAVE.

O ciel! je suis perdu.

SCÈNE V.

SCAPIN, SILVESTRE.

SCAPIN.

Hola, Octave! demeurez, Octave. Le voilà enfui! Quelle pauvre espèce d'homme! Ne laissons pas d'attendre le vieillard.

SILVESTRE.

Que lui dirai-je?

SCAPIN.

Laisse-moi dire, moi, et ne fais que me suivre.

SCÈNE VI.

ARGANTE, SCAPIN et SILVESTRE
dans le fond du théâtre.

ARGANTE *se croyant seul.*

A-t-on jamais ouï parler d'une action pareille à celle-là ?

SCAPIN *à Silvestre.*

Il a déjà appris l'affaire ; et elle lui tient si fort en tête, que tout seul il en parle haut.

ARGANTE *se croyant seul.*

Voilà une témérité bien grande !

SCAPIN *à Silvestre.*

Ecoutons-le un peu.

ARGANTE *se croyant seul.*

Je voudrois bien savoir ce qu'ils me pourront dire sur ce beau mariage.

SCAPIN *à part.*

Nous y avons songé.

ARGANTE *se croyant seul.*

Tâcheront-ils de me nier la chose ?

SCAPIN *à part.*

Non : nous n'y pensons pas.

ARGANTE *se croyant seul.*

Ou s'ils entreprendront de l'excuser.

SCAPIN *à part.*

Celui-là se pourra faire.

ARGANTE *se croyant seul.*

Prétendront-ils m'amuser par des contes en l'air ?

SCAPIN *à part.*

Peut-être.

ARGANTE *se croyant seul.*

Tous leurs discours seront inutiles.

SCAPIN *à part.*

Nous allons voir.

ACTE I. SCÈNE VI.

ARGANTE *se croyant seul.*

Ils ne m'en donneront point à garder.

SCAPIN *à part.*

Ne jurons de rien.

ARGANTE *se croyant seul.*

Je saurai mettre mon pendard de fils en lieu de sûreté.

SCAPIN *à part.*

Nous y pourvoirons.

ARGANTE *se croyant seul.*

Et pour le coquin de Silvestre, je le rouerai de coups.

SILVESTRE *à Scapin.*

J'étois bien étonné s'il m'oublioit.

ARGANTE *apercevant Silvestre.*

Ah! ah! vous voilà donc, sage gouverneur de famille, beau directeur de jeunes gens!

SCAPIN.

Monsieur, je suis ravi de vous voir de retour.

ARGANTE.

Bonjour, Scapin. (*à Silvestre.*) Vous avez suivi mes ordres vraiment d'une belle manière, et mon fils s'est comporté fort sagement pendant mon absence.

SCAPIN.

Vous vous portez bien, à ce que je vois.

ARGANTE.

Assez bien. (*à Silvestre.*) Tu ne dis mot, coquin; tu ne dis mot.

SCAPIN.

Votre voyage a-t-il été bon?

ARGANTE.

Mon Dieu, fort bon! Laisse-moi un peu quereller en repos.

SCAPIN.

Vous voulez quereller?

ARGANTE.

Oui, je veux quereller.

SCAPIN.

Hé, qui, monsieur?

ARGANTE *montrant Silvestre.*

Ce maraud-là.

SCAPIN.

Pourquoi ?

ARGANTE.

Tu n'as pas ouï parler de ce qui s'est passé dans mon absence ?

SCAPIN.

J'ai bien ouï parler de quelque petite chose.

ARGANTE.

Comment, quelque petite chose ? Une action de cette nature ?

SCAPIN.

Vous avez quelque raison.

ARGANTE.

Une hardiesse pareille à celle-là ?

SCAPIN.

Cela est vrai.

ARGANTE.

Un fils qui se marie sans le consentement de son père ?

SCAPIN.

Oui, il y a quelque chose à dire à cela. Mais je serois d'avis que vous ne fissiez point de bruit.

ARGANTE.

Je ne suis pas de cet avis, moi, et je veux faire du bruit tout mon saoul. Quoi ! tu ne trouves pas que j'en aie tous les sujets du monde d'être colère ?

SCAPIN.

Si fait. J'y ai d'abord été, moi, lorsque j'ai su la chose, et je me suis intéressé pour vous, jusqu'à quereller votre fils. Demandez-lui un peu quelles belles réprimandes je lui ai faites, et comme je l'ai chapitré sur le peu de respect qu'il gardoit à un père dont il devoit baiser les pas. On ne peut pas lui mieux parler, quand ce seroit vous même. Mais quoi ! je me suis rendu à la raison, et j'ai considéré que, dans le fond, il n'a pas tant de tort qu'on pourroit croire.

ARGANTE.

Que me viens-tu conter ? Il n'a pas tant de tort de s'aller marier de but en blanc avec une inconnue ?

SCAPIN.

Que voulez-vous ? Il y a été poussé par sa destinée.

ACTE I. SCÈNE VI.

ARGANTE.

Ah, ah! Voici une raison la plus belle du monde. On n'a plus qu'à commettre tous les crimes imaginables, tromper, voler, assassiner, et dire pour excuse, qu'on y a été poussé par sa destinée.

SCAPIN.

Mon Dieu, vous prenez mes paroles trop en philosophe. Je veux dire qu'il s'est trouvé fatalement engagé dans cette affaire.

ARGANTE.

Et pourquoi s'y engageoit-il?

SCAPIN.

Voulez-vous qu'il soit aussi sage que vous? Les jeunes gens sont jeunes, et n'ont pas toujours la prudence qu'il leur faudroit pour ne rien faire que de raisonnable: témoin notre Léandre, qui, malgré toutes mes leçons, malgré toutes mes remontrances, est allé faire, de son côté, pis encore que votre fils. Je voudrois bien savoir si vous-même n'avez pas été jeune, et n'avez pas, dans votre tems, fait des fredaines comme les autres. J'ai ouï dire, moi, que vous avez été autrefois un bon compagnon parmi les femmes, que vous faisiez de votre drôle avec les plus galantes de ce tems-là, et que vous n'en approchiez point, que vous ne poussassiez à bout.

ARGANTE.

Cela est vrai, j'en demeure d'accord; mais je m'en suis toujours tenu à la galanterie, et je n'ai point été jusqu'à faire ce qu'il a fait.

SCAPIN.

Que vouliez-vous qu'il fît? Il voit une jeune personne qui lui veut du bien (car il tient de vous d'être aimé de toutes les femmes); il la trouve charmante; il lui rend des visites, lui conte des douceurs, soupire galamment, fait le passionné. Elle se rend à sa poursuite; il pousse sa fortune. Le voilà surpris avec elle par ses parens, qui, la force à la main, le contraignent de l'épouser.

SILVESTRE *à part*.

L'habile fourbe que voilà!

SCAPIN.

Eussiez-vous voulu qu'il se fût laissé tuer? Il vaut mieux encore être marié, qu'être mort.

ARGANTE.

On ne m'a pas dit que l'affaire se soit ainsi passée.

SCAPIN *montrant Silvestre.*

Demandez-lui plutôt ; il ne vous dira pas le contraire.

ARGANTE *à Silvestre.*

C'est par force qu'il a été marié ?

SILVESTRE.

Oui, monsieur.

SCAPIN.

Voudrois-je vous mentir ?

ARGANTE.

Il devoit donc aller tout aussitôt protester de violence chez un notaire.

SCAPIN.

C'est ce qu'il n'a pas voulu faire.

ARGANTE.

Cela m'auroit donné plus de facilité à rompre ce mariage.

SCAPIN.

Rompre ce mariage ?

ARGANTE.

Oui.

SCAPIN.

Vous ne le romprez point.

ARGANTE.

Je ne le romprai point ?

SCAPIN.

Non.

ARGANTE.

Quoi ! je n'aurai pas pour moi les droits de père, et la raison de la violence qu'on a faite à mon fils ?

SCAPIN.

C'est une chose dont il ne demeurera point d'accord ?

ARGANTE.

Il n'en demeurera point d'accord ?

SCAPIN.

Non.

ARGANTE.

Mon fils ?

ACTE I. SCÈNE VI.

SCAPIN.

Votre fils. Voulez-vous qu'il confesse qu'il ait été capable de crainte, et que ce soit par force qu'on lui ait fait faire les choses ? Il n'a garde d'aller avouer cela ; ce seroit se faire tort, et se montrer indigne d'un père comme vous.

ARGANTE.

Je me moque de cela.

SCAPIN.

Il faut, pour son honneur et pour le vôtre, qu'il dise dans le monde, que c'est de bon gré qu'il l'a épousée.

ARGANTE.

Et je veux, moi, pour mon honneur et pour le sien, qu'il dise le contraire.

SCAPIN.

Non, je suis sûr qu'il ne le fera pas.

ARGANTE.

Je l'y forcerai bien.

SCAPIN.

Il ne le fera pas, vous dis-je.

ARGANTE.

Il le fera, ou je le déshériterai.

SCAPIN.

Vous ?

ARGANTE.

Moi.

SCAPIN.

Bon !

ARGANTE.

Comment, bon ?

SCAPIN.

Vous ne le déshériterez point.

ARGANTE.

Je ne le déshériterai point ?

SCAPIN.

Non.

ARGANTE.

Non ?

SCAPIN.

Non.

ARGANTE.

Ouais! voici qui est plaisant! Je ne déshériterai point mon fils?

SCAPIN.

Non, vous dis-je.

ARGANTE.

Qui m'en empêchera?

SCAPIN.

Vous-même.

ARGANTE.

Moi?

SCAPIN.

Oui. Vous n'aurez pas ce cœur-là.

ARGANTE.

Je l'aurai.

SCAPIN.

Vous vous moquez.

ARGANTE.

Je ne me moque point.

SCAPIN.

La tendresse paternelle fera son office.

ARGANTE.

Elle ne fera rien.

SCAPIN.

Oui, oui.

ARGANTE.

Je vous dis que cela sera.

SCAPIN.

Bagatelles.

ARGANTE.

Il ne faut point dire bagatelles.

SCAPIN.

Mon Dieu! je vous connois; vous êtes bon naturellement.

ARGANTE.

Je ne suis point bon, et je suis méchant quand je veux. Finissons ce discours, qui m'échauffe la bile.

(*à Silvestre.*)

Va-t-en, pendard; va-t-en me chercher mon fripon, tandis

ACTE I. SCÈNE VII.

que j'irai rejoindre le seigneur Géronte, pour lui conter ma disgrace.

SCAPIN.

Monsieur, si je vous puis être utile en quelque chose, vous n'avez qu'à me commander.

ARGANTE.
(*à part.*)

Je vous remercie. Ah ! pourquoi faut-il qu'il soit fils unique ! et que n'ai-je à cette heure la fille que le ciel m'a ôtée, pour la faire mon héritière !

SCÈNE VII.

SCAPIN, SILVESTRE.

SILVESTRE.

J'avoue que tu es un grand homme, et voilà l'affaire en bon train ; mais l'argent, d'autre part, nous presse pour notre subsistance, et nous avons de tous côtés des gens qui aboient après nous.

SCAPIN.

Laisse-moi faire ; la machine est trouvée. Je cherche seulement dans ma tête un homme qui nous soit affidé, pour jouer un personnage dont j'ai besoin. Attends. Tiens-toi un peu ; enfonce ton bonnet en méchant garçon. Campe-toi sur un pied. Mets la main au côté. Fais les yeux furibonds. Marche un peu en roi de théâtre. Voilà qui est bien. Suis-moi. J'ai des secrets pour déguiser ton visage et ta voix.

SILVESTRE.

Je te conjure, au moins, de ne m'aller point brouiller avec la justice.

SCAPIN.

Va, va, nous partagerons les périls en frères ; et trois ans de galères de plus ou de moins, ne sont pas pour arrêter un noble cœur.

ACTE II.

SCÈNE I.

GÉRONTE, ARGANTE.

GERONTE.

Oui, sans doute, par le tems qu'il fait nous aurons ici nos gens aujourd'hui ; et un matelot qui vient de Tarente, m'a assuré qu'il avoit vu mon homme qui étoit près de s'embarquer. Mais l'arrivée de ma fille trouvera les choses mal disposées à ce que nous nous proposions ; et ce que vous venez de m'apprendre de votre fils, rompt étrangement les mesures que nous avions prises ensemble.

ARGANTE.
Ne vous mettez pas en peine ; je vous réponds de renverser tout cet obstacle, et j'y vais travailler de ce pas.

GÉRONTE.
Ma foi, seigneur Argante, voulez-vous que je vous dise ? L'éducation des enfans est une chose à quoi il faut s'attacher fortement.

ARGANTE.
Sans doute. A quel propos cela ?

GÉRONTE.
A propos de ce que les mauvais déportemens des jeunes gens viennent le plus souvent de la mauvaise éducation que leurs pères leur donnent.

ARGANTE.
Cela arrive par fois. Mais que voulez-vous dire par là ?

GÉRONTE.
Ce que je veux dire par là ?

ACTE II. SCÈNE I.

ARGANTE.

Oui.

GÉRONTE.

Que si vous aviez, en brave père, bien morigéné vôtre fils, il ne vous auroit pas joué le tour qu'il vous a fait.

ARGANTE.

Fort bien. De sorte donc que vous auriez bien mieux morigéné le vôtre.

GÉRONTE.

Sans doute ; et je serois bien fâché qu'il m'eût rien fait approchant de cela.

ARGANTE.

Et si ce fils, que vous avez, en brave père, si bien morigéné, avoit fait pis encore que le mien ? Hé !

GÉRONTE.

Comment ?

ARGANTE.

Comment ?

GÉRONTE.

Qu'est-ce que cela veut dire ?

ARGANTE.

Cela veut dire, seigneur Géronte, qu'il ne faut pas être si prompt à condamner la conduite des autres ; et que ceux qui veulent gloser, doivent bien regarder chez eux s'il n'y a rien qui cloche.

GÉRONTE.

Je n'entends point cette énigme.

ARGANTE.

On vous l'expliquera.

GÉRONTE.

Est-ce que vous auriez ouï dire quelque chose de mon fils ?

ARGANTE.

Cela se peut faire.

GÉRONTE.

Et quoi, encore ?

ARGANTE.

Votre Scapin, dans mon dépit, ne m'a dit la chose qu'en gros ; et vous pourrez de lui, ou de quelque autre, être instruit du détail. Pour moi, je vais vîte consulter un avocat, et aviser des biais que j'ai à prendre. Jusqu'au revoir.

SCÈNE II.

GÉRONTE seul.

Que pourroit-ce être que cette affaire-ci ? Pis encore que le sien ! Pour moi, je ne vois pas ce que l'on peut faire de pis; et je trouve que se marier sans le consentement de son père, est une action qui passe tout ce qu'on peut s'imaginer.

SCÈNE III.

GÉRONTE, LÉANDRE.

GÉRONTE.

Ah, vous voilà !

LÉANDRE *courant à Géronte pour l'embrasser.*

Ah ! mon père, que de joie de vous voir de retour !

GÉRONTE *refusant d'embrasser Léandre.*

Doucement. Parlons un peu d'affaire.

LÉANDRE.

Souffrez que je vous embrasse, et que...

GÉRONTE *le repoussant encore.*

Doucement, vous dis-je.

LÉANDRE.

Quoi ! vous me refusez, mon père, de vous exprimer mon transport par mes embrassemens.

GÉRONTE.

Oui. Nous avons quelque chose à démêler ensemble.

LÉANDRE.

Et quoi ?

GÉRONTE.

Tenez-vous, que je vous voye en face.

LÉANDRE.

Comment ?

GÉRONTE.

Regardez-moi entre deux yeux.

ACTE II. SCENE III.

LÉANDRE.

Hé bien?

GÉRONTE.

Qu'est-ce donc qui s'est passé ici?

LÉANDRE.

Ce qui s'est passé?

GÉRONTE.

Oui. Qu'avez-vous fait pendant mon absence?

LÉANDRE.

Que voulez-vous, mon père, que j'aie fait?

GÉRONTE.

Ce n'est pas moi qui veut que vous ayez fait, mais qui demande ce que c'est que vous avez fait?

LÉANDRE.

Moi? Je n'ai fait aucune chose dont vous ayiez lieu de vous plaindre.

GÉRONTE.

Aucune chose.

LÉANDRE.

Non.

GÉRONTE.

Vous êtes bien résolu.

LÉANDRE.

C'est que je suis sûr de mon innocence.

GÉRONTE.

Scapin pourtant a dit de vos nouvelles.

LÉANDRE.

Scapin?

GÉRONTE.

Ah, ah! ce mot vous fait rougir.

LÉANDRE.

Il vous a dit quelque chose de moi?

GÉRONTE.

Ce lieu n'est pas tout-à-fait propre à vider cette affaire, et nous allons l'examiner ailleurs. Qu'on se rende au logis; j'y vais revenir tout-à-l'heure. Ah! traître, s'il faut que tu me déshonores, je te renonce pour mon fils, et tu peux bien, pour jamais, te résoudre à fuir de ma présence.

SCÈNE IV.
LÉANDRE seul.

Me trahir de cette manière! un coquin qui doit, par cent raisons, être le premier à cacher les choses que je lui confie, est le premier à les aller découvrir à mon père. Ah! je jure le ciel que cette trahison ne demeurera pas impunie.

SCÈNE V.
OCTAVE, LÉANDRE, SCAPIN.

OCTAVE.

Mon cher Scapin, que ne dois-je point à tes soins! Que tu es un homme admirable, et que le ciel m'est favorable de t'envoyer à mon secours!

LÉANDRE.

Ah, ah! vous voilà! Je suis ravi de vous trouver, monsieur le coquin.

SCAPIN.

Monsieur, votre serviteur. C'est trop d'honneur que vous me faites.

LÉANDRE *mettant l'épée à la main.*

Vous faites le méchant plaisant! Ah! je vous apprendrai....

SCAPIN *se mettant à genoux.*

Monsieur!

OCTAVE *se mettant entre deux pour empêcher Léandre de frapper Scapin.*

Ah, Léandre!

LÉANDRE.

Non, Octave, ne me retenez point, je vous prie.

SCAPIN *à Léandre.*

Hé, monsieur!

OCTAVE *retenant Léandre.*

De grace!

LÉANDRE *voulant frapper Scapin.*

Laissez-moi contenter mon ressentiment.

ACTE II. SCÈNE V.

OCTAVE.

Au nom de l'amitié, Léandre, ne le maltraitez point.

SCAPIN.

Monsieur, que vous ai-je fait ?

LÉANDRE *voulant frapper Scapin.*

Ce que tu m'as fait, traître !

OCTAVE *retenant encore Léandre.*

Eh ! doucement.

LÉANDRE.

Non, Octave, je veux qu'il me confesse lui-même, tout-à-l'heure, la perfidie qu'il m'a faite. Oui, coquin, je sais le trait que tu m'as joué ; on vient de me l'apprendre, et tu ne croyois pas peut-être que l'on me dût révéler ce secret ; mais je veux en avoir la confession de ta propre bouche, et je vais te passer cette épée au travers du corps.

SCAPIN.

Ah ! monsieur, auriez-vous bien ce cœur-là ?

LÉANDRE.

Parle donc.

SCAPIN.

Je vous ai fait quelque chose, monsieur !

LÉANDRE.

Oui, coquin, et ta conscience ne te dit que trop ce que c'est.

SCAPIN.

Je vous assure que je l'ignore.

LÉANDRE *s'avançant pour frapper Scapin.*

Tu l'ignores !

OCTAVE *retenant Léandre.*

Léandre !

SCAPIN.

Hé bien, monsieur, puisque vous le voulez, je vous confesse que j'ai bu avec mes amis ce petit quarteau de vin d'Espagne dont on vous fit présent il y a quelques jours, et c'est moi qui fis une fente au tonneau, et répandis de l'eau autour, pour faire croire que le vin s'étoit échappé.

LÉANDRE.

C'est toi, pendard, qui m'as bu mon vin d'Espagne, et qui as été cause que j'ai tant querellé la servante, croyant que c'étoit elle qui m'avoit fait le tour ?

SCAPIN.
Oui, monsieur : je vous en demande pardon.
LÉANDRE.
Je suis bien aise d'apprendre cela. Mais ce n'est pas l'affaire dont il est question maintenant.
SCAPIN.
Ce n'est pas cela, monsieur ?
LÉANDRE.
Non ; c'est une autre affaire encore qui me touche bien plus, et je veux que tu me la dises.
SCAPIN.
Monsieur, je ne me souviens pas d'avoir fait autre chose.
LÉANDRE *voulant frapper Scapin.*
Tu ne veux pas parler ?
SCAPIN.
Hé !
OCTAVE *retenant Léandre.*
Tout doux !
SCAPIN.
Oui, monsieur ; il est vrai qu'il y a trois semaines que vous m'envoyâtes porter, le soir, une petite montre à la jeune Egyptienne que vous aimez. Je revins au logis mes habits tout couverts de boue, et le visage tout plein de sang, et vous dis que j'avois trouvé des voleurs qui m'avoient bien battu, et m'avoient dérobé la montre. C'étoit moi, monsieur, qui l'avois retenue.
LÉANDRE.
C'est toi qui as retenu ma montre ?
SCAPIN.
Oui, monsieur, afin de voir quelle heure il est.
LÉANDRE.
Ah, ah ! j'apprends ici de jolies choses, et j'ai un serviteur fort fidèle, vraiment ! Mais ce n'est pas encore cela que je demande.
SCAPIN.
Ce n'est pas cela ?
LÉANDRE.
Non, infâme ; c'est autre chose encore que je veux que tu me confesses.

ACTE II. SCÉNE V.

SCAPIN *à part.*

Peste !

LÉANDRE.

Parle vîte, j'ai hâte.

SCAPIN.

Monsieur, voilà tout ce que j'ai fait.

LEANDRE *voulant frapper Scapin.*

Voilà tout ?

OCTAVE *se mettant au-devant de Léandre.*

Hé !

SCAPIN.

Hé bien, oui, monsieur. Vous vous souvenez de ce loup-garou, il y a six mois, qui vous donna tant de coups de bâton la nuit, et vous pensa faire rompre le cou dans une cave où vous tombâtes en fuyant.

LÉANDRE.

Hé bien ?

SCAPIN.

C'étoit moi, monsieur, qui faisois le loup-garou.

LÉANDRE.

C'étoit toi, traître, qui faisois le loup-garou ?

SCAPIN.

Oui, monsieur, seulement pour vous faire peur, et vous ôter l'envie de nous faire courir toutes les nuits, comme vous aviez de coutume.

LEANDRE.

Je saurai me souvenir, en tems et lieu, de tout ce que je viens d'apprendre. Mais je veux venir au fait, et que tu me confesses ce que tu as dit à mon père.

SCAPIN.

A votre père ?

LEANDRE.

Oui, fripon, à mon père.

SCAPIN.

Je ne l'ai pas seulement vu depuis son retour.

LEANDRE.

Tu ne l'as pas vu ?

SCAPIN.

Non, monsieur.

LEANDRE.

Assurément ?

SCAPIN.

Assurément. C'est une chose que je vais vous faire dire par lui-même.

LEANDRE.

C'est de sa bouche que je tiens pourtant....

SCAPIN.

Avec votre permission, il n'a pas dit la vérité.

SCÈNE VI.

LÉANDRE, OCTAVE, CARLE, SCAPIN.

CARLE.

Monsieur, je vous apporte une nouvelle qui est fâcheuse pour votre amour.

LEANDRE.

Comment ?

CARLE.

Vos Egyptiens sont sur le point de vous enlever Zerbinette ; et elle-même, les larmes aux yeux, m'a chargé de venir promptement vous dire que si dans deux heures vous ne songez à leur porter l'argent qu'ils vous ont demandé pour elle, vous l'allez perdre pour jamais.

LEANDRE.

Dans deux heures ?

CARLE.

Dans deux heures.

SCÈNE VII.

LÉANDRE, OCTAVE, SCAPIN.

LEANDRE.

Ah ! mon pauvre Scapin, j'implore ton secours.

SCAPIN *se levant et passant fièrement devant Léandre.*

Ah, mon pauvre Scapin ! Je suis mon pauvre Scapin à cette heure qu'on a besoin de moi.

ACTE II. SCÈNE VII.

LEANDRE.

Va, je te pardonne tout ce que tu viens de me dire, et pis encore, si tu me l'as fait.

SCAPIN.

Non, non; ne me pardonnez rien; passez-moi votre épée au travers du corps. Je serai ravi que vous me tuyez.

LEANDRE.

Non. Je te conjure plutôt de me donner la vie, en servant mon amour.

SCAPIN.

Point, point; vous ferez mieux de me tuer.

LEANDRE.

Tu m'es trop précieux; et je te prie de vouloir employer pour moi ce génie admirable qui vient a bout de toutes choses.

SCAPIN.

Non. Tuez-moi, vous dis-je.

LEANDRE.

Ah! de grace, ne songe plus à tout cela, et pense à me donner le secours que je te demande.

- OCTAVE.

Scapin, il faut faire quelque chose pour lui.

SCAPIN.

Le moyen, après une avanie de la sorte?

LEANDRE.

Je te conjure d'oublier mon emportement, et de me prêter ton adresse.

OCTAVE.

Je joins mes prières aux siennes.

SCAPIN.

J'ai cette insulte-là sur le cœur.

OCTAVE.

Il faut quitter ton ressentiment.

LEANDRE.

Voudrois-tu m'abandonner, Scapin, dans la cruelle extrémité où se voit mon amour?

SCAPIN.

Me venir faire, à l'improviste, un affront comme celui-là!

LEANDRE.

J'ai tort, je le confesse.

SCAPIN.

Me traiter de coquin, de fripon, de pendard, d'infâme !

LÉANDRE.

J'en ai tous les regrets du monde.

SCAPIN.

Me vouloir passer son épée au travers du corps !

LÉANDRE.

Je t'en demande pardon de tout mon cœur ; et s'il ne tient qu'à me jeter à tes genoux, tu m'y vois, Scapin, pour te conjurer encore une fois de ne me point abandonner.

OCTAVE.

Ah ! ma foi, Scapin, il faut se rendre à cela.

SCAPIN.

Levez-vous. Une autre fois, ne soyez pas si prompt.

LÉANDRE.

Me promets-tu de travailler pour moi ?

SCAPIN.

On y songera.

LÉANDRE.

Mais tu sais que le tems presse.

SCAPIN.

Ne vous mettez pas en peine. Combien est-ce qu'il vous faut ?

LÉANDRE.

Cinq cents écus.

SCAPIN.

Et à vous ?

OCTAVE.

Deux cents pistoles.

SCAPIN.

Je veux tirer cet argent de vos pères. (*à Octave.*) Pour ce (*à Léandre.*) qui est du vôtre, la machine est déjà toute trouvée. Et quant au vôtre, bien qu'avare au dernier degré, il y faudra moins de façon encore ; car vous savez que pour l'esprit il n'en a pas, graces à Dieu, grande provision, et je le livre pour une espèce d'homme à qui l'on fera toujours croire tout ce que l'on voudra. Cela ne vous offense point ; il ne tombe entre lui et vous aucun soupçon de ressemblance ; et vous savez assez l'opinion de tout le monde, qui veut qu'il ne soit votre père que pour la forme.

LÉANDRE.

Tout beau, Scapin.

SCAPIN.

Bon, bon ; on fait bien scrupule de cela. Vous moquez-vous? Mais j'aperçois venir le père d'Octave. Commençons par lui, puisqu'il se présente. Allez-vous-en tous deux. (à Octave.)
Et vous, avertissez votre Silvestre de venir vîte jouer son rôle.

SCÈNE VIII.

ARGANTE, SCAPIN.

SCAPIN à part.

Le voilà qui rumine.

ARGANTE se croyant seul.

Avoir si peu de conduite et de considération! S'aller jeter dans un engagement comme celui-là! ah! ah! jeunesse impertinente!

SCAPIN.

Monsieur, votre serviteur.

ARGANTE.

Bonjour, Scapin.

SCAPIN.

Vous rêvez à l'affaire de votre fils ?

ARGANTE.

Je t'avoue que cela me donne un furieux chagrin.

SCAPIN.

Monsieur, la vie est mêlée de traverses ; il est bon de s'y tenir sans cesse préparé ; et j'ai ouï dire, il y a long-tems, une parole d'un ancien que j'ai toujours retenue.

ARGANTE.

Quoi ?

SCAPIN.

Que, pour peu qu'un père de famille ait été absent de chez lui, il doit promener son esprit sur tous les fâcheux accidens que son retour peut rencontrer, se figurer sa maison brûlée, son argent dérobé, sa femme morte, son fils estropié, sa fille subornée, et ce qu'il trouve qui ne lui est pas arrivé, l'imputer à bonne fortune. Pour moi, j'ai pratiqué toujours cette leçon dans ma petite philosophie, et je ne suis jamais revenu au logis, que je ne me sois tenu prêt à la colère de mes maîtres, aux réprimandes, aux injures, aux coups de pied au cul, aux bastonnades, aux étrivières; et ce qui a manqué à m'arriver, j'en ai rendu graces à mon bon destin.

ARGANTE.

Voilà qui est bien; mais ce mariage impertinent, qui trouble celui que nous voulons faire, est une chose que je ne puis souffrir, et je viens de consulter des avocats pour le faire casser.

SCAPIN.

Ma foi, monsieur, si vous m'en croyez, vous tâcherez, par quelque autre voie, d'accommoder l'affaire. Vous savez ce que c'est que les procès en ce pays-ci, et vous allez vous enfoncer dans d'étranges épines.

ARGANTE.

Tu as raison, je le vois bien. Mais quelle autre voie?

SCAPIN.

Je pense que j'en ai trouvé une. La compassion que m'a donnée tantôt votre chagrin, m'a obligé de chercher dans ma tête quelque moyen pour vous tirer d'inquiétude; car je ne saurois voir d'honnêtes pères chagrinés par leurs enfans, que cela ne m'émeuve; et de tout tems je me suis senti pour votre personne une inclination particulière.

ARGANTE.

Je te suis obligé.

SCAPIN.

J'ai donc été trouver le frère de cette fille qui a été épousée. C'est un de ces braves de profession, de ces gens qui sont tout coups d'épée, qui ne parlent que d'échiner, et ne font non plus de conscience de tuer un homme, que d'avaler un verre de vin. Je l'ai mis sur ce mariage, lui ai fait voir quelle facilité offroit la raison de violence pour le faire casser, vos prérogatives du nom de père, et l'appui que vous donneroient auprès de la justice et votre droit, et votre argent, et vos amis. Enfin,

ACTE II. SCÈNE VIII.

je l'ai tant tourné de tous les côtés, qu'il a prêté l'oreille aux propositions que je lui ai faites d'ajuster l'affaire pour quelque somme; et il donnera son consentement à rompre le mariage, pourvu que vous lui donniez de l'argent.

ARGANTE.

Hé, qu'a-t-il demandé ?

SCAPIN.

Oh! d'abord des choses par-dessus les maisons.

ARGANTE.

Hé, quoi ?

SCAPIN.

Des choses extravagantes.

ARGANTE.

Mais encore ?

SCAPIN.

Il ne parloit pas moins que de cinq ou six cents pistoles.

ARGANTE.

Cinq ou six cents fièvres quartaines qui le puissent serrer! Se moque-t-il des gens ?

SCAPIN.

C'est ce que je lui ai dit. J'ai rejeté bien loin de pareilles propositions, et je lui ai bien fait entendre que vous n'étiez point une dupe, pour vous demander des cinq ou six cents pistoles. Enfin, après plusieurs discours, voici où s'est réduit le résultat de notre conférence. Nous voilà en tems, m'a-t-il dit, que je dois partir pour l'armée; je suis après à m'équiper; et le besoin que j'ai de quelque argent, me fait consentir, malgré moi, à ce qu'on me propose. Il me faut un cheval de service, et je n'en saurois avoir un qui soit tant soit peu raisonnable, à moins de soixante pistoles.

ARGANTE.

Hé bien ! pour soixante pistoles, je les donne.

SCAPIN.

Il faudra le harnois et les pistolets, et cela ira bien à vingt pistoles encore.

ARGANTE.

Vingt pistoles et soixante, ce seroit quatre-vingts.

SCAPIN.

Justement.

ARGANTE.

C'est beaucoup : mais, soit ; je consens à cela.

SCAPIN.

Il lui faut aussi un cheval pour monter son valet, qui coûtera bien trente pistoles.

ARGANTE.

Comment, diantre ? qu'il se promène ; il n'aura rien du tout.

SCAPIN.

Monsieur !

ARGANTE.

Non : c'est un impertinent.

SCAPIN.

Voulez-vous que son valet aille à pied ?

ARGANTE.

Qu'il aille comme il lui plaira, et le maître aussi.

SCAPIN.

Mon Dieu, monsieur ! ne vous arrêtez point à peu de chose. N'allez point plaider, je vous prie ; et donnez tout, pour vous sauver des mains de la justice.

ARGANTE.

Hé bien ! soit ; je me résous à donner encore ces trente pistoles.

SCAPIN.

Il me faut encore, a-t-il dit, un mulet pour porter...

ARGANTE.

Oh ! qu'il aille au diable avec son mulet. C'en est trop, et nous irons devant les juges.

SCAPIN.

De grace ! monsieur...

ARGANTE.

Non, je n'en ferai rien.

SCAPIN.

Monsieur ; un petit mulet.

ARGANTE.

Je ne lui donnerois pas seulement un âne.

SCAPIN.

Considérez...

ACTE II. SCÈNE VIII.

ARGANTE.

Non : j'aime mieux plaider.

SCAPIN.

Eh! monsieur, de quoi parlez-vous-là, et à quoi vous résolvez-vous? Jetez les yeux sur les détours de la justice. Voyez combien d'appels et de degrés de jurisdiction ; combien de procédures embarrassantes ; combien d'animaux ravissans, par les griffes desquels il vous faudra passer ! Sergens, procureurs, avocats, greffiers, substituts, rapporteurs, juges, et leurs clercs. Il n'y a pas un de tous ces gens-là qui, pour la moindre chose, ne soit capable de donner un soufflet au meilleur droit du monde. Un sergent baillera de faux exploits, sur quoi vous serez condamné sans que vous le sachiez. Votre procureur s'entendra avec votre partie, et vous vendra à beaux deniers comptans. Votre avocat, gagné de même, ne se trouvera point lorsqu'on plaidera votre cause, ou dira des raisons qui ne feront que battre la campagne, et n'iront point au fait. Le greffier délivrera par contumace des sentences et arrêts contre vous. Le clerc du rapporteur soustraira des pièces, ou le rapporteur même ne dira pas ce qu'il a vu ; et quand, par les plus grandes précautions du monde, vous aurez paré tout cela, vous serez ébahi que vos juges auront été sollicités contre vous, ou par des gens dévots, ou par des femmes qu'ils aimeront. Eh! monsieur, si vous le pouvez, sauvez-vous de cet enfer-là. C'est être damné dès ce monde, que d'avoir à plaider : et la seule pensée d'un procès seroit capable de me faire fuir jusqu'aux Indes.

ARGANTE.

A combien est-ce qu'il fait monter le mulet ?

SCAPIN.

Monsieur, pour le mulet, pour son cheval et celui de son homme, pour le harnois et les pistolets, et pour payer quelque petite chose qu'il doit à son hôtesse, il demande en tout deux cent pistoles.

ARGANTE.

Deux cents pistoles !

SCAPIN.

Oui.

ARGANTE *se promenant en colère.*

Allons, allons; nous plaiderons.

SCAPIN.

Faites réflexion...

ARGANTE.

Je plaiderai.

SCAPIN.

Ne vous allez point jeter...

ARGANTE.

Je veux plaider.

SCAPIN.

Mais pour plaider, il vous faudra de l'argent. Il vous en faudra pour l'exploit; il vous en faudra pour le contrôle; il vous en faudra pour la procuration, pour la présentation, conseils, productions, et journées de procureur. Il vous en faudra pour les consultations et plaidoiries des avocats, pour le droit de retirer le sac, et pour les grosses d'écritures. Il vous en faudra pour le rapport des substituts, pour les épices de conclusion, pour l'enregistrement du greffier, façon d'appointement, sentences et arrêts, contrôles, signatures et expéditions de leurs clercs; sans parler de tous les présens qu'il vous faudra faire. Donnez cet argent-là à cet homme-ci, vous voilà hors d'affaire.

ARGANTE.

Comment! deux cent pistoles!

SCAPIN.

Oui. Vous y gagnerez. J'ai fait un petit calcul, en moi-même, de tous les frais de la justice, et j'ai trouvé qu'en donnant deux cents pistoles à votre homme vous en aurez de reste, pour le moins, cent cinquante, sans compter les soins, les pas, et les chagrins que vous vous épargnerez. Quand il n'y auroit à essuyer que les sottises que disent devant tout le monde de méchans plaisans d'avocats, j'aimerois mieux donner trois cents pistoles, que de plaider.

ARGANTE

Je me moque de cela, et je défie les avocats de rien dire de moi.

SCAPIN.

Vous ferez ce qu'il vous plaira; mais, si j'étois que de vous, je fuirois les procès.

ACTE II. SCÈNE IX.

ARGANTE.

Je ne donnerai pas deux cents pistoles.

SCAPIN.

Voici l'homme dont il s'agit.

SCÈNE IX.

ARGANTE, SCAPIN, SILVESTRE *déguisé en spadassin.*

SILVESTRE.

Scapin, faites-moi connoître un peu cet Argante, qui est père d'Octave.

SCAPIN.

Pourquoi, monsieur?

SILVESTRE.

Je viens d'apprendre qu'il veut me mettre en procès, et faire rompre par justice le mariage de ma sœur.

SCAPIN.

Je ne sais pas s'il a cette pensée ; mais il ne veut point consentir aux deux cents pistoles que vous voulez, et il dit que c'est trop.

SILVESTRE.

Par la mort! par la tête! par le ventre! si je le trouve, je le veux échiner, dussé-je être roué tout vif.

(*Argante, pour n'être point vu, se tient en tremblant derrière Scapin.*)

SCAPIN.

Monsieur, ce père d'Octave a du cœur, et peut-être ne vous craindra-t-il point ?

SILVESTRE.

Lui ? lui ? Par le sang ! par la tête ! s'il étoit-là, je lui donnerois tout-à-l'heure de l'épée dans le ventre. (*Apercevant Argante.*) Qui est cet homme-là ?

SCAPIN.

Ce n'est pas lui, monsieur, ce n'est pas lui.

SILVESTRE.

N'est-ce point quelqu'un de ses amis ?

LES FOURBERIES DE SCAPIN.

SCAPIN.
Non, monsieur; au contraire, c'est son ennemi capital.

SILVESTRE.
Son ennemi capital?

SCAPIN.
Oui.

SILVESTRE.
Ah! parbleu, j'en suis ravi. (*à Argante.*) Vous êtes ennemi, monsieur, de ce faquin d'Argante? Hé?

SCAPIN.
Oui, oui; je vous en réponds.

SILVESTRE *secouant rudement la main d'Argante.*
Touchez-là; touchez. Je vous donne ma parole, et vous jure sur mon honneur, par l'épée que je porte, par tous les sermens que je saurois faire, qu'avant la fin du jour je vous déferai de ce maraud fieffé, de ce faquin d'Argante. Reposez-vous sur moi.

SCAPIN.
Monsieur, les violences en ce pays-ci ne sont guères souffertes.

SILVESTRE.
Je me moque de tout, et je n'ai rien à perdre.

SCAPIN.
Il se tiendra sur ses gardes assurément, et il a des parens, des amis et des domestiques, dont il se fera un secours contre votre ressentiment.

SILVESTRE.
C'est ce que je demande, morbleu! c'est ce que je demande. (*mettant l'épée à la main.*) Ah, tête! ah, ventre! Que ne le trouvé-je à cette heure, avec tout son secours! Que ne paroît-il à mes yeux au milieu de trente personnes! Que ne le vois-je fondre sur moi les armes à la main! (*se mettant en garde.*) Comment, marauds! vous avez la hardiesse de vous attaquer à moi! Allons, morbleu, tue;
(*Poussant de tous les côtés, comme s'il avoit plusieurs personnes à combattre.*)
point de quartier. Donnons. Ferme. Poussons. Bon pied, bon œil. Ah, coquins! ah, canaille! vous en voulez par-là! je vous en ferai tâter votre saoul. Soutenez, marauds; soutenez.

Allons. A cette botte. A cette autre. (*se tournant du côté d'Argante et de Scapin.*) A celle-ci. A celle-là. Comment! vous reculez? Pied ferme, morbleu; pied ferme.

SCAPIN.

Hé, hé, hé! monsieur, nous n'en sommes pas.

SILVESTRE.

Voilà qui vous apprendra à vous oser jouer à moi.

SCÈNE X.

ARGANTE, SCAPIN.

SCAPIN.

Hé bien! vous voyez combien de personnes tuées pour deux cents pistoles! Or sus! je vous souhaite une bonne fortune.

ARGANTE *tout tremblant.*

Scapin.

SCAPIN.

Plaît-il?

ARGANTE.

Je me résous à donner les deux cents pistoles.

SCAPIN.

J'en suis ravi pour l'amour de vous.

ARGANTE.

Allons le trouver; je les ai sur moi.

SCAPIN.

Vous n'avez qu'à me les donner. Il ne faut pas, pour votre honneur, que vous paroissiez là, après avoir passé ici pour autre que ce que vous êtes; et de plus, je craindrois qu'en vous faisant connoître, il n'allât s'aviser de vous demander davantage.

ARGANTE.

Oui; mais j'aurois été bien-aise de voir comme je donne mon argent.

SCAPIN.

Est-ce que vous vous défiez de moi?

ARGANTE.

Non pas, mais...

SCAPIN.

Parbleu ! monsieur, je suis un fourbe, ou je suis honnête homme ; c'est l'un des deux. Est-ce que je voudrois vous tromper, et que, dans tout ceci, j'ai d'autre intérêt que le vôtre et celui de mon maître, à qui vous voulez vous allier ? Si je vous suis suspect, je ne me mêle plus de rien, et vous n'avez qu'à chercher, dès cette heure, qui accommodera vos affaires.

ARGANTE.

Tiens donc.

SCAPIN.

Non, monsieur, ne me confiez point votre argent. Je serai bien-aise que vous vous serviez de quelque autre.

ARGANTE.

Mon Dieu, tiens.

SCAPIN.

Non, vous dis-je, ne vous fiez point à moi. Que sait-on, si je ne veux point vous attraper votre argent ?

ARGANTE.

Tiens, te dis-je ; ne me fais point contester davantage. Mais songe à bien prendre tes sûretés avec lui.

SCAPIN.

Laissez-moi faire ; il n'a pas à faire à un sot.

ARGANTE.

Je vais t'attendre chez moi.

SCAPIN.

(seul.)

Je ne manquerai pas d'y aller. Et un. Je n'ai qu'à chercher l'autre. Ah ! ma foi, le voici. Il semble que le ciel, l'un après l'autre, les amène dans mes filets.

SCÈNE XI.

GÉRONTE, SCAPIN.

SCAPIN *faisant semblant de ne pas voir Géronte.*

O ciel ! ô disgrace imprévue ! ô misérable père ! pauvre Géronte, que feras-tu ?

GÉRONTE *à part.*

Que dit-il là de moi, avec ce visage affligé ?

ACTE II. SCÈNE XI.

SCAPIN.

N'y a-t-il personne qui puisse me dire où est le seigneur Géronte?

GERONTE.

Qu'y a-t-il, Scapin?

SCAPIN *courant sur le théâtre sans vouloir entendre ni voir Géronte.*

Où pourrai-je le rencontrer pour lui dire cette infortune?

GERONTE *courant après Scapin.*

Qu'est-ce que c'est donc?

SCAPIN.

En vain je cours de tous côtés pour le pouvoir trouver.

GÉRONTE.

Me voici.

SCAPIN.

Il faut qu'il soit caché dans quelque endroit qu'on ne puisse pas deviner.

GERONTE *arrêtant Scapin.*

Holà! es-tu aveugle, que tu ne me vois pas?

SCAPIN.

Ah, monsieur! il n'y a pas moyen de vous rencontrer.

GERONTE.

Il y a une heure que je suis devant toi. Qu'est-ce que c'est donc qu'il y a?

SCAPIN.

Monsieur....

GERONTE.

Quoi?

SCAPIN.

Monsieur, votre fils....

GERONTE.

Hé bien! mon fils....

SCAPIN.

Est tombé dans une disgrace la plus étrange du monde.

GERONTE.

Et quelle?

SCAPIN.

Je l'ai trouvé tantôt tout triste de je ne sais quoi que vous lui avez dit, où vous m'avez mêlé assez mal-à-propos; et cherchant à divertir cette tristesse, nous nous sommes allés promener sur le port. Là, entre autres plusieurs choses, nous avons arrêté nos yeux sur une galère turque assez bien équipée. Un jeune Turc de bonne mine nous a invités d'y entrer, et nous a présenté la main. Nous y avons passé. Il nous a fait mille civilités, nous a donné la colation, où nous avons mangé des fruits les plus excellens qui se puissent voir, et bu du vin que nous avons trouvé le meilleur du monde.

GERONTE.

Qu'y a-t-il de si affligeant en tout cela ?

SCAPIN.

Attendez, monsieur ; nous y voici. Pendant que nous mangions, il a fait mettre la galère en mer, et se voyant éloigné du port, il m'a fait mettre dans un esquif, et m'envoie vous dire que, si vous ne lui envoyez par moi, tout-à-l'heure, cinq cents écus, il va vous emmener votre fils à Alger.

GERONTE.

Comment, diantre, cinq cents écus !

SCAPIN.

Oui, monsieur ; et de plus, il ne m'a donné pour cela que deux heures.

GERONTE.

Ah ! le pendard de Turc ! m'assassiner de la façon !

SCAPIN.

C'est à vous, monsieur, d'aviser promptement aux moyens de sauver des fers un fils que vous aimez avec tant de tendresse.

GERONTE.

Que diable alloit-il faire dans cette galère ?

SCAPIN.

Il ne songeoit pas à ce qui est arrivé.

GERONTE.

Va-t-en, Scapin, va-t-en vîte dire à ce Turc que je vais envoyer la justice après lui.

SCAPIN.

La justice en pleine mer ! Vous moquez-vous des gens ?

GERONTE.

Que diable alloit-il faire dans cette galère ?

SCAPIN.

Une méchante destinée conduit quelquefois les personnes.

ACTE II. SCÈNE XI.

GÉRONTE.

Il faut, Scapin, il faut que tu fasses ici l'action d'un serviteur fidèle.

SCAPIN.

Quoi, monsieur?

GÉRONTE.

Que tu ailles dire à ce Turc qu'il me renvoye mon fils, et que tu te mettes à sa place jusqu'à ce que j'aye amassé la somme qu'il demande.

SCAPIN.

Hé! monsieur, songez-vous à ce que vous dites, et vous figurez-vous que ce Turc ait si peu de sens, que d'aller recevoir un misérable comme moi à la place de votre fils?

GÉRONTE.

Que diable alloit-il faire dans cette galère?

SCAPIN.

Il ne devinoit pas ce malheur. Songez, monsieur, qu'il ne m'a donné que deux heures.

GÉRONTE.

Tu dis qu'il demande?...

SCAPIN.

Cinq cents écus.

GÉRONTE.

Cinq cents écus! N'a-t-il point de conscience?

SCAPIN.

Vraiment oui, de la conscience à un Turc!

GÉRONTE.

Sait-il bien ce que c'est que cinq cents écus?

SCAPIN.

Oui, monsieur; il sait que c'est mille cinq cents livres.

GÉRONTE.

Croit-il, le traître, que mille cinq cents livres se trouvent dans le pas d'un cheval?

SCAPIN.

Ce sont des gens qui n'entendent point de raison.

GÉRONTE.

Mais que diable alloit-il faire dans cette galère?

SCAPIN.

Il est vrai. Mais quoi? on ne prévoyoit pas les choses. De grace, monsieur, dépêchez.

GÉRONTE.
Tiens, voilà la clé de mon armoire.
SCAPIN.
Bon.
GERONTE.
Tu l'ouvriras.
SCAPIN.
Fort bien.
GERONTE.
Tu trouveras une grosse clé du côté gauche, qui est celle de mon grenier.
SCAPIN.
Oui.
GERONTE.
Tu iras prendre toutes les hardes qui sont dans cette grande manne, et tu les vendras aux fripiers pour aller racheter mon fils.
SCAPIN *en lui rendant la clé.*
Eh! monsieur, rêvez-vous? Je n'aurois pas cent francs de tout ce que vous dites ; et de plus, vous savez le peu de tems qu'on m'a donné.
GERONTE.
Mais que diable alloit-il faire dans cette galère?
SCAPIN.
Oh! que de paroles perdues! Laissez là cette galère, et songez que le tems presse, et que vous courez risque de perdre votre fils. Hélas! mon pauvre maître! peut-être que je ne te verrai de ma vie, et qu'à l'heure que je parle, on t'emmène esclave en Alger. Mais le ciel me sera témoin que j'ai fait pour toi tout ce que j'ai pu ; et que, si tu manques à être racheté, il n'en faut accuser que le peu d'amitié d'un père.
GERONTE.
Attends, Scapin, je m'en vais querir cette somme.
SCAPIN.
Dépêchez donc vîte, monsieur; je tremble que l'heure ne sonne.
GERONTE.
N'est-ce pas quatre cents écus que tu dis?

ACTE II. SCÈNE XI.

SCAPIN.

Non. Cinq cents écus.

GÉRONTE.

Cinq cents écus !

SCAPIN.

Oui.

GÉRONTE.

Que diable alloit-il faire dans cette galère ?

SCAPIN.

Vous avez raison : mais hâtez-vous.

GÉRONTE.

N'y avoit-il point d'autre promenade ?

SCAPIN.

Cela est vrai : mais faites promptement.

GÉRONTE.

Ah ! maudite galère !

SCAPIN *à part.*

Cette galère lui tient au cœur.

GÉRONTE.

Tiens, Scapin, je ne me souvenois pas que je viens justement de recevoir cette somme en or, et je ne croyois pas qu'elle dût m'être sitôt ravie. (*tirant sa bourse de sa poche, et la présentant à Scapin.*) Tiens ; va-t-en racheter mon fils.

SCAPIN *tendant la main.*

Oui, monsieur.

GÉRONTE *retenant sa bourse qu'il fait semblant de vouloir donner à Scapin.*

Mais dis à ce Turc que c'est un scélérat.

SCAPIN *tendant encore la main.*

Oui.

GÉRONTE *recommençant la même action.*

Un infâme.

SCAPIN *tendant toujours la main.*

Oui.

GÉRONTE *de même.*

Un homme sans foi, un voleur.

SCAPIN.

Laissez-moi faire.

GÉRONTE de même.

Qu'il me tire cinq cents écus contre toute sorte de droit.

SCAPIN.

Oui.

GÉRONTE de même.

Que je ne les lui donne ni à la mort, ni à la vie.

SCAPIN.

Fort bien.

GÉRONTE de même.

Et que, si jamais je l'attrape, je saurai me venger de lui.

SCAPIN.

Oui.

GÉRONTE remettant sa bourse dans sa poche, et s'en allant.

Va, va vîte requerir mon fils.

SCAPIN courant après Géronte.

Holà! monsieur.

GÉRONTE.

Quoi?

SCAPIN.

Où est donc cet argent?

GÉRONTE.

Ne te l'ai-je pas donné?

SCAPIN.

Non, vraiment; vous l'avez remis dans votre poche.

GÉRONTE.

Ah! c'est la douleur qui me trouble l'esprit.

SCAPIN.

Je le vois bien.

GÉRONTE.

Que diable alloit-il faire dans cette galère? Ah! maudite galère! traître de Turc! à tous les diables.

SCAPIN seul.

Il ne peut digérer les cinq cents écus que je lui arrache; mais il n'est pas quitte envers moi, et je veux qu'il me paye en une autre monnoie l'imposture qu'il m'a faite auprès de son fils.

SCÈNE XII.
OCTAVE, LÉANDRE, SCAPIN.
OCTAVE.
Hé bien ! Scapin, as-tu réussi pour moi dans ton entreprise ?
LÉANDRE.
As-tu fait quelque chose pour tirer mon amour de la peine où il est ?
SCAPIN à *Octave*.
Voilà deux cents pistoles que j'ai tirées de votre père.
OCTAVE.
Ah ! que tu me donnes de joie !
SCAPIN à *Léandre*.
Pour vous je n'ai pu faire rien.
LÉANDRE *voulant s'en aller*.
Il faut donc que j'aille mourir ; et je n'ai que faire de vivre, si Zerbinette m'est ôtée.
SCAPIN.
Holà, holà ; tout doucement. Comme diantre vous allez vite !
LÉANDRE *se retournant*.
Que veux-tu que je devienne ?
SCAPIN.
Allez, j'ai votre affaire ici.
LÉANDRE.
Ah ! tu me redonnes la vie.
SCAPIN.
Mais à condition que vous me permettrez, à moi, une petite vengeance contre votre père, pour le tour qu'il m'a fait.
LÉANDRE.
Tout ce que tu voudras.
SCAPIN.
Vous le promettez devant témoins ?
LÉANDRE.
Oui.
SCAPIN.
Tenez, voilà cinq cents écus.
LÉANDRE.
Allons-en promptement acheter celle que j'adore.

ACTE III.

SCENE I.

ZERBINETTE, HYACINTHE, SCAPIN, SILVESTRE.

SILVESTRE.

Oui, vos amans ont arrêté entre eux que vous fussiez ensemble, et nous nous acquittons de l'ordre qu'ils nous ont donné.
HYACINTHE à *Zerbinette*.

Un tel ordre n'a rien qui ne soit fort agréable. Je reçois avec joie une compagne de la sorte ; et il ne tiendra pas à moi que l'amitié qui est entre les personnes que nous aimons, ne se répande entre nous deux.
ZERBINETTE.

J'accepte la proposition, et ne suis point personne à reculer, lorsqu'on m'attaque d'amitié.
SCAPIN.

Et lorsque c'est d'amour qu'on vous attaque ?
ZERBINETTE.

Pour l'amour, c'est une autre chose ; on y court un peu plus de risque, et je n'y suis pas hardie.
SCAPIN.

Vous l'êtes, que je crois, contre mon maître maintenant; et ce qu'il vient de faire pour vous, doit vous donner du cœur pour répondre comme il faut à sa passion.
ZERBINETTE.

Je ne m'y fie encore que de la bonne sorte et ce n'est pas assez pour m'assurer entièrement, que ce qu'il vient de faire. J'ai l'humeur enjouée, et sans cesse je ris : mais tout en riant, je suis sérieuse sur de certains chapitres, et ton maître s'abusera s'il croit qu'il lui suffise de m'avoir achetée pour me voir toute à lui. Il doit lui en coûter autre chose que de l'argent ; et pour répondre à son amour de la manière qu'il souhaite, il me faut un don de sa foi, qui soit assaisonné de certaines cérémonies qu'on trouve nécessaires.

SCAPIN.

C'est-là aussi comme il l'entend. Il ne prétend à vous qu'en tout bien et en tout honneur ; et je n'aurois pas été homme à me mêler de cette affaire, s'il avoit une autre pensée.

ZERBINETTE.

C'est ce que je veux croire, puisque vous me le dites; mais, du côté du père, j'y prévois des empêchemens.

SCAPIN.

Nous trouverons moyen d'accommoder les choses.

HYACINTHE à *Zerbinette.*

La ressemblance de nos destins doit contribuer encore à faire naître notre amitié ; et nous nous voyons toutes deux dans les mêmes alarmes, toutes deux exposées à la même infortune.

ZERBINETTE.

Vous avez cet avantage, au moins, que vous savez de qui vous êtes née, et que l'appui de vos parens, que vous pouvez faire connoître, est capable d'ajuster tout, peut assurer votre bonheur, et faire donner un consentement au mariage qu'on trouve fait. Mais pour moi, je ne rencontre aucun secours dans ce que je puis être ; et l'on me voit dans un état qui n'adoucira pas les volontés d'un père qui ne regarde que le bien.

HYACINTHE.

Mais aussi avez-vous cet avantage, que l'on ne tente point, par un autre parti, celui que vous aimez.

ZERBINETTE.

Le changement du cœur d'un amant n'est pas ce qu'on peut le plus craindre. On se peut naturellement croire assez de mérite pour garder sa conquête ; et ce que je vois de plus redoutable dans ces sortes d'affaires, c'est la puissance paternelle, auprès de qui tout le mérite ne sert de rien.

HYACINTHE.

Hélas! pourquoi faut-il que de justes inclinations se trouvent traversées ! La douce chose que d'aimer, lorsque l'on ne voit point d'obstacle à ces aimables chaînes dont deux cœurs se lient ensemble!

SCAPIN.

Vous vous moquez! La tranquillité, en amour, est un calme désagréable. Un bonheur tout uni nous devient ennuyeux; il faut du haut et du bas dans la vie; et les difficultés, qui se mêlent aux choses, réveillent les ardeurs, augmentent les plaisirs.

ZERBINETTE.

Mon Dieu, Scapin, fais-nous un peu ce récit, qu'on m'a dit qui est si plaisant, du stratagême dont tu t'es avisé pour tirer de l'argent de ton vieillard avare. Tu sais qu'on ne perd point sa peine lorsqu'on me fait un conte, et que je le paye assez bien, par la joie qu'on m'y voit prendre.

SCAPIN.

Voilà Silvestre qui s'en acquittera aussi bien que moi. J'ai dans la tête certaine petite vengeance dont je vais goûter le plaisir.

SILVESTRE.

Pourquoi, de gaîté de cœur, veux-tu chercher à t'attirer de méchantes affaires?

SCAPIN.

Je me plais à tenter ces entreprises hasardeuses.

SILVESTRE.

Je te l'ai déjà dit, tu quitterois le dessein que tu as, si tu m'en voulois croire.

SCAPIN.

Oui; mais c'est moi que j'en croirai.

SILVESTRE.

A quoi diable te vas-tu amuser?

SCAPIN.

De quoi diable te mets-tu en peine?

SILVESTRE.

C'est que je vois que, sans nécessité, tu vas courir risque de t'attirer une venue de coups de bâton.

SCAPIN.

Hé bien! c'est aux dépens de mon dos, et non pas du tien.

SILVESTRE.

Il est vrai que tu es maître de tes épaules, et tu en disposeras comme il te plaira.

ACTE III. SCÈNE II.

SCAPIN.

Ces sortes de périls ne m'ont jamais arrêté, et je hais ces cœurs pusillanimes qui, pour trop prévoir les suites des choses, n'osent rien entreprendre.

ZERBINETTE à *Scapin*.

Nous aurons besoin de tes soins.

SCAPIN.

Allez. Je vous irai bientôt rejoindre. Il ne sera pas dit qu'impunément on m'ait mis en état de me trahir moi-même, et de découvrir des secrets qu'il étoit bon qu'on ne sût pas.

SCÈNE II.

GÉRONTE, SCAPIN.

GERONTE.

Hé bien! Scapin, comment va l'affaire de mon fils?

SCAPIN.

Votre fils, monsieur, est en lieu de sûreté; mais vous courez maintenant, vous, le péril le plus grand du monde; et je voudrois, pour beaucoup, que vous soyez dans votre logis.

GERONTE.

Comment donc?

SCAPIN.

A l'heure que je parle, on vous cherche de toutes parts pour vous tuer.

GERONTE.

Moi?

SCAPIN.

Oui.

GERONTE.

Et qui?

SCAPIN.

Le frère de cette personne qu'Octave a épousée. Il croit que le dessein que vous avez de mettre votre fille à la place que tient sa sœur, est ce qui pousse le plus fort à faire rompre leur mariage; et dans cette pensée, il a résolu hautement de décharger son désespoir sur vous, et de vous ôter la vie pour venger son honneur. Tous ses amis, gens d'épée comme lui, vous cherchent de tous les côtés, et demandent de vos nouvelles. J'ai vu même, deçà et delà, des soldats de sa compagnie qui interrogent ceux qu'ils trouvent, et occupent par pelotons toutes les avenues de votre maison : de sorte que vous ne sauriez aller chez vous, vous ne sauriez faire un pas, ni à droite, ni à gauche, que vous ne tombiez dans leurs mains.

GÉRONTE.

Que ferai-je, mon pauvre Scapin ?

SCAPIN.

Je ne sais pas, monsieur, et voici une étrange affaire. Je tremble pour vous depuis les pieds jusqu'à la tête, et.... Attendez.

(*Scapin faisant semblant d'aller voir au fond du théâtre s'il n'y a personne.*)

GÉRONTE *en tremblant.*

Hé ?

SCAPIN *revenant.*

Non, non, non ; ce n'est rien.

GÉRONTE.

Ne saurois-tu trouver quelque moyen pour me tirer de peine ?

SCAPIN.

J'en imagine bien un ; mais je courrois risque, moi, de me faire assommer.

GÉRONTE.

Hé ! Scapin, montre-toi serviteur zélé. Ne m'abandonne pas, je te prie.

SCAPIN.

Je le veux bien. J'ai une tendresse pour vous qui ne sauroit souffrir que je vous laisse sans secours.

GÉRONTE.

Tu en seras récompensé, je t'assure, et je te promets cet habit-ci quand je l'aurai un peu usé.

SCAPIN.

Attendez. Voici une affaire que j'ai trouvée fort à propos pour vous sauver. Il faut que vous vous mettiez dans ce sac, et que....

GÉRONTE *croyant voir quelqu'un.*

Ah !

ACTE III. SCENE II.

SCAPIN.

Non, non, non, non ; ce n'est personne. Il faut, dis-je, que vous vous mettiez là-dedans, et que vous vous gardiez de remuer en aucune façon. Je vous chargerai sur mon dos comme un paquet de quelque chose ; et je vous porterai ainsi, au travers de vos ennemis, jusques dans votre maison, où, quand nous serons une fois, nous pourrons nous barricader, et envoyer querir main-forte contre la violence.

GERONTE.

L'invention est bonne.

SCAPIN.

La meilleure du monde. Vous allez voir. (*à part.*) Tu me paieras l'imposture.

GERONTE.

Hé ?

SCAPIN.

Je dis que vos ennemis seront bien attrapés. Mettez-vous bien jusqu'au fond ; et surtout prenez garde de ne vous point montrer, et de ne branler pas, quelque chose qui puisse arriver.

GERONTE.

Laisse-moi faire ; je saurai me tenir.

SCAPIN.

Cachez-vous ; voici un spadassin qui vous cherche.

(*En contrefaisant sa voix.*)

Quoi ! je n'aurai pas l'avantage dé tué cé Géronte, et quelqu'un, par charité, ne m'enseignera pas où il est !

(*à Géronte, avec sa voix ordinaire.*)

Ne branlez pas. *Cadédis, jé lé troubérai, sé cachât-il au centre de la terre.*

(*à Géronte, avec son ton naturel.*)

Ne vous montrez pas. *Oh ! l'homme au sac.* Monsieur. *Jé té vaille un louis, et m'enseigne où peut être Géronte.* Vous cherchez le seigneur Géronte ? *Oui, mordi ! jé lé cherche.* Hé ! pour quelle affaire, Monsieur ? *Pour quelle affaire ?* Oui. *Jé veux, cadédis, lé faire mourir sous les coups de bâton.* Oh ! monsieur, les coups de bâton ne se donnent point à des gens comme lui, et ce n'est pas un homme à être traité de la sorte. *Qui ? cé fat de Géronte, cé maraud, cé vélitre ?* Le seigneur Géronte, monsieur, n'est ni fat, ni maraud, ni bélitre, et vous devriez, s'il vous plaît, parler d'autre façon. *Comment, tu mi traites, à moi, avec cette hauteur?* Je défends, comme je dois, un homme d'honneur qu'on offense. *Est-ce que tu es des amis dé cé Géronte?* Oui, monsieur, j'en suis. *Ah! cadédis, tu es de ses amis : à la vonne hure.*

(*donnant plusieurs coups de bâton sur le sac.*)
Tiens, boilà cé qué jé té vaille pour lui.
(*criant comme s'il recevoit les coups de bâton.*)

Ah, ah, ah, ah, ah, monsieur! ah, ah! monsieur, tout beau! Ah! doucement. Ah! ah, ah, ah! *Va, porte-lui cela de ma part. Adiusias.* Ah! diable soit le gascon! Ah!

GÉRONTE *mettant la tête hors du sac.*

Ah! Scapin, je n'en puis plus.

SCAPIN.

Ah! monsieur, je suis tout moulu, et les épaules me font un mal épouvantable.

GÉRONTE.

Comment! c'est sur les miennes qu'il a frappé.

SCAPIN.

Nenni, monsieur; c'étoit sur mon dos qu'il frappoit.

GÉRONTE.

Que veux-tu dire? J'ai bien senti les coups et les sens bien encore.

SCAPIN.

Non, vous dis-je ; ce n'est que le bout du bâton qui a été jusque sur vos épaules.

GÉRONTE.

Tu devois donc te retirer un peu plus loin, pour m'épargner.

SCAPIN *faisant remettre Géronte dans le sac.*

Prenez garde ; en voici un autre qui a la mine d'un étranger. *Parti, moi courir comme une basque, et moi ne pouvre point trouvoir de tout le jour sti diable de Gironte?* Cachez-vous bien. *Dites un peu moi, fous, monsieur l'homme, s'il se plait, fous savoir point où l'est sti Gironte que moi cherchir?* Non, monsieur, je ne sais pas où est Géronte. *Dites-moi-le, fous, franchemente, moi li fouloir pas grande chose à lui. L'est seulement pour li donner une petite régale sur le dos, d'une douzaine de coups de bâtonne, et de trois ou quatre petites coups d'épée au travers de son poitrine.* Je vous assure, monsieur, que je ne

ACTE III. SCÈNE II.

sais pas où il est. *Il me semble que ji foi remuoir quelque chose dans sti sac.* Pardonnez-moi, monsieur. *Li est assurément quelque histoire là-tetans.* Point du tout, monsieur. *Moi l'afoir enfie de tonner un coup d'épée dans sti sac.* Ah! monsieur, gardez-vous-en bien. *Montre-le moi un peu, fous, ce que c'estre-là.* Tout beau, monsieur! *Quement, tout beau!* Vous n'avez que faire de vouloir voir ce que je porte. *Et moi, je le fouloir foir moi.* Vous ne le verrez point. *Ah! que de badinemente!* Ce sont hardes qui m'appartiennent. *Montre-moi, fous, te dis-je.* Je n'en ferai rien. *Toi n'en rien faire?* Non. *Moi pailler de ste bâtonne sur les épaules de toi.* Je me moque de cela. *Ah! toi faire le drôle.*

(*donnant des coups de bâton sur le sac, et criant comme s'il les recevoit.*)

Ah, ah, ah, ah, monsieur! ah, ah, ah, ah! *Jusqu'au refoir : l'être-là un petite leçon pour li apprendre à toi à parler insolemment.* Ah! peste soit du baraguineux! Ah!

GÉRONTE *sortant sa tête hors du sac.*

Ah! je suis roué.

SCAPIN.

Ah! je suis mort.

GÉRONTE.

Pourquoi diantre faut-il qu'ils frappent sur mon dos?

SCAPIN *lui remettant la tête dans le sac.*

Prenez garde; voici une demi-douzaine de soldats tout ensemble.

(*Contrefaisant la voix de plusieurs personnes.*)

Allons, tâchons à trouver ce Géronte, cherchons partout. N'épargnons point nos pas. Courons toute la ville. N'oublions aucun lieu. Visitons tout. Furetons de tous les côtés. Par où irons-nous? Tournons par-là. Non, par ici. A gauche. A droite. Nenni. Si fait.

(*à Géronte avec sa voix ordinaire.*)

Cachez-vous bien. *Ah! camarades, voici son valet. Allons, coquin, il faut que tu nous enseignes où est ton maître.* Hé! messieurs ne me maltraitez point. *Allons, dis-nous où il est. Parle. Hâte-toi. Expédions. Dépêche vite. Tôt.* Hé! messieurs, doucement.

(*Géronte met doucement la tête hors du sac, et aperçoit la fourberie de Scapin.*)

Si tu ne nous fais trouver ton maître tout-à-l'heure, nous allons faire pleuvoir sur toi une ondée de coups de bâton. J'aime mieux souffrir toute chose, que de vous découvrir mon maître. *Nous allons t'assommer.* Faites tout ce qu'il vous plaira. *Tu as envie d'être battu? Ah! tu en veux tâter? Voilà.... Oh!*
(*Comme il est près de frapper, Géronte sort du sac, et Scapin s'enfuit.*)

GÉRONTE *seul.*

Ah, infâme! ah, traître! ah, scélérat! C'est ainsi que tu m'assassines?

SCENE III.

ZERBINETTE, GÉRONTE.

ZERBINETTE *riant sans voir Géronte.*

Ah, ah! Je veux prendre un peu l'air.

GÉRONTE *à part, sans voir Zerbinette.*

Tu me la paieras, je te jure.

ZERBINETTE *sans voir Géronte.*

Ah, ah, ah; la plaisante histoire, et la bonne dupe que ce vieillard!

GÉRONTE.

Il n'y a rien de plaisant à cela, et vous n'avez que faire d'en rire.

ZERBINETTE.

Quoi? Que voulez-vous dire, monsieur?

GÉRONTE.

Je veux dire que vous ne devez pas vous moquer de moi.

ZERBINETTE.

De vous?

GÉRONTE.

Oui.

ZERBINETTE.

Comment! qui songe à se moquer de vous?

GÉRONTE.

Pourquoi venez-vous ici me rire au nez?

ACTE III. SCÈNE III.

ZERBINETTE.

Cela ne vous regarde point, et je ris toute seule d'un conte qu'on vient de me faire, le plus plaisant qu'on puisse entendre. Je ne sais pas si c'est parce que je suis intéressée dans la chose; mais je n'ai jamais trouvé rien de si drôle, qu'un tour qui vient d'être joué par un fils à son père, pour en attraper de l'argent.

GERONTE.

Par un fils à son père, pour en attraper de l'argent?

ZERBINETTE.

Oui. Pour peu que vous me pressiez, vous me trouverez assez disposée à vous dire l'affaire; et j'ai une démangeaison naturelle à faire part des contes que je sais.

GERONTE.

Je vous prie de me dire cette histoire.

ZERBINETTE.

Je le veux bien. Je ne risquerai pas grand'chose à vous le dire, et c'est une aventure qui n'est pas pour être long-tems secrète. La destinée a voulu que je me trouvasse parmi une bande de ces personnes qu'on appelle Egyptiens, et qui, rodant de province en province, se mêlent de dire la bonne fortune, et quelquefois de beaucoup d'autres choses. En arrivant dans cette ville, un jeune homme me vit, et conçut pour moi de l'amour. Dès ce moment, il s'attache à mes pas, et le voilà d'abord comme tous les jeunes gens, qui croient qu'il n'y a qu'à parler, et qu'au moindre mot qu'ils nous disent, leurs affaires sont faites; mais il trouva une fierté qui lui fit un peu corriger ses premières pensées. Il fit connoître sa passion aux gens qui me tenoient, et il les trouva disposés à me laisser à lui, moyennant quelque somme. Mais le mal de l'affaire étoit que mon amant se trouvoit dans l'état où l'on voit très-souvent la plupart des fils de famille, c'est-à-dire, qu'il étoit un peu dénué d'argent. Il a un père qui, quoique riche, est un avaricieux fieffé, le plus vilain homme du monde. Attendez. Ne me saurois-je souvenir de son nom? Ah! aidez-moi un peu. Ne pouvez-vous me nommer quelqu'un de cette ville qui soit connu pour être avare au dernier point?

GERONTE.

Non.

ZERBINETTE

Il y a à son nom du ron... ronte. O.... Oronte. Non. Gé....
Géronte: oui, Géronte, justement ; voilà mon vilain ; je l'ai
trouvé ; c'est ce ladre-là que je dis. Pour venir à notre conte,
nos gens ont voulu aujourd'hui partir de cette ville, et mon
amant m'alloit perdre faute d'argent, si, pour en tirer de son
père, il n'avoit trouvé du secours dans l'industrie d'un serviteur qu'il a. Pour le nom du serviteur, je le sais à merveille.
Il s'appelle Scapin ; c'est un homme incomparable ; il mérite
toutes les louanges que l'on peut donner.

GERONTE à part.

Ah, coquin que tu es !

ZERBINETTE.

Voici le stratagême dont il s'est servi pour attraper sa dupe.
Ah, ah, ah, ah: je ne saurois m'en souvenir, que je ne rie
de tout mon cœur. Ah, ah, ah. Il est allé trouver ce chien d'a-
vare, ah, ah, ah, et il lui a dit qu'en se promenant sur le
port avec son fils, hi, hi, ils avoient vu une galère turque,
où on les avoit invités d'entrer ; qu'un jeune Turc leur y avoit
donné la colation ; ah! que tandis qu'ils mangeoient, on avoit
mis la galère en mer, et que le Turc l'avoit renvoyé lui seul à
terre dans un esquif, avec ordre de dire au père de son maître,
qu'il emmenoit son fils en Alger, s'il ne lui envoyoit tout-à-
l'heure cinq cents écus: ah, ah, ah. Voilà mon ladre, mon vilain dans de furieuses angoisses ; et la tendresse qu'il a pour son
fils, fait un combat étrange avec son avarice. Cinq cents écus
qu'on lui demande, sont justement cinq cents coups de poi-
gnard qu'on lui donne. Ah, ah, ah. Il ne peut se résoudre à
tirer cette somme de ses entrailles ; et la peine qu'il souffre,
lui fait trouver cent moyens ridicules pour ravoir son fils ; ah,
ah, ah. Il veut envoyer la justice en mer après la galère du
Turc : ah, ah, ah. Il sollicite son valet de s'aller offrir à tenir
la place de son fils, jusqu'à ce qu'il ait amassé l'argent qu'il n'a
pas envie de donner : ah, ah, ah. Il abandonne, pour faire
les cinq cents écus, quatre ou cinq vieux habits qui n'en valent
pas trente: ah, ah, ah. Le valet lui fait comprendre à tous coups
l'impertinence de ses propositions, et chaque réflexion est dou-
loureusement accompagnée d'un : Mais que diable alloit-il faire
dans cette galère? Ah! maudite galère ! traître de Turc ! Enfin,

après plusieurs détours, après avoir long-tems gémi et soupiré... Mais il me semble que vous ne riez point de mon conte. Qu'en dites-vous ?

GÉRONTE.

Je dis que le jeune homme est un pendard, un insolent, qui sera puni par son père, du tour qu'il lui a fait ; que l'Egyptienne est une mal-avisée, une impertinente, de dire des injures à un homme d'honneur, qui saura lui apprendre à venir ici débaucher les enfans de famille ; et que le valet est un scélérat qui sera, par Géronte, envoyé au gibet avant qu'il soit demain.

SCÈNE IV.

ZERBINETTE, SILVESTRE.

SILVESTRE.

Ou est-ce donc que vous vous échappez ? Savez-vous bien que vous venez de parler là au père de votre amant ?

ZERBINETTE.

Je viens de m'en douter, et je me suis adressée à lui-même, sans y penser, pour lui conter son histoire ?

SILVESTRE.

Comment, son histoire ?

ZERBINETTE.

Oui. J'étois toute remplie du conte ; et je brûlois de le redire. Mais qu'importe ? Tant pis pour lui. Je ne vois pas que les choses, pour nous, en puissent être ni pis ni mieux.

SILVESTRE.

Vous aviez grande envie de babiller ; et c'est avoir bien de la langue, que de ne pouvoir se taire de ses propres affaires !

ZERBINETTE.

N'auroit-il pas appris cela de quelqu'autre ?

SCÈNE V.

ARGANTE, ZERBINETTE, SILVESTRE.

ARGANTE *derrière le théâtre.*

Hola ! Silvestre.

SILVESTRE *à Zerbinette.*

Rentrez dans la maison. Voilà mon maître qui m'appelle.

SCÈNE VI.

ARGANTE, SILVESTRE.

ARGANTE.

Vous vous êtes donc accordés, coquin; vous vous êtes accordés, Scapin, vous et mon fils, pour me fourber, et vous croyez que je l'endure ?

SILVESTRE.

Ma foi, monsieur, si Scapin vous fourbe, je m'en lave les mains, et vous assure que je n'y trempe en aucune façon.

ARGANTE.

Nous verrons cette affaire, pendard, nous verrons cette affaire, et je ne prétends pas qu'on me fasse passer la plume par le bec.

SCÈNE VII.

GÉRONTE, ARGANTE, SILVESTRE.

GERONTE.

Ah ! seigneur Argante, vous me voyez accablé de disgraces.

ARGANTE.

Vous me voyez aussi dans un accablement horrible.

GERONTE.

Le pendard de Scapin, par une fourberie, m'a attrapé cinq cents écus.

ARGANTE.

Le même pendard de Scapin, par une fourberie aussi, m'a attrapé deux cents pistoles.

GERONTE.

Il ne s'est pas contenté de m'attraper cinq cents écus ; il m'a traité d'une manière que j'ai honte de dire. Mais il me la paiera.

ARGANTE.

Je veux qu'il me fasse raison de la pièce qu'il m'a jouée.

GERONTE.

Et je prétends faire de lui une vengeance exemplaire.

ACTE III. SCÈNE VIII.

SILVESTRE *à part.*

Plaise au ciel que, dans tout ceci, je n'aye point ma part!

GERONTE.

Mais ce n'est pas encore tout, seigneur Argante, et un malheur nous est toujours l'avant-coureur d'un autre. Je me réjouissois aujourd'hui de l'espérance d'avoir ma fille, dont je faisois toute ma consolation; et je viens d'apprendre de mon homme qu'elle est partie il y a long-tems de Tarente, et qu'on y croit qu'elle a péri dans le vaisseau où elle s'embarqua.

ARGANTE.

Mais pourquoi, s'il vous plaît, la tenir à Tarente, et ne vous être pas donné la joie de l'avoir avec vous?

GERONTE.

J'ai eu mes raisons pour cela; et des intérêts de famille m'ont obligé, jusqu'ici, à tenir fort secret ce second mariage. Mais que vois-je?

SCÈNE VIII.

ARGANTE, GÉRONTE, NÉRINE, SILVESTRE.

GERONTE.

Au! te voilà, Nérine?

NERINE *se jetant aux genoux de Géronte.*

Ah! seigneur Pandolphe....

GERONTE.

Appelle-moi Géronte, et ne te sers plus de ce nom. Les raisons ont cessé qui m'avoient obligé à le prendre parmi vous à Tarente.

NÉRINE.

Las! que ce changement de nom nous a causé de troubles et d'inquiétudes dans les soins que nous avons pris de vous venir chercher ici!

GÉRONTE.

Où est ma fille et sa mère?

NÉRINE.

Votre fille, monsieur, n'est pas loin d'ici; mais avant que

de vous la faire voir ; il faut que je vous demande pardon de l'avoir mariée, dans l'abandonnement où, faute de vous rencontrer, je me suis trouvée avec elle.

GÉRONTE.

Ma fille mariée ?

NERINE.

Oui, monsieur.

GÉRONTE.

Et avec qui ?

NERINE.

Avec un jeune homme nommé Octave, fils d'un certain seigneur Argante.

GÉRONTE.

O ciel !

ARGANTE.

Quelle rencontre !

GÉRONTE.

Mène-nous, mène-nous promptement où elle est.

NERINE.

Vous n'avez qu'à entrer dans ce logis.

GÉRONTE.

Passe devant. Suivez-moi, suivez-moi, seigneur Argante.

SILVESTRE *seul*.

Voilà une aventure qui est tout-à-fait surprenante.

SCÈNE IX.

SCAPIN, SILVESTRE.

SCAPIN.

Hé bien, Silvestre, que font nos gens ?

SILVESTRE.

J'ai deux avis à te donner. L'un, que l'affaire d'Octave est accommodée. Notre Hyacinthe s'est trouvée la fille du seigneur Géronte, et le hasard a fait ce que la prudence des pères avoit délibéré. L'autre avis, c'est que les deux vieillards font contre toi des menaces épouvantables, et surtout le seigneur Géronte.

SCAPIN.

Cela n'est rien. Les menaces ne m'ont jamais fait mal, et ce sont des nuées qui passent bien loin sur nos têtes.

SILVESTRE.

Prends garde à toi. Les fils se pourroient bien raccommoder avec les pères, et toi demeurer dans la nasse.

SCAPIN.

Laisse-moi faire, je trouverai moyen d'apaiser leur courroux, et....

SILVESTRE.

Retire-toi, les voilà qui sortent.

SCÈNE X.

GÉRONTE, ARGANTE, HYACINTHE, ZERBINETTE, NERINE, SILVESTRE.

GÉRONTE.

Allons, ma fille, venez chez moi. Ma joie auroit été parfaite, si j'avois pu voir votre mère avec vous.

ARGANTE.

Voici Octave tout à propos.

SCÈNE XI.

ARGANTE, GÉRONTE, OCTAVE, HYACINTHE, ZERBINETTE, NÉRINE, SILVESTRE.

ARGANTE.

Venez, mon fils, venez vous réjouir avec nous de l'heureuse aventure de votre mariage. Le ciel....

OCTAVE.

Non, mon père, toutes vos propositions de mariage ne serviront de rien. Je dois lever le masque avec vous, et l'on vous a dit mon engagement.

ARGANTE.

Oui. Mais tu ne sais pas....

OCTAVE.

Je sais tout ce qu'il faut savoir.

ARGANTE

Je te veux dire que la fille du seigneur Géronte....

OCTAVE.
La fille du seigneur Géronte ne me sera jamais de rien.
GÉRONTE.
C'est elle....
OCTAVE à *Géronte*.
Non, monsieur; je vous demande pardon; mes résolutions sont prises.
SILVESTRE à *Octave*.
Ecoutez....
OCTAVE.
Non. Tais-toi. Je n'écoute rien.
ARGANTE à *Octave*.
Ta femme....
OCTAVE.
Non, vous dis-je, mon père; je mourrai plutôt que de quitter mon aimable Hyacinthe. Oui, vous avez beau faire; (*Traversant le théâtre pour se mettre à côté d'Hyacinthe.*) la voilà celle à qui ma foi est engagée. Je l'aimerai toute ma vie, et je ne veux point d'autre femme.
ARGANTE.
Hé bien! c'est elle qu'on te donne. Quel diable d'étourdi qui suit toujours sa pointe!
HYACINTHE montrant *Géronte*.
Oui, Octave, voilà mon père que j'ai trouvé, et nous nous voyons hors de peine.
GÉRONTE.
Allons chez moi; nous serons mieux qu'ici pour nous entretenir.
HYACINTHE montrant *Zerbinette*.
Ah! mon père, je vous demande, par grace, que je ne sois point séparée de l'aimable personne que vous voyez. Elle a un mérite qui vous fera concevoir de l'estime pour elle, quand il sera connu de vous.
GÉRONTE.
Tu veux que je tienne chez moi une personne qui est aimée de ton frère, et qui m'a dit tantôt au nez mille sottises de moi-même?
ZERBINETTE.
Monsieur, je vous prie de m'excuser. Je n'aurois pas parlé

de la sorte, si j'avois su que c'étoit vous, et je ne vous connoissois que de réputation.

GÉRONTE.

Comment, que de réputation?

HYACINTHE.

Mon père, la passion que mon frère a pour elle, n'a rien de criminel, et je réponds de sa vertu.

GÉRONTE.

Voilà qui est fort bien. Ne voudroit-on point que je mariasse mon fils avec elle, une fille inconnue, qui fait le métier de coureuse?

SCÈNE XII.

ARGANTE, GÉRONTE, LÉANDRE, OCTAVE, HYACINTHE, ZERBINETTE, NÉRINE, SILVESTRE.

LEANDRE.

Mon père, ne vous plaignez point que j'aime une inconnue, sans naissance et sans bien. Ceux de qui je l'ai rachetée, viennent de me découvrir qu'elle est de cette ville et d'honnête famille, que ce sont eux qui l'ont dérobée à l'âge de quatre ans; et voici un brasselet qu'ils m'ont donné, qui pourra nous aider à trouver ses parens.

ARGANTE.

Hélas! à voir ce brasselet, c'est ma fille que je perdis à l'âge que vous dites.

GÉRONTE.

Votre fille?

ARGANTE.

Oui, ce l'est; et j'y vois tous les traits qui m'en peuvent rendre assuré. Ma chère fille!

HYACINTHE.

O ciel! que d'aventures extraordinaires!

SCENE XIII.

ARGANTE, GÉRONTE, LÉANDRE, OCTAVE, HYACINTHE, ZERBINETTE, NÉRINE, SILVESTRE, CARLE.

CARLE.

Ah! messieurs, il vient d'arriver un accident étrange.

GERONTE.

Quoi?

CARLE.

Le pauvre Scapin....

GERONTE.

C'est un coquin que je veux faire pendre.

CARLE.

Hélas! monsieur, vous ne serez pas en peine de cela. En passant contre un bâtiment, il lui est tombé sur la tête un marteau de tailleur de pierre, qui lui a brisé l'os, et découvert toute la cervelle. Il se meurt, et il a prié qu'on l'apportât ici pour vous pouvoir parler avant que de mourir.

ARGANTE.

Où est-il?

CARLE.

Le voilà.

SCÈNE XIV ET DERNIÈRE.

ARGANTE, GÉRONTE, LÉANDRE, OCTAVE, HYACINTHE, ZERBINETTE, NÉRINE, SCAPIN, SILVESTRE, CARLE.

SCAPIN *apporté par deux hommes, et la tête entourée de linges, comme s'il avoit été blessé.*

Ah, ah! messieurs, vous me voyez.... ah! vous me voyez dans un étrange état! Ah! je n'ai pas voulu mourir sans venir demander pardon à toutes les personnes que je puis avoir offensées. Ah! oui, messieurs, avant que de rendre le dernier soupir, je vous conjure de tout mon cœur, de vouloir me

ACTE III. SCÈNE XIV.

pardonner tout ce que je puis vous avoir fait, et principalement le seigneur Argante et le seigneur Géronte. Ah!

ARGANTE.

Pour moi, je te pardonne; va, meurs en repos.

SCAPIN à *Géronte.*

C'est vous, monsieur, que j'ai le plus offensé par les coups de bâton....

GERONTE.

Ne parle point davantage, je te pardonne aussi.

SCAPIN.

Ç'a été une témérité bien grande à moi, que les coups de bâton que je....

GERONTE.

Laissons cela.

SCAPIN.

J'ai, en mourant, une douleur inconcevable des coups de bâton que....

GERONTE.

Mon Dieu! tais-toi.

SCAPIN.

Les malheureux coups de bâton que je vous....

GERONTE.

Tais-toi, te dis-je; j'oublie tout.

SCAPIN.

Hélas! quelle bonté! Mais, est-ce de bon cœur, monsieur, que vous me pardonnez ces coups de bâton que....

GERONTE.

Hé, oui. Ne parlons plus de rien; je te pardonne tout; voilà qui est fait.

SCAPIN.

Ah! monsieur, je me sens tout soulagé depuis cette parole.

GERONTE.

Oui, mais je te pardonne à la charge que tu mourras.

SCAPIN.

Comment, monsieur?

GERONTE.

Je me dédis de ma parole, si tu réchappes.

SCAPIN.

Ah! ah! voilà mes foiblesses qui me reprennent.

ARGANTE.

Seigneur Géronte, en faveur de notre joie, il faut lui pardonner sans condition.

GÉRONTE.

Soit.

ARGANTE.

Allons souper ensemble, pour mieux goûter notre plaisir.

SCAPIN.

Et moi, qu'on me porte au bout de la table en attendant que je meure.

FIN.

PSICHÉ,

TRAGI-COMÉDIE ET BALLET.

AVERTISSEMENT

DE L'ÉDITEUR

SUR

PSICHÉ.

Cette tragédie-ballet en vers libres et en cinq actes, avec des intermèdes, précédée d'un prologue, fut représentée sur le théâtre des machines, construit par les sieurs Ratabon et Vigarani, au palais des Tuileries (1).

Cette pièce fit les plaisirs de la cour pendant le carnaval de 1670, et ne parut sur le théâtre du Palais-Royal que le 24 juillet 1671, ou le 11 novembre de la même année, si l'on s'en rapporte au registre de Molière, qui donne à son ouvrage trente-deux représentations.

---

(1) Cette salle, qui venoit de coûter des sommes immenses, ne servit qu'aux seules représentations de *Psiché*, et fut abandonnée jusqu'en 1716. On en fit usage alors pour les ballets dont on amusa la jeunesse de Louis XV. C'est la même qui servit à recueillir l'opéra après son incendie, et dans laquelle nous avons vu depuis les comédiens de la nation.

AVERTISSEMENT

Le célèbre La Fontaine venoit de faire paroître, en 1669, son ingénieux roman de *Psiché*, en vers et en prose. Sans doute lorsque Louis-le-Grand demanda à Molière un nouvel ouvrage qui pût donner lieu à des fêtes dignes de son goût, ce fut au roman de son ami qu'il dut l'idée de traiter ce sujet, si propre à produire un spectacle magnifique, où la terre, les cieux et les enfers pouvoient offrir ce qu'ils avoient de plus varié, et dont M. de la Motte a dit qu'il eût pu lui seul faire inventer l'opéra.

Molière ne pouvoit asservir son génie à celui de personne; et quelque cas qu'il fît de celui de La Fontaine (1), il s'écarta de la route que le Fabuliste inimitable et le conteur naïf avoit suivie. De tous les incidens du roman de *Psiché*, il ne paroît avoir imité que l'objet de sa descente aux enfers, où cette princesse va chercher, de la part de Vénus irritée, une boîte que devoit lui remettre Proserpine.

Il traça donc, de cette fable déjà connue par les romans anciens d'*Apulée* et de *Fulgence*, un plan beaucoup plus noble que celui de La Fontaine, et plus convenable à la fête pour laquelle elle étoit destinée; mais, comme il se vit extrêmement pressé par le tems, il recou-

---

(1) Despréaux et Racine tourmentoient souvent La Fontaine, et abusoient de sa paresse de parler. Molière en fut témoin un jour, et dit à un de ses voisins: *Ils ont beau faire, ils n'effaceront pas le bonhomme.*

fut au plus grand homme qui vécut alors, et qui, dans ce moment, par ses deux dernières tragédies d'*Agésilas* et d'*Attila* (1), sembloit avoir aiguisé les armes de ceux qui cherchoient à l'immoler entièrement à son jeune rival.

Si le choix que Molière fit du grand Corneille a de la noblesse, le procédé de ce dernier fut magnanime, puisqu'il consentit à s'asservir au plan d'un autre, et qu'il termina en quinze jours un ouvrage en cinq actes, dont Molière n'avoit fait que les vers qui se récitoient dans le prologue, le premier acte, la première scène du second, et la première du troisième.

Quinaut fut chargé des intermèdes, à l'exception de celui du premier acte, qui consiste en deux dialogues italiens, de la composition de Lully, auteur de toute la musique de ce poëme.

On n'avoit point encore vu tant de gens célèbres réunis pour le même ouvrage. Corneille, à l'âge de soixante-quatre ans (2), y peignit, en traits de feu, la passion la plus vive et la plus délicate. La scène troisième du troisième acte, de l'Amour avec Psiché, est un chef-d'œuvre de tendresse et de graces. Elle est trop connue pour en rien dire de plus ici; et Corneille se fit reconnoître partout à des traits

---

(1) *Agésilas* fut joué en 1666, et *Attila* l'année suivante.

(2) Corneille étoit né en 1606.

dignes de son génie, et que peut-être son rival plus jeune eût difficilement égalé.

Voyez la scène seconde, acte second.

Et je n'ai pas besoin d'exemple pour mourir.

Scène troisième du quatrième acte.

Et bien ! je suis le dieu le plus puissant des dieux,
Absolu sur la terre, absolu dans les cieux ;
Dans les eaux, dans les airs, mon pouvoir est suprême ;
En un mot, je suis l'Amour même,
Qui, de mes propres traits, m'étois blessé pour vous.

Scène suivante.

Cœur ingrat ! tu n'avois qu'un feu mal allumé ;
Et l'on ne peut vouloir, du moment que l'on aime,
Que ce que veut l'objet aimé.

Scène première du cinquième acte.

Si son courroux duroit encore,
Jamais aucun malheur n'approcheroit du mien ;
Mais s'il avoit pitié d'une ame qui l'adore,
Quoi qu'il fallût souffrir, je ne souffrirois rien.
. . . .
Pour me rendre insensible aux fureurs de la mère,
Il ne faut qu'un regard du fils.

Scène quatrième du cinquième acte.

Quoi ! je dis et redis tout haut que je vous aime,
Et vous ne dites pas, Psiché, que vous m'aimez ?

Scène dernière.

Plus la vengeance a de quoi plaire aux hommes,
Plus il sied bien aux dieux de pardonner, etc. etc.

Nous ne le dissimulerons point, le principal honneur de cette tragédie-ballet dut appartenir à Corneille; et Molière étoit assez grand pour n'en être pas jaloux. Nous trouverons peu de traits dans ce qui appartient à notre auteur, qu'on puisse mettre à côté de ceux qu'on vient de citer. Une action héroïque et tournée entièrement vers l'amour, ne pouvoit donner qu'un foible exercice au vrai talent de Molière. L'amusement de son maître étoit ici son objet beaucoup plus que sa propre gloire.

Pour Quinaut, s'il n'eût été connu que par les Intermèdes de *Psiché*, il eût été peu digne de la place de l'Académie Française qu'il venoit d'obtenir; mais il étoit l'auteur de *la Mère Coquette*, et il avoit eu dans le genre tragique plus d'un de ces succès du moment, qui sont toujours comptés par la génération qui en a été témoin.

La fameuse Satire dixième de Despréaux, où ce Satirique verse le mépris sur *les lieux communs de morale lubrique* dont Quinaut remplissoit ses vers, n'est vraiment injurieuse pour cet auteur que parce qu'elle est postérieure à ses grands Opéras, où le talent de traiter les passions, l'art de la scène, et celui de la cadence harmonieuse des vers, devoient un peu désarmer la critique; mais, si cette Satire eût été faite lors des intermèdes de *Psiché*, la censure eût été moins injuste, parce qu'ils n'offrent que ces lieux communs dont le goût et la raison peuvent, à bon droit, murmurer. Nous croyons devoir en rapporter ici quelques exemples pour justifier notre remarque.

N'oubliez rien de ce qu'il faut ;
Quand l'amour presse,
On n'a jamais fait assez tôt.

. . . .

. . . .

Que peut-on mieux faire
Qu'aimer et que plaire ?
C'est un soin charmant
Que l'emploi d'un amant.

. . . .

. . . .

Voulez-vous des douceurs parfaites,
Ne les cherchez qu'au fond des pots, etc. ect.

Despréaux, sans doute, se ressouvint trop long-tems de ces premiers essais de Quinault dans le genre lyrique, et son tort fut de penser encore sur cet auteur, ce qu'il avoit eu raison d'en penser vingt-trois ans auparavant aux représentations de *Psiché*.

A l'égard du plan de l'ouvrage, dont on ne doit mettre les fautes que sur le compte de Molière, comme le dit M. de la Motte dans son examen de l'Opera de *Psiché* (1), nous

(1) M. de la Motte croyoit cet opéra de Quinault et s'il eût su qu'il étoit de son ami M. de Fontenelle, il l'eût élevé encore davantage au-dessus de l'ouvrage de Molière.

croyons devoir le défendre contre deux remarques critiques de ce bel esprit.

L'oracle qui, en apparence, condamne Psiché, se rend dans Molière à propos de rien, dit-il ; *cet oracle capricieux se rend sans qu'on ait sujet de s'assembler dans le temple, ni même qu'on en ait parlé.* Si M. de la Motte avoit jeté les yeux sur le Prologue qu'il a, sans doute, jugé aussi étranger au poëme que les prologues d'Opéra ; s'il avoit vu que celui de la *Psiché* de Molière fait partie de l'action, il auroit compris, par les ordres que Vénus donne à son fils de ne point reparoître avant de l'avoir vengée, que l'Amour n'a pas un instant à perdre pour enlever *Psiché* aux fureurs de sa mère.

C'est donc ce Dieu qui inspire au père de la princesse la curiosité de consulter l'Oracle, c'est ce Dieu qui dicte l'oracle, et qui ordonne le sacrifice de *Psiché*, pour satisfaire, en apparence, le courroux de Vénus, et pour se rendre possesseur de la beauté qu'il aime. L'oracle ne se rend donc point *à propos de rien*, et la preuve qu'il est lié à l'action générale, c'est que Vénus, à la scène cinquième du cinquième acte, reproche à son fils ce même oracle.

Vous avez contre moi séduit les immortels ;
C'est par vous qu'à mes yeux les Zéphirs l'ont cachée ;
    Qu'Apollon même suborné,
  Par un oracle adroitement tourné,
    Me l'avoit si bien arrachée :
        Que, etc.

La seconde observation de M. de la Motte regarde la tranquillité naïve de *Psiché*, que la jalouse inquiétude de ses sœurs ne trouble qu'avec peine. Il ne conçoit pas qu'après les soupçons qu'on vient de présenter à la plus heureuse des amantes, elle puisse répondre comme elle fait, avec l'enthousiasme du véritable amour, *qu'importe !* Il la compare, à cet égard, avec peu de goût, *au sans-souci d'Esope*, et croit que sa tendre confiance *blesse la nature*.

Ce n'étoit pas à M. de la Motte à donner des leçons sur ce point, ni à Corneille, ni à Molière.

Cette défense de la Tragédie-Ballet de *Psiché* ne nous fait pas illusion sur ses véritables défauts, et l'on ne peut qu'applaudir au jugement qu'en porte M. de Voltaire, lorsqu'il dit que *Psiché n'est pas une excellente pièce, que les derniers actes en sont languissans ; mais que la beauté du sujet, les ornemens dont elle fut embellie, et la dépense royale qu'on fit pour ce spectacle, firent pardonner ses défauts.*

Cet ouvrage, disent les Historiens du Théâtre Français, a été repris plusieurs fois ; mais la plus brillante de ces reprises est celle du premier Juin 1703. Le jeune Baron fils et mademoiselle Desmares, tous deux d'une figure intéressante, tous deux remplis l'un pour l'autre des feux de l'amour et de Psiché, ajoutèrent encore aux sentimens tendres de cette pièce ceux dont leurs ames étoient vraiment échauffées.

ACTEURS.

ACTEURS DU PROLOGUE.

FLORE.
VERTUMNE, Dieu des jardins.
PALÉMON, Dieu des eaux.
VÉNUS.
L'AMOUR.
EGIALE, } Graces.
PHAENE, }
NYMPHES de la suite de Flore, chantantes.
DRYADES et SILVAINS de la suite de Vertumne, dansans.
SYLVAINS chantans.
DIEUX DES FLEUVES de la suite de Palémon, dansans.
DIEUX DES FLEUVES chantans.
NAYADES.
AMOURS de la suite de Vénus, dansans.

ACTEURS DE LA TRAGI-COMÉDIE.

JUPITER.
VÉNUS.
L'AMOUR.
ZÉPHIRE.

EGIALE, \
PHAENE, } Graces.
LE ROI, père de Psiché.
PSICHÉ.
AGLAURE, \
CIDIPPE, } sœurs de Psiché.
CLÉOMÈNE, \
AGENOR, } princes, amans de Psiché.
LYCAS, capitaine des Gardes.
DEUX AMOURS.
LE DIEU D'UN FLEUVE.
SUITE DU ROI.

ACTEURS DES INTERMÈDES.

PREMIER INTERMÈDE.

FEMME désolée, chantante.
DEUX HOMMES affligés, chantans.
HOMMES affligés, \
FEMMES désolées, } dansans.

SECOND INTERMÈDE.

VULCAIN.
CYCLOPES dansans.
FÉES dansantes.

TROISIÈME INTERMÈDE.

UN ZÉPHIRE chantant.
DEUX AMOURS chantans.

ZÉPHIRS dansans.
AMOURS dansans.

QUATRIÈME INTERMÈDE.

FURIES dansantes.
LUTINS faisant des sauts périlleux.

CINQUIÈME INTERMÈDE.

NOCES
DE L'AMOUR ET DE PSICHÉ.

APOLLON.
   LES MUSES chantantes.
   ARTS travestis en Bergers galans, dansans.
BACCHUS.
   SILÈNE.
   DEUX SATYRES chantans.
   DEUX SATYRES voltigeans.
   EGYPANS dansans.
   MÉNADES dansantes.
MOME.
   POLICHINELLES dansans.
   MATASSINS dansans.
MARS.
   GUERRIERS portant des enseignes.
   GUERRIERS portant des piques.
   GUERRIERS portant des masses et des boucliers.
CHŒUR de divinités célestes.

PSICHÉ.

PROLOGUE.

Le théâtre représente, sur le devant, un lieu champêtre, et la mer dans le fond.

SCÈNE I.

FLORE, VERTUMNE, PALÉMON, NYMPHES DE FLEOR, DRYADES, SYLVAINS, FLEUVES, NAYADES.

On voit des nuages suspendus en l'air qui, en descendant, roulent, s'ouvrent, s'étendent; et répandus dans toute la largeur du théâtre, laissent voir VÉNUS *et* L'AMOUR *accompagnés de six* AMOURS, *et à leurs côtés* EGIALE *et* PHAENE.

FLORE.

Ce n'est plus le tems de la guerre;
  Le plus puissant des rois
  Interrompt ses exploits,
Pour donner la paix à la terre.
Descendez, mère des amours,
Venez nous donner de beaux jours.
  CHOEUR *des divinités de la terre et des eaux.*
Nous goûtons une paix profonde,

Les plus doux jeux sont ici bas.
On doit ce repos plein d'appas
   Au plus grand roi du monde.
Descendez, mère des amours,
Venez nous donner de beaux jours.

PREMIÈRE ENTRÉE DE BALLET.

Les Dryades, les Sylvains, les Dieux des fleuves et les Nayades se réunissent et dansent à l'honneur de Vénus.

VERTUMNE.

Rendez-vous, beautés cruelles,
Soupirez à votre tour.

PALÉMON.

Voici la reine des belles,
Qui vient inspirer l'amour.

VERTUMNE.

Un bel objet, toujours sévère,
Ne se fait jamais bien aimer.

PALEMON.

C'est la beauté qui commence de plaire,
Mais la douceur achève de charmer.

TOUS DEUX ENSEMBLE.

C'est la beauté qui commence de plaire,
Mais la douceur achève de charmer.

VERTUMNE.

   Souffrons qu'amour nous blesse;
Languissons, puisqu'il le faut.

PALÉMON.

Que sert un cœur sans tendresse?
Est-il un plus grand défaut?

VERTUMNE.

Un bel objet, toujours sévère
Ne se fait jamais bien aimer.

PALEMON.

C'est la beauté qui commence de plaire,
Mais la douceur achève de charmer.

PROLOGUE.

TOUS DEUX ENSEMBLE.

C'est la beauté qui commence de plaire,
Mais la douceur achève de charmer.

FLORE.

Est-on sage,
Dans le bel âge,
Est-on sage
De n'aimer pas?
Que, sans cesse,
L'on se presse,
De goûter les plaisirs ici-bas.
La sagesse
De la jeunesse,
C'est de savoir jouir de ses appas.

DEUXIÈME ENTRÉE DE BALLET.

Les Divinités de la terre et des eaux mêlent leurs danses aux chants de Flore.

FLORE.

L'amour charme
Ceux qu'il désarme;
L'amour charme;
Cédons-lui tous.
Notre peine
Seroit vaine
De vouloir résister à ses coups;
Quelque chaîne
Qu'un amant prenne,
La liberté n'a rien qui soit si doux.

CHOEUR des Divinités de la terre et des eaux.

Nous goûtons une paix profonde,
Les plus doux jeux sont ici-bas;
On doit ce repos plein d'appas
Au plus grand roi du monde.
Descendez, mère des amours,
Venez nous donner de beaux jours.

TROISIÈME ENTRÉE DE BALLET.

Les Dryades, les Sylvains, les Dieux des Fleuves, et les Nayades, voyant approcher Vénus, continuent d'exprimer, par leurs danses, la joie que leur inspire sa présence.

VÉNUS *dans sa machine.*

Cessez, cessez, pour moi, tous vos chants d'alégresse :
De si rares honneurs ne m'appartiennent pas ;
Et l'hommage qu'ici votre bonté m'adresse,
Doit être réservé pour de plus doux appas.
    C'est une trop vieille méthode,
    De venir me faire sa cour ;
    Toutes les choses ont leur tour,
    Et Vénus n'est plus à la mode.
    Il est d'autres attraits naissans
    Où l'on va porter ses encens.
Psiché, Psiché la belle, aujourd'hui tient ma place ;
Déjà tout l'univers s'empresse à l'adorer,
    Et c'est trop que, dans ma disgrace,
Je trouve encor quelqu'un qui me daigne honorer.
On ne balance point entre nos deux mérites ;
A quitter mon parti tout s'est licencié ;
Et du nombreux amas de graces favorites,
Dont je traînois partout les soins et l'amitié,
Il ne m'en est resté que deux des plus petites,
    Qui m'accompagnent par pitié.
    Souffrez que ces demeures sombres
Prêtent leur solitude aux troubles de mon cœur,
    Et me laissez parmi leurs ombres,
    Cacher ma honte et ma douleur.

Flore et les autres Déités se retirent, et Vénus, avec sa suite, sort de sa machine.

PROLOGUE.

SCENE II.

VÉNUS *descendue sur la terre*, L'AMOUR, ÉGIALE, PHAENE, AMOURS.

EGIALE.

Nous ne savons, déesse, comment faire,
Dans ce chagrin qu'on voit vous accabler.
 Notre respect veut se taire,
 Notre zèle veut parler.

VENUS.

Parlez ; mais si vos soins aspirent à me plaire,
Laissez tous vos conseils pour une autre saison,
 Et ne parlez de ma colère
 Que pour dire que j'ai raison.
C'étoit-là, c'étoit-là la plus sensible offense
Que ma divinité pût jamais recevoir :
 Mais j'en aurai la vengeance,
 Si les dieux ont du pouvoir.

PHAENE.

Vous avez plus que nous de clartés, de sagesse
Pour juger ce qui peut être digne de vous ;
Mais, pour moi, j'aurois cru qu'une grande déesse
 Devroit moins se mettre en courroux.

VENUS.

Et c'est-là la raison de ce courroux extrême.
Plus mon rang a d'éclat, plus l'affront est sanglant ;
Et, si je n'étois pas dans ce degré suprême,
Le dépit de mon cœur seroit moins violent.
Moi, la fille du Dieu qui lance le tonnerre ;
 Mère du Dieu qui fait aimer ;

Moi, les plus doux souhaits du ciel et de la terre,
Et qui ne suis venue au jour que pour charmer ;
    Moi, qui, par tout ce qui respire,
Ai vu de tant de vœux encenser mes autels,
Et qui de la beauté, par des droits immortels,
Ai tenu de tous tems le souverain empire ;
Moi, dont les yeux ont mis deux grandes déités
Au point de me céder le prix de la plus belle,
Je me vois ma victoire et mes droits disputés,
    Par une chétive mortelle !
Le ridicule excès d'un fol entêtement
Va jusqu'à m'opposer une petite fille !
Sur ces traits et les miens j'essuirai constamment
    Un téméraire jugement ;
    Et, du haut des cieux, où je brille,
J'entendrai prononcer aux mortels prévenus :
    Elle est plus belle que Vénus !

EGIALE.

Voilà comme l'on fait ; c'est le style des hommes ;
Ils sont impertinens dans leurs comparaisons.

PHAENE.

Ils ne sauroient louer, dans le siècle où nous sommes,
    Qu'ils n'outragent les plus grands noms.

VENUS.

Ah ! que de ces trois mots la rigueur insolente
    Venge bien Junon et Pallas,
Et console leurs cœurs de la gloire éclatante
Que la fameuse pomme acquit à mes appas !
Je les vois s'applaudir de mon inquiétude,
Affecter à toute heure un ris malicieux,
Et, d'un fixe regard, chercher avec étude
    Ma confusion dans mes yeux.
Leur triomphante joie, au fort d'un tel outrage,
Semble me venir dire, insultant mon courroux :

PROLOGUE.

Vante, vante, Vénus, les traits de ton visage !
Au jugement d'un seul tu l'emportas sur nous ;
  Mais, par le jugement de tous,
Une simple mortelle a sur toi l'avantage.
Ah ! ce coup-là m'achève, il me perce le cœur ;
Je n'en puis plus souffrir les douleurs sans égales ;
Et c'est trop de surcroît à ma vive douleur,
  Que le plaisir de mes rivales.
Mon fils, si j'eus jamais sur toi quelque crédit,
  Et si jamais je te fus chère,
Si tu portes un cœur à sentir le dépit
  Qui trouble le cœur d'une mère
  Qui si tendrement te chérit,
Emploie, emploie ici l'effort de ta puissance,
  A soutenir mes intérêts ;
  Et fais à Psiché, par tes traits,
  Sentir les traits de ma vengeance.
  Pour rendre son cœur malheureux,
Prends celui de tes traits le plus propre à me plaire,
  Le plus empoisonné de ceux
  Que tu lances dans ta colère.
Du plus bas, du plus vil, du plus affreux mortel,
Fais que, jusqu'à la rage, elle soit enflammée :
Et qu'elle ait à souffrir le supplice cruel
  D'aimer, et n'être point aimée.

L'AMOUR.

Dans le monde on n'entend que plaintes de l'amour ;
On m'impute partout mille fautes commises,
Et vous ne croiriez point le mal et les sottises
  Que l'on dit de moi chaque jour.
  Si pour servir votre colère...

VENUS.

Va, ne résiste point aux souhaits de ta mère ;
  N'applique tes raisonnemens
  Qu'à chercher les plus prompts momens

De faire un sacrifice à ma gloire outragée.
Pars, pour toute réponse à mes empressemens ;
Et ne me revois point que je ne sois vengée.

(*l'Amour s'envole.*)

PSICHÉ.

ACTE PREMIER.

Le Théâtre représente le palais du Roi.

SCÈNE I.

AGLAURE, CIDIPPE.

AGLAURE.

Il est des maux, ma sœur, que le silence aigrit :
Laissons, laissons parler mon chagrin et le vôtre ;
 Et de nos cœurs, l'un à l'autre,
 Exhalons le cuisant dépit.
 Nous nous voyons sœurs d'infortune ;
Et la vôtre et la mienne ont un si grand rapport,
Que nous pouvons mêler toutes les deux en une,
 Et, dans notre juste transport,
 Murmurer à plainte commune
 Des cruautés de notre sort.
 Quelle fatalité secrette,
 Ma sœur, soumet tout l'univers
 Aux attraits de notre cadette ;
 Et, de tant de princes divers
 Qu'en ces lieux la fortune jette,
 N'en présente aucun à nos fers ?
Quoi ! voir de toutes parts, pour lui rendre les armes,
 Les cœurs se précipiter,
 Et passer devant nos charmes,
 Sans s'y vouloir arrêter !

Quel sort ont nos yeux en partage,
Et qu'est-ce qu'ils ont fait aux dieux,
De ne jouir d'aucun hommage,
Parmi tous ces tributs de soupirs glorieux,
Dont le superbe avantage
Fait triompher d'autres yeux ?
Est-il pour nous, ma sœur, de plus rude disgrace,
Que de voir tous les cœurs mépriser nos appas ;
Et l'heureuse Psiché jouir avec audace
D'une foule d'amans attachés à ses pas ?

CIDIPPE.

Ah ! ma sœur, c'est une aventure
A faire perdre la raison ;
Et tous les maux de la nature
Ne sont rien en comparaison.

AGLAURE.

Pour moi, j'en suis souvent jusqu'à verser des larmes.
Tout plaisir, tout repos par-là m'est arraché,
Contre un pareil malheur ma constance est sans armes.
Toujours à ce chagrin mon esprit attaché,
Me tient devant les yeux la honte de nos charmes,
Et le triomphe de Psiché.
La nuit, il m'en repasse une idée éternelle
Qui sur toute chose prévaut.
Rien ne me peut chasser cette image cruelle ;
Et, dès qu'un doux sommeil me vient délivrer d'elle,
Dans mon esprit, aussitôt,
Quelque songe la rappelle,
Qui me réveille en sursaut.

CIDIPPE.

Ma sœur, voilà mon martyre,
Dans vos discours je me voi ;
Et vous venez-là de dire
Tout ce qui se passe en moi.

AGLAURE.

Mais encor, raisonnons un peu sur cette affaire.
Quels charmes si puissans en elle sont épars ?
Et par où, dites-moi, du grand secret de plaire,

ACTE I. SCÈNE I.

L'honneur est-il acquis à ses moindres regards ?
    Que voit-on dans sa personne,
    Pour inspirer tant d'ardeurs ?
    Quel droit de beauté lui donne
    L'empire de tous les cœurs ?
Elle a quelques attraits, quelque éclat de jeunesse,
On en tombe d'accord ; je n'en disconviens pas ;
Mais lui cède-t-on fort pour quelque droit d'aînesse,
    Et se voit-on sans appas ?
Est-on d'une figure à faire qu'on se raille ?
N'a-t-on point quelques traits et quelques agrémens,
Quelque teint, quelques yeux, quelque air et quelque taille
A pouvoir dans nos fers jeter quelques amans ?
    Ma sœur, faites-moi la grace
    De me parler franchement :
Suis-je faite d'un air, à votre jugement,
Que mon mérite au sien doive céder la place ?
    Et, dans quelque ajustement,
    Trouvez-vous qu'elle m'efface ?

CIDIPPE.

    Qui, vous, ma sœur ? Nullement.
    Hier à la chasse, près d'elle,
    Je vous regardai long-tems,
    Et, sans vous donner d'encens,
    Vous me parutes plus belle.
Mais, moi, dites, ma sœur, sans me vouloir flatter,
Sont-ce des visions que je me mets en tête,
Quand je me crois taillée à pouvoir mériter
    Le gloire de quelque conquête ?

AGLAURE.

Vous, ma sœur ? Vous avez, sans nul déguisement
Tout ce qui peut causer une amoureuse flamme.
Vos moindres actions brillent d'un agrément
    Dont je me sens toucher l'ame ;
    Et je serois votre amant,
    Si j'étois autre que femme.

CIDIPPE.

D'où vient donc qu'on la voit l'emporter sur nous deux,
Qu'à ses premiers regards les cœurs rendent les armes,

Et que d'aucun tribut de soupirs et de vœux
On ne fait honneur à nos charmes ?

AGLAURE.

Toutes les dames, d'une voix,
Trouvent ses attraits peu de chose ;
Et, du nombre d'amans qu'elle tient sous ses loix,
Ma sœur, j'ai découvert la cause.

CIDIPPE.

Pour moi, je la devine ; et l'on doit présumer
Qu'il faut que là-dessous soit caché du mystère.
Ce secret de tout enflammer,
N'est point de la nature un effet ordinaire ;
L'art de la Thessalie entre dans cette affaire ;
Et quelque main a su, sans doute, lui former
Un charme pour se faire aimer.

AGLAURE.

Sur un plus fort appui ma croyance se fonde ;
Et le charme qu'elle a pour attirer les cœurs,
C'est un air en tout tems désarmé de rigueurs,
Des regards caressans que la bouche seconde,
Un souris chargé de douceurs,
Qui tend les bras à tout le monde,
Et ne nous promet que faveurs.
Notre gloire n'est plus aujourd'hui conservée ;
Et l'on n'est plus au tems de ces nobles fiertés,
Qui, par un digne essai d'illustres cruautés,
Vouloient voir d'un amant la constance éprouvée.
De tout ce noble orgueil qui nous séioit si bien,
On est bien descendu dans le siècle où nous sommes;
Et l'on en est réduite à n'espérer plus rien,
A moins que l'on se jette à la tête des hommes.

CIDIPPE.

Oui, voilà le secret de l'affaire ; et je voi
Que vous le prenez mieux que moi.
C'est pour nous attacher à trop de bienséance,
Qu'aucun amant, ma sœur, à nous ne veut venir ;
Et nous voulons trop soutenir
L'honneur de notre sexe et de notre naissance.
Les hommes maintenant aiment ce qui leur rit,

ACTE I. SCÈNE II.

L'espoir, plus que l'amour, est ce qui les attire,
Et c'est par là que Psiché nous ravit
Tous les amans qu'on voit sous son empire.
Suivons, suivons l'exemple, ajustons-nous au tems,
Abaissons-nous, ma sœur, à faire des avances ;
Et ne ménageons plus de tristes bienséances,
Qui nous ôtent les fruits du plus beau de nos ans.

AGLAURE.

J'approuve la pensée, et nous avons matière
D'en faire l'épreuve première
Aux deux princes qui sont les derniers arrivés.
Ils sont charmans, ma sœur, et leur personne entière
Me... Les avez-vous observés ?

CIDIPPE.

Ah ! ma sœur, ils sont faits tous deux d'une manière
Que mon ame... Ce sont deux princes achevés.

AGLAURE.

Je trouve qu'on pourroit rechercher leur tendresse,
Sans se faire déshonneur.

CIDIPPE.

Je trouve, que sans honte, une belle princesse
Leur pourroit donner son cœur.

AGLAURE.

Les voici tous deux, et j'admire
Leur air et leur ajustement.

CIDIPPE.

Ils ne démentent nullement
Tout ce que nous venons de dire.

SCÈNE II.

CLÉOMÈNE, AGENOR, AGLAURE, CIDIPPE.

AGLAURE.

D'où vient, princes, d'où vient que vous fuyez ainsi ?
Prenez-vous l'épouvante en nous voyant paroître ?

CLÉOMÈNE.

On nous faisoit croire qu'ici
La princesse Psiché, madame, pourroit être.

AGLAURE.

Tous ces lieux n'ont-ils rien d'agréable pour vous,
Si vous ne les voyez ornés de sa présence ?

AGENOR.

Ces lieux peuvent avoir des charmes assez doux;
Mais nous cherchons Psiché dans notre impatience.

CIDIPPE.

Quelque chose de bien pressant
Vous doit, à la chercher, pousser tous deux, sans doute ?

CLEOMENE.

Le motif est assez puissant,
Puisque notre fortune enfin en dépend toute.

AGLAURE.

Ce seroit trop à nous que de nous informer
Du secret que ces mots nous peuvent enfermer.

CLEOMENE.

Nous ne prétendons point en faire de mystère ;
Aussi-bien, malgré nous, paroîtroit-il au jour ;
Et le secret ne dure guere,
Madame, quand c'est de l'amour.

CIDIPPE.

Sans aller plus avant, princes, cela veut dire
Que vous aimez Psiché tous deux.

AGENOR.

Tous deux soumis à son empire,
Nous allons, de concert, lui découvrir nos feux.

AGLAURE.

C'est une nouveauté, sans doute, assez bizarre,
Que deux rivaux si bien unis.

CLEOMENE.

Il est vrai que la chose est rare,
Mais non pas impossible à deux parfaits amis.

CIDIPPE.

Est-ce que dans ces lieux il n'est qu'elle de belle,
Et n'y trouvez-vous point à séparer vos vœux ?

AGLAURE.

Parmi l'éclat du sang, vos yeux n'ont-ils vu qu'elle
A pouvoir mériter vos feux ?

ACTE I. SCÈNE II.
CLEOMÈNE.
Est-ce que l'on consulte au moment qu'on s'enflamme ?
Choisit-on qui l'on veut aimer ?
Et, pour donner toute son ame,
Regarde-t-on quel droit on a de nous charmer ?
AGENOR.
Sans qu'on ait le pouvoir d'élire,
On suit, dans une telle ardeur,
Quelque chose qui nous attire :
Et lorsque l'amour touche un cœur,
On n'a point de raison à dire.
AGLAURE.
En vérité, je plains les fâcheux embarras
Où je vois que vos cœurs se mettent.
Vous aimez un objet dont les rians appas
Mêleront des chagrins à l'espoir qu'ils vous jettent ;
Et son cœur ne vous tiendra pas
Tous ce que ses yeux vous promettent.
CIDIPPE.
L'espoir qui vous appelle au rang de ses amans,
Trouvera du mécompte aux douceurs qu'elle étale ;
Et c'est pour essuyer de très-fâcheux momens,
Que les soudains retours de son ame inégale.
AGLAURE.
Un clair discernement de ce que vous valez
Nous fait plaindre le sort où cet amour vous guide ;
Et vous pouvez trouver tous deux, si vous voulez,
Avec autant d'attraits, une ame plus solide.
CIDIPPE.
Par un choix plus doux de moitié,
Vous pouvez de l'amour sauver votre amitié ;
Et l'on voit en vous deux un mérite si rare,
Qu'un tendre avis veut bien prévenir, par pitié,
Ce que votre cœur se prépare.
CLEOMÈNE.
Cet avis généreux fait, pour nous, éclater
Des bontés qui nous touchent l'ame ;
Mais le ciel nous réduit à ce malheur, madame,
De ne pouvoir en profiter.

PSICHE.

AGENOR.

Votre illustre pitié veut en vain nous distraire
D'un amour dont tous deux nous redoutons l'effet ;
Ce que votre amitié, madame, n'a pas fait,
  Il n'est rien qui le puisse faire.

CIDIPPE.

Il faut que le pouvoir de Psiché.... La voici

SCÈNE III.

PSICHÉ, CIDIPPE, AGLAURE, CLÉOMENE, AGENOR.

CIDIPPE.

Venez jouir, ma sœur, de ce qu'on vous apprête.

AGLAURE.

Préparez vos attraits à recevoir ici
Le triomphe nouveau d'une illustre conquête.

CIDIPPE.

Ces princes ont tous deux si bien senti vos coups,
Qu'à vous le découvrir leur bouche se dispose.

PSICHE.

Du sujet qui les tient si rêveurs parmi nous
  Je ne me croyois pas la cause ;
  Et j'aurois cru tout autre chose,
  En les voyant parler à vous.

AGLAURE.

N'ayant ni beauté ni naissance
A pouvoir mériter leur amour et leurs soins,
  Ils nous favorisent au moins
  De l'honneur de la confidence.

CLÉOMÈNE à *Psiché.*

L'aveu qu'il nous faut faire à vos divins appas,
Est sans doute, madame, un aveu téméraire ;
  Mais tant de cœurs, près du trépas,
Sont, par de tels aveux, forcés à vous déplaire,
Que vous êtes réduite à ne les punir pas
  Des foudres de votre colère.
Vous voyez, en nous, deux amis

Qu'un doux rapport d'humeurs sut joindre dès l'enfance ;
Et ces tendres liens se sont vus affermis
Par cent combats d'estime et de reconnoissance.
Du destin ennemi les assauts rigoureux,
Les mépris de la mort, et l'aspect des supplices,
Par d'illustres éclats de mutuels offices,
Ont de notre amitié signalé les beaux nœuds :
Mais, à quelques essais qu'elle se soit trouvée,
  Son grand triomphe est en ce jour ;
Et rien ne fait tant voir sa constance éprouvée,
Que de se conserver au milieu de l'amour.
Oui, malgré tant d'appas, son illustre constance,
Aux lois qu'elle nous fait a soumis tous nos vœux ;
Elle vient, d'une douce et pleine déférence,
Remettre à votre choix le succès de nos feux ;
Et, pour donner un poids à notre concurrence,
Qui des raisons d'Etat entraîne la balance
  Sur le choix de l'un de nous deux,
Cette même amitié s'offre, sans répugnance,
D'unir nos deux Etats au sort du plus heureux.

AGENOR.

  Oui, de ces deux Etats, madame,
Que sous votre heureux choix nous nous offrons d'unir,
  Nous voulons faire a notre flamme
  Un secours pour vous obtenir.
Ce que, pour ce bonheur, près du roi votre père,
  Nous nous sacrifions tous deux,
N'a rien de difficile à nos cœurs amoureux ;
Et c'est au plus heureux faire un don nécessaire
  D'un pouvoir dont le malheureux,
  Madame, n'aura plus affaire.

PSICHÉ.

Le choix que vous m'offrez, princes, montre à mes yeux,
De quoi remplir les vœux de l'ame la plus fière ;
Et vous me le parez tous deux d'une manière
Qu'on ne peut rien offrir qui soit plus précieux.
Vos feux, votre amitié, votre vertu suprême,
Tout me relève en vous l'offre de votre foi,
Et j'y vois un mérite à s'opposer lui-même.

   A ce que vous voulez de moi.
Ce n'est pas à mon cœur qu'il faut que je défère ;
  Pour entrer sous de tels liens ;
Ma main, pour se donner, attend l'ordre d'un père,
Et mes sœurs ont des droits qui vont devant les miens.
Mais, si l'on me rendoit sur mes vœux absolue,
Vous y pourriez avoir trop de part à la fois ;
 Et toute mon estime, entre vous suspendue,
Ne pourroit sur aucun laisser tomber mon choix.
   A l'ardeur de votre poursuite,
Je répondrois assez de mes vœux les plus doux ;
   Mais c'est, parmi tant de mérite,
Trop que deux cœurs pour moi, trop peu qu'un cœur pour vous.
De mes plus doux souhaits j'aurois l'ame gênée,
   A l'effort de votre amitié ;
Et j'y vois l'un de vous prendre une destinée
   A me faire trop de pitié.
Oui, princes, à tous ceux dont l'amour suit le vôtre,
Je vous préférerois tous deux avec ardeur ;
   Mais je n'aurois jamais le cœur
De pouvoir préférer l'un de vous deux à l'autre.
   A celui que je choisirois,
Ma tendresse feroit un trop grand sacrifice ;
Et je m'imputerois à barbare injustice
   Le tort qu'à l'autre je ferois.
Oui, tous deux vous brillez de trop de grandeur d'ame,
   Pour en faire aucun malheureux ;
Et vous devez chercher dans l'amoureuse flamme,
  Le moyen d'être heureux tous deux.
   Si votre cœur me considère
Assez pour me souffrir de disposer de vous,
   J'ai deux sœurs capables de plaire,
Qui peuvent bien vous faire un destin assez doux.
Et l'amitié me rend leur personne assez chère,
   Pour vous souhaiter leurs époux.
     CLÉOMENE.
  Un cœur dont l'amour est extrême,
  Peut-il bien consentir, hélas !
  D'être donné par ce qu'il aime ?

ACTE I. SCÈNE IV.

Sur nos deux cœurs, madame, à vos divins appas,
Nous donnons un pouvoir suprême ;
Disposez-en pour le trépas :
Mais pour une autre que vous-même ,
Ayez cette bonté, de n'en disposer pas.

AGENOR.

Aux princesses, madame, on feroit trop d'outrage ;
Et c'est, pour leurs attraits, un indigne partage,
Que les restes d'une autre ardeur.
Il faut d'un premier feu la pureté fidèle,
Pour aspirer à cet honneur
Où votre bonté nous appelle ;
Et chacune mérite un cœur
Qui n'ait soupiré que pour elle.

AGLAURE.

Il me semble, sans nul courroux,
Qu'avant que de vous en défendre,
Princes, vous deviez bien attendre
Qu'on se fût expliqué sur vous.
Nous croyez-vous un cœur si facile et si tendre ?
Et, lorsqu'on parle ici de vous donner à nous,
Savez-vous si l'on veut vous prendre ?

CIDIPPE.

Je pense que l'on a d'assez hauts sentimens
Pour refuser un cœur qu'il faut qu'on sollicite,
Et qu'on ne veut devoir qu'à son propre mérite
La conquête de ses amans.

PSICHÉ.

J'ai cru pour vous, mes sœurs, une gloire assez grande,
Si la possession d'un mérite si haut....

SCÈNE IV.

PSICHÉ, AGLAURE, CIDIPPE, CLÉO-MÈNE, AGENOR, LYCAS.

LYCAS à *Psiché*.

Ah, madame !

PSICHÉ.

Qu'as-tu ?

LYCAS.
Le roi....
PSICHE.
Quoi ?
LYCAS.
Vous demande.
PSICHÉ.
De ce trouble si grand que faut-il que j'attende ?
LYCAS.
Vous ne le saurez que trop tôt.
PSICHÉ.
Hélas ! que pour le roi tu me donnes à craindre !
LYCAS.
Ne craignez que pour vous ; c'est vous que l'on doit plaindre.
PSICHÉ.
C'est pour louer le ciel, et me voir hors d'effroi,
De savoir que je n'aye à craindre que pour moi.
Mais apprends-moi, Lycas, le sujet qui te touche.
LYCAS.
Souffrez que j'obéisse à qui m'envoie ici,
Madame, et qu'on vous laisse apprendre de sa bouche,
Ce qui peut m'affliger ainsi.
PSICHÉ.
Allons savoir sur quoi l'on craint tant ma foiblesse.

SCÈNE V.

AGLAURE, CIDIPPE, LYCAS.

AGLAURE.
Si ton ordre n'est pas jusqu'a nous étendu,
Dis-nous quel grand malheur nous couvre ta tristesse.
LYCAS.
Hélas ! ce grand malheur dans la cour répandu,
Voyez-le vous-même, princesse,
Dans l'oracle qu'au roi les destins ont rendu.
Voici ses propres mots que la douleur, madame,
A gravés au fond de mon ame :

ACTE I. SCÈNE VI.

Que l'on ne pense nullement
A vouloir de Psiché conclure l'hyménée ;
Mais qu'au sommet d'un mont elle soit promptement
En pompe funèbre menée,
Et que de tous abandonnée,
Pour époux elle attende en ces lieux constamment
Un monstre dont on a la vue empoisonnée,
Un serpent qui répand son venin en tous lieux,
Et trouble de sa rage et la terre et les cieux.

Après un arrêt si sévère,
Je vous quitte et vous laisse à juger entre vous,
Si, par de plus cruels et plus sensibles coups,
Tous les dieux nous pouvoient expliquer leur colère.

SCÈNE VI.

AGLAURE, CIDIPPE.

CIDIPPE.

Ma sœur, que sentez-vous à ce soudain malheur
Où nous voyons Psiché par les destins plongée ?

AGLAURE.

Mais vous, que sentez-vous, ma sœur ?

CIDIPPE.

A ne vous point mentir, je sens que, dans mon cœur,
Je n'en suis pas trop affligée.

AGLAURE.

Moi je sens quelque chose au mien,
Qui ressemble assez à la joie.
Allons, le destin nous envoie
Un mal que nous pouvons regarder comme un bien.

PREMIER INTERMÈDE.

La scène est changée en des rochers affreux, et fait voir dans l'éloignement une effroyable solitude.

C'est dans ce désert que Psiché doit être exposée pour obéir à l'oracle. Une troupe de personnes affligées y viennent déplorer sa disgrace.

FEMMES désolées, HOMMES affligés, chantans et dansans.

UNE FEMME *désolée*.

Deh! piangete al pianto mio,
Sassi duri, antiche selve,
Lagrimate, fonti e belve,
D'un bel volto il fato rio!

PREMIER HOMME *affligé*.

Ahi dolore!

SECOND HOMME *affligé*.

Ahi martire!

PREMIER HOMME *affligé*.

Cruda morte!

FEMME *désolée*, et SECOND HOMME *affligé*.

Empia sorte!

Les deux HOMMES *affligés*.

Che condanni a morir tanta beltà!

TOUS TROIS ENSEMBLE.

Cieli! stelle! Ahi crudeltà!

UNE FEMME *désolée*.

Rispondete a miei lamenti,
Antri cavi, ascose rupi,
Deh! ridite, fondi cupi,
Del mio duolo! mesti accenti.

PREMIER HOMME *affligé*.

Ahi dolore!

PREMIER INTERMEDE.

SECOND HOMME *affligé.*

Ahi martire !

PREMIER HOMME *affligé.*

Cruda morte !

FEMME *désolée*. et SECOND HOMME *affligé.*

Empia sorte !

Les deux HOMMES *affligés.*

Che condanni a morir tanta beltà !

TOUS TROIS ENSEMBLE.

Cieli ! stelle ! Ahi crudeltà !

SECOND HOMME *affligé.*

Com'esser puo fra voi, ô numi eterni,
Chi voglia estinta une belta innocente ?
Ahi ! Che tanto rigor, cielo inclemente,
Vince di crudeltà gli stessi inferni.

PREMIER HOMME *affligé.*

Nume fiero !

SECOND HOMME *affligé.*

Dio severo !

Les deux HOMMES *affligés.*

Per che tanto rigor
Contro innocente cor ?
Ahi, Sentenza inudita !
Dar morte à la beltà, ch'altrui da vita !

ENTRÉE DE BALLET.

Six hommes affligés et six femmes désolées expriment, en dansant, leur douleur par leurs attitudes.

UNE FEMME *désolée.*

Ahi, ch'indarno si tarda !
Non resiste agli Dei mortale affetto,
Alto impero ne sforza,
Ove commanda il Ciel, l'Uom cede à sforza.

PREMIER HOMME *affligé.*

Ahi dolore !

SECOND HOMME *affligé.*

Ahi martire !

PREMIER HOMME *affligé.*
Cruda morte !
FEMME *désolée*, et SECOND HOMME *affligé.*
Empia sorte !
Les deux HOMMES *affligés.*
Che condanni a morir tanta beltà !
TOUS TROIS ENSEMBLE.
Cieli, stelle ! Ahi crudelta !

ACTE II.

SCÈNE I.

LE ROI, PSICHÉ, AGLAURE, CIDIPPE, LYCAS, suite.

PSICHÉ.

De vos larmes, seigneur, la source m'est bien chère ;
Mais c'est trop aux bontés que vous avez pour moi,
Que de laisser régner les tendresses de père,
    Jusque dans les yeux d'un grand roi.
Ce qu'on vous voit ici donner à la nature,
Au rang que vous tenez, seigneur, fait trop d'injure ;
Et j'en dois refuser les touchantes faveurs.
    Laissez moins, sur votre sagesse,
    Prendre d'empire à vos douleurs,
Et cessez d'honorer mon destin par des pleurs
Qui dans le cœur d'un roi montrent de la foiblesse.

LE ROI.

Ah ! ma fille, à ces pleurs laisse mes yeux ouverts.
Mon deuil est raisonnable, encor qu'il soit extrême ;
Et lorsque pour toujours on perd ce que je perds,
La sagesse, crois-moi, peut pleurer elle-même.

ACTE II. SCÈNE I.

En vain l'orgueil du diadème
Veut qu'on soit insensible à ces cruels revers ;
En vain de la raison les secours sont offerts
Pour vouloir d'un œil sec voir mourir ce qu'on aime ;
L'effort en est barbare aux yeux de l'univers,
Et c'est brutalité plus que vertu suprême.
    Je ne veux point, dans cette adversité,
    Parer mon cœur d'insensibilité,
        Et cacher l'ennui qui me touche.
        Je renonce à la vanité
        De cette dureté farouche,
        Que l'on appelle fermeté ;
        Et, de quelque façon qu'on nomme
Cette vive douleur dont je ressens les coups,
Je veux bien l'étaler, ma fille, aux yeux de tous,
Et dans le cœur d'un roi montrer le cœur d'un homme.

PSICHÉ.

Je ne mérite pas cette grande douleur ;
Opposez, opposez un peu de résistance
    Aux droits qu'elle prend sur un cœur
Dont mille événemens ont marqué la puissance.
Quoi ! faut-il que pour moi vous renonciez, seigneur,
    A cette royale constance
Dont vous avez fait voir, dans les coups du malheur,
    Une fameuse expérience ?

LE ROI.

La constance est facile en mille occasions.
    Toutes les révolutions
Où nous peut exposer la fortune inhumaine,
La perte des grandeurs, les persécutions,
Le poison de l'envie, et les traits de la haine,
    N'ont rien que ne puissent, sans peine,
    Braver les résolutions
D'une ame où la raison est un peu souveraine.
    Mais ce qui porte des rigueurs
    A faire succomber les cœurs
    Sous le poids des douleurs amères,
    Ce sont, ce sont les rudes traits
    De ces fatalités sévères.

Qui nous enlèvent pour jamais
Les personnes qui nous sont chères.
La raison, contre de tels coups,
N'offre point d'armes secourables;
Et voilà, des dieux en courroux,
Les foudres les plus redoutables
Qui se puissent lancer sur nous.

PSICHE.

Seigneur, une douceur ici vous est offerte;
Votre hymen a reçu plus d'un présent des dieux;
Et, par une faveur ouverte,
Ils ne vous ôtent rien, en m'ôtant à vos yeux,
Dont ils n'ayent pris soin de réparer la perte.
Il vous reste de quoi consoler vos douleurs;
Et cette loi du ciel que vous nommez cruelle,
Dans les deux princesses mes sœurs,
Laisse à l'amitié paternelle
Où placer toutes ses douceurs.

LE ROI.

Ah! de mes maux soulagement frivole!
Rien, rien ne s'offre à moi qui de toi me console.
C'est sur mes déplaisirs que j'ai les yeux ouverts;
Et, dans un destin si funeste,
Je regarde ce que je perds,
Et ne vois point ce qui me reste.

PSICHE.

Vous savez mieux que moi qu'aux volontés des dieux,
Seigneur, il faut régler les nôtres;
Et je ne puis vous dire, en ces tristes adieux,
Que ce que beaucoup mieux vous pouvez dire aux autres.
Ces dieux sont maîtres souverains
Des présens qu'ils daignent nous faire;
Ils ne les laissent dans nos mains
Qu'autant de tems qu'il peut leur plaire.
Lorsqu'ils viennent les retirer,
On n'a nul droit de murmurer
Des graces que leur main ne veut plus nous étendre.
Seigneur, je suis un don qu'ils ont fait à vos vœux;
Et quand, par cet arrêt, ils veulent me reprendre,

ACTE II. SCÈNE I.

Ils ne vous ôtent rien que vous ne teniez d'eux,
Et c'est sans murmurer que vous devez me rendre.
LE ROI.
Ah ! cherche un meilleur fondement
Aux consolations que ton cœur me présente ;
Et, de la fausseté de ce raisonnement,
— Ne fais point un accablement
A cette douleur si cuisante,
Dont je souffre ici le tourment.
Crois-tu là me donner une raison puissante
Pour ne me plaindre point de cet arrêt des cieux ?
Et, dans le procédé des dieux,
Dont tu veux que je me contente,
Une rigueur assassinante
Ne paroît-elle pas aux yeux ?
Vois l'état où ces dieux me forcent à te rendre,
Et l'autre où te reçut mon cœur infortuné ;
Tu connoîtras par là qu'ils me viennent reprendre
Bien plus que ce qu'ils m'ont donné.
Je reçus d'eux en toi, ma fille,
Un présent que mon cœur ne leur demandoit pas ;
J'y trouvois alors peu d'appas,
Et leur en vis, sans joie, accroître ma famille.
Mais mon cœur, ainsi que mes yeux,
S'est fait de ce présent une douce habitude :
J'ai mis quinze ans de soins, de veilles et d'étude,
A me le rendre précieux ;
Je l'ai paré de l'aimable richesse
De mille brillantes vertus ;
En lui j'ai renfermé, par des soins assidus,
Tous les plus beaux trésors que fournit la sagesse ;
A lui j'ai de mon ame attaché la tendresse ;
J'en ai fait de ce cœur les charmes et l'alégresse,
La consolation de mes sens abattus.
Le doux espoir de ma vieillesse,
Ils m'ôtent tout cela, ces dieux !
Et tu veux que je n'aye aucun sujet de plainte
Sur cet affreux arrêt dont je souffre l'atteinte !
Ah ! leur pouvoir se joue avec trop de rigueur

Des tendresses de notre cœur.
Pour m'ôter leur présent, leur falloit-il attendre
Que j'en eusse fait tout mon bien ?
Ou plutôt, s'ils avoient dessein de le reprendre,
N'eût-il pas été mieux de ne me donner rien ?

PSICHÉ.

Seigneur, redoutez la colère
De ces dieux contre qui vous osez éclater.

LE ROI.

Après ce coup, que peuvent-ils me faire ?
Ils m'ont mis en état de ne rien redouter.

PSICHÉ.

Ah ! seigneur, je tremble des crimes
Que je vous fais commettre, et je dois me haïr.

LE ROI.

Ah ! qu'ils souffrent du moins mes plaintes légitimes ;
Ce m'est assez d'effort que de leur obéir ;
Ce doit leur être assez que mon cœur t'abandonne
Au barbare respect qu'il faut qu'on ait pour eux,
Sans prétendre gêner la douleur que me donne
L'épouvantable arrêt d'un sort si rigoureux.
Mon juste désespoir ne sauroit se contraindre ;
Je veux, je veux garder ma douleur à jamais ;
Je veux sentir toujours la perte que je fais ;
De la rigueur du ciel je veux toujours me plaindre ;
Je veux, jusqu'au trépas, incessamment pleurer
Ce que tout l'univers ne peut me réparer.

PSICHÉ.

Ah ! de grace, seigneur, épargnez ma foiblesse ;
J'ai besoin de constance en l'état où je suis.
Ne fortifiez point l'excès de mes ennuis
Des larmes de votre tendresse.
Seuls ils sont assez forts, et c'est trop pour mon cœur
De mon destin et de votre douleur.

LE ROI.

Oui, je dois t'épargner mon deuil inconsolable.
Voici l'instant fatal de m'arracher de toi ;
Mais comment prononcer ce mot épouvantable ?

Il le faut toutefois ; le ciel m'en fait la loi ;
Une rigueur inévitable
M'oblige à te laisser en ce funeste lieu.
Adieu ; je vais.... Adieu.

SCÈNE II.
PSICHÉ, AGLAURE, CIDIPPE.
PSICHÉ.

Suivez le roi, mes sœurs, vous essuîrez ses larmes,
Vous adoucirez ses douleurs ;
Et vous l'accableriez d'alarmes,
Si vous vous exposiez encore à mes malheurs.
Conservez-lui ce qui lui reste ;
Le serpent que j'attends peut vous être funeste,
Vous envelopper dans mon sort,
Et me porter en vous une seconde mort.
Le ciel m'a seule condamnée
A son haleine empoisonnée ;
Rien ne sauroit me secourir ;
Et je n'ai pas besoin d'exemple pour mourir.

AGLAURE.
Ne nous enviez pas ce cruel avantage,
De confondre nos pleurs avec vos déplaisirs,
De mêler nos soupirs à vos derniers soupirs :
D'une tendre amitié souffrez ce dernier gage.

PSICHE.
C'est vous perdre inutilement.

CIDIPPE.
C'est en votre faveur espérer un miracle,
Ou vous accompagner jusques au monument.

PSICHE.
Que peut-on se promettre après un tel oracle ?

AGLAURE.
Un oracle jamais n'est sans obscurité,
On l'entend d'autant moins, que mieux on croit l'entendre,
Et peut-être, après tout, n'en devez-vous attendre
Que gloire et que félicité.

Laissez-nous voir, ma sœur, par une digne issue,
Cette frayeur mortelle heureusement déçue,
 Ou mourir du moins avec vous,
Si le ciel à nos vœux ne se montre plus doux.
PSICHÉ.
Ma sœur, écoutez mieux la voix de la nature,
 Qui vous appelle auprès du roi.
 Vous m'aimez trop, le devoir en murmure,
 Vous en savez l'indispensable loi.
Un père vous doit être encor plus cher que moi.
Rendez-vous toutes deux l'appui de sa vieillesse;
Vous lui devez chacune un gendre et des neveux :
Mille rois, à l'envi, vous gardent leur tendresse;
Mille rois, à l'envi, vous offriront leurs vœux.
L'oracle me veut seule; et, seule aussi je veux
 Mourir, si je puis, sans foiblesse,
Ou ne vous avoir pas pour témoins toutes deux,
De ce que, malgré moi, la nature m'en laisse.
AGLAURE.
Partager vos malheurs, c'est vous importuner.
CIDIPPE.
J'ose dire un peu plus, ma sœur, c'est vous déplaire.
PSICHÉ.
 Non. Mais, enfin, c'est me gêner,
Et peut-être du ciel redoubler la colère.
AGLAURE.
Vous le voulez, et nous partons.
Daigne ce même ciel, plus juste et moins sévère,
Vous envoyer le sort que nous vous souhaitons,
 Et que notre amitié sincère,
En dépit de l'oracle et malgré vous espère.
PSICHÉ.
Adieu. C'est un espoir, ma sœur, et des souhaits
 Qu'aucun des dieux ne remplira jamais.

SCÈNE III.
PSICHÉ *seule*.

Enfin, seule et toute à moi-même,
Je puis envisager cet affreux changement,
Qui, du haut d'une gloire extrême,
Me précipite au monument.
Cette gloire étoit sans seconde ;
L'éclat s'en répandoit jusqu'aux deux bouts du monde ;
Tout ce qu'il y a de rois sembloient faits pour m'aimer ;
Tous leurs sujets me prenant pour déesse,
Commençoient à m'accoutumer
Aux encens qu'ils m'offroient sans cesse,
Leurs soupirs me suivoient, sans qu'il m'en coûtât rien ;
Mon ame restoit libre en captivant tant d'ames ;
Et j'étois, parmi tant de flammes,
Reine de tous les cœurs, et maîtresse du mien.
O ciel ! m'auriez-vous fait un crime
De cette insensibilité ?
Déployez-vous sur moi tant de sévérité,
Pour n'avoir à leurs vœux rendu que de l'estime ?
Si vous m'imposiez cette loi,
Qu'il fallut faire un choix pour ne pas vous déplaire,
Puisque je ne pouvois le faire,
Que ne le faisiez-vous pour moi ?
Que ne m'inspiriez-vous ce qu'inspire à tant d'autres
Le mérite, l'amour, et... Mais que vois-je ici ?

SCÈNE IV.
CLÉOMÈNE, AGENOR, PSICHÉ.
CLÉOMÈNE.

Deux amis, deux rivaux, dont l'unique souci
Est d'exposer leurs jours pour conserver les vôtres.
PSICHÉ.
Puis-je vous écouter, quand j'ai chassé deux sœurs ?
Princes, contre le ciel pensez-vous me défendre ?

Vous livrer au serpent qu'ici je dois attendre,
Ce n'est qu'un désespoir qui sied mal aux grands cœurs;
    Et mourir alors que je meurs,
    C'est accabler une ame tendre
    Qui n'a que trop de ses douleurs.

AGENOR.

    Un serpent n'est pas invincible ;
Cadmus, qui n'aimoit rien, défit celui de Mars.
Nous aimons, et l'amour sait rendre tout possible
    Au cœur qui suit ses étendards,
A la main dont lui-même il conduit tous les dards.

PSICHÉ.

Voulez-vous qu'il vous serve en faveur d'une ingrate
    Que tous ses traits n'ont pu toucher,
Qu'il dompte sa vengeance au moment qu'elle éclate
    Et vous aide à m'en arracher ?
    Quand même vous m'auriez servie,
    Quand vous m'auriez rendu la vie,
Quel fruit espérez-vous de qui ne peut aimer ?

CLEOMÈNE.

Ce n'est point par l'espoir d'un si charmant salaire
    Que nous nous sentons animer ;
    Nous ne cherchons qu'à satisfaire
Aux devoirs d'un amour qui n'ose présumer
    Que jamais, quoi qu'il puisse faire,
    Il soit capable de vous plaire,
    Et digne de vous enflammer.
Vivez, belle princesse, et vivez pour un autre :
    Nous le verrons d'un œil jaloux,
    Nous en mourrons, mais d'un trépas plus doux
    Que s'il nous falloit voir le vôtre ;
Et, si nous ne mourons en vous sauvant le jour,
Quelqu'amour qu'à nos yeux vous préfériez au nôtre,
Nous voulons bien mourir de douleur et d'amour.

PSICHÉ.

Vivez, princes, vivez, et de ma destinée
Ne songez plus à rompre ou partager la loi :
Je crois vous l'avoir dit, le ciel ne veut que moi;

ACTE II. SCÈNE IV.

Le ciel m'a seule condamnée.
Je pense ouïr déjà les mortels sifflemens
De son ministre qui s'approche,
Ma frayeur me le peint, me l'offre à tous momens,
Et, maîtresse qu'elle est de tous mes sentimens,
Elle me le figure au haut de cette roche.
J'en tombe de foiblesse, et mon cœur abattu
Ne soutient plus qu'à peine un reste de vertu.
Adieu, princes, fuyez qu'il ne vous empoisonne.

AGENOR.

Rien ne s'offre à vos yeux encor qui les étonne ;
Et, quand vous vous peignez un si proche trépas,
Si la force vous abandonne,
Nous avons des cœurs et des bras
Que l'espoir n'abandonne pas.
Peut-être qu'un rival a dicté cet oracle,
Que l'on a fait parler celui qui l'a rendu.
Ce ne seroit pas un miracle
Que, pour un dieu muet, un homme eût répondu ;
Et, dans tous les climats, on n'a que trop d'exemples
Qu'il est, ainsi qu'ailleurs, des méchans dans les temples.

CLEOMÈNE.

Laissez-nous opposer au lâche ravisseur
A qui le sacrilège indignement vous livre,
Un amour qu'a le ciel choisi pour défenseur
De la seule beauté pour qui nous voulons vivre.
Si nous n'osons prétendre à sa possession,
Du moins, en son péril, permettez-nous de suivre
L'ardeur et les devoirs de notre passion.

PSICHE.

Portez-les à d'autres moi-mêmes,
Princes, portez-les à mes sœurs
Ces devoirs, ces ardeurs extrêmes
Dont pour moi sont remplis vos cœurs,
Vivez pour elles : quand je meurs,
Plaignez de mon destin les funestes rigueurs,
Sans leur donner en vous de nouvelles matières.
Ce sont mes volontés dernières ;

PSICHÉ.

Et l'on a reçu, de tout tems,
Pour souveraines lois, les ordres des mourans.

CLÉOMÈNE.

Princesse....

PSICHÉ.

Encore un coup, princes, vivez pour elles.
Tant que vous m'aimerez, vous devez m'obéir ;
Ne me réduisez pas à vouloir vous haïr,
Et vous regarder en rebelles,
A force de m'être fideles.
Allez, laissez-moi seule expirer en ce lieu,
Où je n'ai plus de voix que pour vous dire adieu.
Mais je sens qu'on m'enleve, et l'air m'ouvre une route,
D'où vous n'entendrez plus cette mourante voix.
Adieu, princes ; adieu, pour la derniere fois :
Voyez si de mon sort vous pouvez être en doute.

(*Psiché est enlevée en l'air par deux zéphirs.*)

AGENOR.

Nous la perdons de vue. Allons tous deux chercher
Sur le faîte de ce rocher,
Prince, les moyens de la suivre.

CLÉOMÈNE.

Allons-y chercher ceux de ne lui point survivre.

SCÈNE V.

L'AMOUR *en l'air*.

Allez mourir, rivaux d'un dieu jaloux,
Dont vous méritez le courroux,
Pour avoir eu le cœur sensible aux mêmes charmes.
Et toi, forge, Vulcain, mille brillans attraits
Pour orner un palais
Où l'Amour, de Psiché, veut essuyer les larmes,
Et lui rendre les armes.

SECOND INTERMÈDE.

La scène se change en une cour magnifique, ornée de colonnes de lapis, enrichies de figures d'or, qui forment un palais pompeux et brillant, que l'Amour destine pour Psiché.

VULCAIN, CYCLOPES, FÉES.

VULCAIN.

Dépêchez, préparez ces lieux
Pour le plus aimable des dieux ;
Que chacun pour lui s'intéresse ;
N'oubliez rien des soins qu'il faut.
 Quand l'Amour presse,
On n'a jamais fait assez tôt.

L'Amour ne veut point qu'on diffère ;
 Travaillez, hâtez-vous,
Frappez, redoublez vos coups ;
 Que l'ardeur de lui plaire
Fasse vos soins les plus doux.

ENTRÉE DE BALLET.

Les Cyclopes achèvent en cadence de grands vases d'or que des Fées leur apportent.

VULCAIN.

Servez bien un dieu si charmant ;
Il se plaît dans l'empressement ;
Que chacun pour lui s'intéresse ;
N'oubliez rien de ce qu'il faut.
 Quand l'Amour presse,
On n'a jamais fait assez tôt.

L'Amour ne veut point qu'on diffère ;
 Travaillez, hâtez-vous,
Frappez, redoublez vos coups ;
 Que l'ardeur de lui plaire
Fasse vos soins les plus doux.

DEUXIÈME ENTRÉE DE BALLET.

Les Cyclopes et les Fées placent en cadence les vases d'or qui doivent être de nouveaux ornemens du palais de l'Amour.

ACTE III.

SCENE I.

L'AMOUR, ZÉPHIRE.

ZÉPHIRE.

Oui, je me suis galamment acquitté
De la commission que vous m'avez donnée;
Et, du haut du rocher, je l'ai, cette beauté,
Par le milieu des airs, doucement amenée
　　Dans ce beau palais enchanté,
　　Où vous pouvez, en liberté,
　　Disposer de sa destinée.
Mais vous me surprenez par ce grand changement
　　Qu'en votre personne vous faites;
Cette taille, ces traits, et cet ajustement,
　　Cachent tout-à-fait qui vous êtes;
Et je donne aux plus fins à pouvoir, en ce jour,
　　Vous reconnoître pour l'Amour.

L'AMOUR.

Aussi ne veux-je pas qu'on puisse me connoître;
Je ne veux à Psiché découvrir que mon cœur,
Rien que les beaux transports de cette vive ardeur
　　Que ses doux charmes y font naître;
Et pour en exprimer l'amoureuse langueur,
　　Et cacher ce que je puis être

ACTE III. SCÈNE I.

Aux yeux qui m'imposent des lois,
J'ai pris la forme que tu vois.
ZÉPHIRE.
En tout vous êtes un grand maître ;
C'est ici que je le connois.
Sous des déguisemens de diverse nature,
On a vu des dieux amoureux
Chercher à soulager cette douce blessure
Que reçoivent les cœurs de vos traits pleins de feux ;
Mais en bon sens vous l'emportez sur eux,
Et voilà la bonne figure
Pour avoir un succès heureux
Près de l'aimable sexe où l'on porte ses vœux.
Oui, de ces formes-là l'assistance est bien forte ;
Et, sans parler ni de rang, ni d'esprit,
Qui peut trouver moyen d'être fait de la sorte,
Ne soupire guère à crédit.
L'AMOUR.
J'ai résolu, mon cher Zéphire,
De demeurer ainsi toujours ;
Et l'on ne peut y trouver à redire
A l'aîné de tous les Amours.
Il est tems de sortir de cette longue enfance
Qui fatigue ma patience ;
Il est tems désormais que je devienne grand.
ZÉPHIRE.
Fort bien. Vous ne pouviez mieux faire ;
Et vous entrez dans un mystère
Qui ne demande rien d'enfant.
L'AMOUR.
Ce changement, sans doute, irritera ma mère.
ZÉPHIRE.
Je prévois là-dessus quelque peu de colère.
Bien que les disputes des ans
Ne doivent point régner parmi les immortelles,
Votre mère Vénus est de l'humeur des belles
Qui n'aiment point de grands enfans.
Mais où je la trouve outragée,

C'est dans le procédé que l'on vous voit tenir ;
Et c'est l'avoir étrangement vengée,
Que d'aimer la beauté qu'elle vouloit punir !
Cette haine, où ses vœux prétendent que réponde
La puissance d'un fils que redoutent les dieux....

L'AMOUR.

Laissons cela, Zéphire, et me dis si tes yeux
Ne trouvent pas Psiché la plus belle du monde.
Est-il rien sur la terre, est-il rien dans les cieux
Qui puisse lui ravir le titre glorieux
  De beauté sans seconde ?
  Mais je la vois, mon cher Zéphire,
Qui demeure surprise a l'éclat de ces lieux.

ZÉPHIRE.

Vous pouvez vous montrer, pour finir son martyre,
 Lui découvrir son destin glorieux,
Et vous dire, entre vous, tout ce que peuvent dire
  Les soupirs, la bouche et les yeux.
En confident discret, je sais ce qu'il faut faire
Pour ne pas interrompre un amoureux mystère.

SCÈNE II.

PSICHÉ *seule.*

Ou suis-je ? Et, dans un lieu que je croyois barbare,
Quelle savante main a bâti ce palais,
  Que l'art, que la nature pare
  De l'assemblage le plus rare
  Que l'œil puisse admirer jamais ?
  Tout rit, tout brille, tout éclate
  Dans ces jardins, dans ces appartemens,
  Dont les pompeux ameublemens
  N'ont rien qui n'enchante et ne flatte ;
Et, de quelque côté que tournent mes frayeurs,
Je ne vois, sous mes pas, que de l'or ou des fleurs.
Le ciel auroit-il fait cet amas de merveilles
  Pour faire la demeure d'un serpent ?
Et lorsque, par leur vue, il amuse et suspend
De mon destin jaloux les rigueurs sans pareilles,

ACTE III. SCÈNE III.

Veut-il montrer qu'il s'en repent ?
Non, non ; c'est de sa haine, en cruauté féconde,
　　Le plus noir, le plus rude trait,
Qui, par une rigueur nouvelle et sans seconde,
　　N'étale ce choix qu'elle a fait
　　De ce qu'a de plus beau le monde,
Qu'afin que je le quitte avec plus de regret.
　　Que son espoir est ridicule,
　　S'il croit par là soulager mes douleurs !
Tout autant de moment que ma mort se recule,
　　Sont autant de nouveaux malheurs :
　　Plus elle tarde, et plus de fois je meurs.
Ne me fais plus languir, viens prendre ta victime,
　　Monstre qui dois me déchirer.
Veux-tu que je te cherche, et faut-il que j'anime
　　Tes fureurs à me dévorer ?
Si le ciel veut ma mort, si ma vie est un crime,
De ce peu qui m'en reste ose enfin t'emparer ;
　　Je suis lasse de murmurer
　　Contre un châtiment légitime :
　　Je suis lasse de soupirer ;
　　Viens, que j'achève d'expirer.

SCÈNE III.

L'AMOUR, PSICHÉ, ZÉPHIRE.

L'AMOUR.

Le voilà, ce serpent, ce monstre impitoyable,
Qu'un oracle étonnant pour vous a préparé ;
Et qui n'est pas, peut-être, à tel point effroyable,
　　Que vous vous l'êtes figuré.

PSICHÉ.

Vous, seigneur, vous seriez ce monstre dont l'oracle
　　A menacé mes tristes jours ;
Vous qui semblez plutôt un dieu qui, par miracle,
　　Daigne venir lui-même à mon secours ?

L'AMOUR.

Quel besoin de secours au milieu d'un empire
　　Où tout ce qui respire

N'attend que vos regards pour en prendre la loi,
Où vous n'avez à craindre autre monstre que moi ?
PSICHE.
Qu'un monstre tel que vous inspire peu de crainte,
  Et que, s'il a quelque poison,
  Une ame auroit peu de raison
  De hasarder la moindre plainte
  Contre une favorable atteinte,
 Dont tout le cœur craindroit la guérison !
A peine je vous vois, que mes frayeurs cessées
Laissent évanouir l'image du trépas,
Et que je sens couler, dans mes veines glacées,
Un je ne sais quel feu que je ne connois pas.
J'ai senti de l'estime et de la complaisance,
  De l'amitié, de la reconnoissance ;
De la compassion les chagrins innocens
  M'en ont fait sentir la puissance ;
Mais je n'ai point encor senti ce que je sens.
Je ne sais ce que c'est ; mais je sais qui me charme,
  Que je n'en conçois point d'alarme.
Plus j'ai les yeux sur vous, plus je m'en sens charmer.
Tout ce que j'ai senti n'agissoit point de même,
  Et je dirois que je vous aime,
Seigneur, si je savois ce que c'est que d'aimer.
Ne les détournez point, ces yeux qui m'empoisonnent,
Ces yeux tendres, ces yeux perçans, mais amoureux,
Qui semblent partager le trouble qu'ils me donnent.
  Hélas ! plus ils sont dangereux,
 Plus je me plais à m'attacher sur eux.
Par quel ordre du ciel, que je ne puis comprendre,
  Vous dis-je plus que je ne dois,
Moi de qui la pudeur devroit du moins attendre
Que vous m'expliquassiez le trouble où je vous vois ?
Vous soupirez, seigneur, ainsi que je soupire ;
Vos sens, comme les miens, paroissent interdits.
C'est à moi de m'en taire, à vous de me le dire ;
 Et cependant c'est moi qui vous le dis.
L'AMOUR.
Vous avez eu, Psiché l'ame toujours si dure,

ACTE III. SCÈNE III.

Qu'il ne faut pas vous étonner
Si, pour en réparer l'injure,
L'amour, en ce moment, se paye avec usure
De ceux qu'elle a dû lui donner.
Ce moment est venu qu'il faut que votre bouche
Exhale des soupirs si long-tems retenus,
Et qu'en vous arrachant à cette humeur farouche,
Un amas de transports aussi doux qu'inconnus,
Aussi sensiblement tout à la fois vous touche,
Qu'ils ont dû vous toucher durant tant de beaux jours,
Dont cette ame insensible a profané le cours.

PSICHE.

N'aimer point, c'est donc un grand crime ?

L'AMOUR.

En souffrez-vous un rude châtiment ?

PSICHE.

C'est punir assez doucement.

L'AMOUR.

C'est lui choisir sa peine légitime,
Et se faire justice en ce glorieux jour,
D'un manquement d'amour par un excès d'amour.

PSICHE.

Que n'ai-je été plutôt punie!
J'y mets le bonheur de ma vie.
Je devrois en rougir, ou le dire plus bas ;
Mais le supplice a trop d'appas.
Permettez que, tout haut, je le die et redie :
Je le dirois cent fois, et n'en rougirois pas.
Ce n'est point moi qui parle, et de votre présence
L'empire surprenant, l'aimable violence,
Dès que je veux parler, s'empare de ma voix.
C'est en vain qu'en secret ma pudeur s'en offense,
Que le sexe et la bienséance
Osent me faire d'autres loix ;
Vos yeux de ma réponse eux-mêmes font le choix,
Et ma bouche asservie à leur toute-puissance,
Ne me consulte plus sur ce que je me dois.

L'AMOUR.

Croyez, belle Psiché, croyez ce qu'ils vous disent,

Ces yeux qui ne sont point jaloux ;
Qu'à l'envi les vôtres m'instruisent
De tout ce qui se passe en vous.
Croyez-en ce cœur qui soupire,
Et qui, tant que le vôtre y voudra répartir,
Vous dira bien plus d'un soupir,
Que cent regards ne peuvent dire.
C'est le langage le plus doux ;
C'est le plus fort, c'est le plus sûr de tous.

PSICHÉ.

L'intelligence en étoit due
A nos cœurs, pour les rendre également contens.
J'ai soupiré, vous m'avez entendue ;
Vous soupirez, je vous entends.
Mais ne me laissez pas en doute,
Seigneur, et dites-moi si, par la même route,
Après moi, le Zéphire ici vous a rendu
Pour me dire ce que j'écoute ?
Quand j'y suis arrivée, étiez-vous attendu ?
Et, quand vous lui parlez, êtes-vous entendu ?

L'AMOUR.

J'ai dans ce doux climat un souverain empire,
Comme vous l'avez sur mon cœur ;
L'Amour m'est favorable, et c'est en sa faveur
Qu'à mes ordres Eole a soumis le Zéphire.
C'est l'Amour qui, pour voir mes feux récompensés,
Lui-même a dicté cet oracle,
Par qui vos beaux jours menacés
D'une foule d'amans se sont débarrassés,
Et qui m'a délivré de l'éternel obstacle
De tant de soupirs empressés
Qui ne méritoient pas de vous être adressés.
Ne me demandez point quelle est cette province,
Ni le nom de son prince.
Vous le saurez quand il en sera tems.
Je veux vous acquérir, mais c'est par mes services,
Par des soins assidus, et par des vœux constans,
Par les amoureux sacrifices
De tout ce que je suis,

ACTE III. SCÈNE III.

De tout ce que je puis,
Sans que l'éclat du rang pour moi vous sollicite,
Sans que de mon pouvoir je me fasse un mérite;
Et bien que souverain dans cet heureux séjour,
Je ne vous veux, Psiché, devoir qu'à mon amour.
Venez en admirer avec moi les merveilles,
Princesse, et préparez vos yeux et vos oreilles
    A ce qu'il a d'enchantemens;
Vous y verrez des bois et des prairies
    Contester sur leurs agrémens
    Avec l'or et les pierreries;
Vous n'entendrez que des concerts charmans;
De cent beautés vous y serez servie,
Qui vous adoreront sans vous porter envie,
    Et brigueront, à tous momens,
    D'une ame soumise et ravie,
    L'honneur de vos commandemens.

PSICHÉ.

Mes volontés suivent les vôtres;
Je n'en saurois plus avoir d'autres :
Mais votre oracle, enfin, vient de me séparer
    Des deux sœurs et du roi mon père,
    Que mon trépas imaginaire
    Réduit tous trois à me pleurer.
Pour dissiper l'erreur dont leur ame accablée
De mortels déplaisirs se voit pour moi comblée,
    Souffrez que mes sœurs soient témoins
    Et de ma gloire et de vos soins
Prêtez-leur, comme à moi, les aîles du Zéphire,
    Qui leur puissent de votre empire,
Ainsi qu'à moi, faciliter l'accès;
Faites-leur voir en quel lieu je respire;
Faites-leur de ma perte admirer le succès.

L'AMOUR.

Vous ne me donnez pas, Psiché, toute votre ame;
Ce tendre souvenir d'un père et de deux sœurs
    Me vole une part des douceurs
    Que je veux toutes pour ma flamme.

N'ayez d'yeux que pour moi, qui n'en ai que pour vous ;
Ne songez qu'à m'aimer, ne songez qu'à me plaire ;
Et, quand de tels soucis osent vous en distraire...

PSICHÉ.

Des tendresses du sang peut-on être jaloux ?

L'AMOUR.

Je le suis, ma Psiché, de toute la nature.
Les rayons du soleil vous baisent trop souvent ;
Vos cheveux souffrent trop les caresses du vent ;
Dès qu'il les flatte, j'en murmure :
L'air même que vous respirez,
Avec trop de plaisir passe par votre bouche ;
Votre habit de trop près vous touche ;
Et, sitôt que vous soupirez,
Je ne sais quoi qui m'effarouche,
Craint, parmi vos soupirs, des soupirs égarés.
Mais vous voulez vos sœurs ; allez, partez Zéphire ;
Psiché le veut, je ne l'en puis dédire.

(*Zéphire s'envole.*)

SCÈNE IV.

L'AMOUR, PSICHÉ.

L'AMOUR.

Quand vous leur ferez voir ce bienheureux séjour,
De ses trésors faites-leur cent largesses,
Prodiguez-leur caresses sur caresses ;
Et du sang, s'il se peut, épuisez les tendresses,
Pour vous rendre toute à l'Amour.
Je n'y mêlerai point d'importune présence ;
Mais ne leur faites pas de si longs entretiens :
Vous ne sauriez pour eux avoir de complaisance,
Que vous ne dérobiez aux miens.

PSICHÉ.

Votre amour me fait une grace,
Dont je n'abuserai jamais.

L'AMOUR.

Allons voir cependant ces jardins, ce palais,

Où vous ne verrez rien que votre éclat n'efface.
Et vous, petits amours, et vous, jeunes zéphirs,
Qui, pour armes, n'avez que de tendres soupirs,
Montrez tous à l'envi ce qu'à voir ma princesse
  Vous avez senti d'alégresse.

TROISIÈME INTERMÈDE.

L'AMOUR, PSICHÉ.

Un ZÉPHIR *chantant*, deux AMOURS *chantans*, troupe d'AMOURS et de ZÉPHIRS *dansans*.

ENTRÉE DE BALLET.

Les Amours et les Zéphirs, pour obéir à l'Amour, marquent par leurs danses la joie qu'ils ont de voir Psiché.

UN ZÉPHIR.

 Aimable jeunesse,
 Suivez la tendresse;
 Joignez aux beaux jours
 La douceur des amours.
  C'est pour vous surprendre
  Qu'on vous fait entendre
Qu'il faut éviter les soupirs,
 Et craindre leurs desirs :
  Laissez-vous apprendre
  Quels sont leurs plaisirs.
DEUX AMOURS ENSEMBLE.
Chacun est obligé d'aimer
  A son tour;
Et plus on a de quoi charmer,
 Plus on doit à l'amour.

PREMIER AMOUR.

Un cœur jeune et tendre
Est obligé de se rendre ;
Il n'a point à prendre
De fâcheux détours.

LES DEUX AMOURS ENSEMBLE.

Chacun est obligé d'aimer
A son tour ;
Et plus on a de quoi charmer,
Plus on doit à l'amour.

SECOND AMOUR.

Pourquoi se défendre ?
Que sert-il d'attendre ?
Quand on perd un jour,
On le perd sans retour.

LES DEUX AMOURS ENSEMBLE.

Chacun est obligé d'aimer
A son tour ;
Et plus on a de quoi charmer,
Plus on doit a l'amour.

DEUXIÈME ENTRÉE DE BALLET.

Les deux troupes d'Amours et de Zéphirs recommencent leurs danses.

LE ZÉPHIR.

L'amour a des charmes,
Rendons-lui les armes ;
Ses soins et ses pleurs
Ne sont pas sans douceurs.
Un cœur, pour le suivre,
A cent maux se livre.
Il faut, pour goûter ses appas,
Languir jusqu'au trépas ;
Mais ce n'est pas vivre
Que de n'aimer pas.

LES DEUX AMOURS ENSEMBLE.

S'il faut des soins et des travaux
En aimant,

On est payé de mille maux
   Par un heureux moment.
PREMIER AMOUR.
On craint, on espère ;
Il faut du mystère :
Mais on n'obtient guère
De bien sans tourment.
LES DEUX AMOURS ENSEMBLE.
S'il faut des soins et des travaux
    En aimant,
On est payé de mille maux
   Par un heureux moment.
SECOND AMOUR.
Que peut-on mieux faire,
Qu'aimer et que plaire ?
C'est un soin charmant,
Que l'emploi d'un amant.
LES DEUX AMOURS ENSEMBLE.
S'il faut des soins et des travaux
    En aimant,
On est payé de mille maux
   Par un heureux moment.

ACTE IV.

Le théâtre représente un jardin superbe et charmant : on y voit des berceaux de verdure soutenus par des thermes d'or, décorés par des vases d'orangers, et par des arbres chargés de toutes sortes de fruits. Le milieu du théâtre est rempli de fleurs les plus belles et les plus rares. On découvre dans l'enfoncement plusieurs dômes de rocailles, ornés de coquillages, de fontaines et de statues; et toute cette vue se termine par un magnifique palais.

SCENE I.

AGLAURE, CIDIPPE.

AGLAURE.

Je n'en puis plus, ma sœur; j'ai vu trop de merveilles,
L'avenir aura peine à les bien concevoir ;
Le soleil qui voit tout, et qui nous fait tout voir,
    N'en a vu jamais de pareilles.
    Elles me chagrinent l'esprit ;
Et ce brillant palais, ce pompeux équipage,
    Font un odieux étalage
Qui m'accable de honte autant que de dépit.
    Que la fortune indignement nous traite,
    Et que sa largesse indiscrette
Prodigue aveuglement, épuise, unit d'efforts,
    Pour faire de tant de trésors
    Le partage d'une cadette.

CIDIPPE.

    J'entre dans tous vos sentimens ;
J'ai les mêmes chagrins ; et, dans ces lieux charmans,
    Tout ce qui vous déplaît me blesse ;
Tout ce que vous prenez pour un mortel affront,

ACTE IV. SCÈNE I.

Comme vous m'accable, et me laisse
L'amertume dans l'ame et la rougeur au front.

AGLAURE.

Non, ma sœur, il n'est point de reines
Qui, dans leur propre état, parlent en souveraines
Comme Psiché parle en ces lieux.
On l'y voit obéie avec exactitude ;
Et de ses volontés une amoureuse étude
Les cherche jusque dans ses yeux.
Mille beautés s'empressent autour d'elle,
Et semblent dire à nos regards jaloux,
Quels que soient nos attraits, elle est encor plus belle,
Et nous, qui la servons, le sommes plus que vous.
Elle prononce, on exécute,
Aucun ne s'en défend, aucun ne s'en rebute.
Flore, qui s'attache à ses pas,
Répand à pleines mains, autour de sa personne,
Ce qu'elle a de plus doux appas.
Zéphire vole aux ordres qu'elle donne ;
Et son amante et lui s'en laissant trop charmer,
Quittent, pour la servir, les soins de s'entr'aimer.

CIDIPPE.

Elle a des dieux à son service,
Elle aura bientôt des autels ;
Et nous ne commandons qu'à de chétifs mortels,
De qui l'audace et le caprice
Contre nous, à toute heure, en secret révoltés,
Opposent à nos volontés
Ou le murmure, ou l'artifice.

AGLAURE.

C'étoit peu que, dans notre cour,
Tant de cœurs, à l'envi, nous l'eussent préférée,
Ce n'étoit pas assez que, de nuit et de jour,
D'une foule d'amans elle y fût adorée.
Quand nous nous consolions de la voir au tombeau
Par l'ordre imprévu d'un oracle,
Elle a voulu, de son destin nouveau,
Faire, en notre présence, éclater le miracle,

Et choisir nos yeux pour témoins
De ce qu'au fond du cœur nous souhaitions le moins.
CIDIPPE.
Ce qui le plus me désespère,
C'est cet amant parfait et si digne de plaire,
Qui se captive sous ses lois.
Quand nous pourrions choisir entre tous les monarques,
En est-il un, de tant de rois,
Qui porte de si nobles marques?
Se voir du bien par-delà ses souhaits,
N'est souvent qu'un bonheur qui fait des misérables;
Il n'est ni train pompeux, ni superbes palais,
Qui n'ouvrent quelque porte à des maux incurables:
Mais avoir un amant d'un mérite achevé,
Et s'en voir chèrement aimée,
C'est un bonheur si haut, si relevé,
Que sa grandeur ne peut être exprimée.
AGLAURE.
N'en parlons plus, ma sœur, nous en mourrions d'ennui.
Songeons plutôt à la vengeance,
Et trouvons le moyen de rompre entre elle et lui
Cette adorable intelligence.
La voici. J'ai des coups tout prêts à lui porter,
Qu'elle aura peine d'éviter.

SCÈNE II.
PSICHÉ, AGLAURE, CIDIPPE.
PSICHÉ.
Je viens vous dire adieu ; mon amant vous renvoie,
Et ne sauroit plus endurer
Que vous lui retranchiez un moment de la joie
Qu'il prend de se voir seul à me considérer.
Dans un simple regard, dans la moindre parole,
Son amour trouve des douceurs
Qu'en faveur du sang je lui vole,
Quand je les partage à des sœurs.

ACTE IV. SCÈNE II.

AGLAURE.

La jalousie est assez fine,
Et ces délicats sentimens
Méritent bien qu'on s'imagine
Que celui qui pour vous a ces empressemens,
Passe le commun des amans.
Je vous en parle ainsi, faute de le connoître.
Vous ignorez son nom et ceux dont il tient l'être ;
Nos esprits en sont alarmés.
Je le tiens un grand prince, et d'un pouvoir suprême,
Bien au-delà du diadême ;
Ses trésors sous vos pas confusément semés,
Ont de quoi faire honte à l'abondance même ;
Vous l'aimez autant qu'il vous aime ;
Il vous charme et vous le charmez ;
Votre félicité, ma sœur, seroit extrême,
Si vous saviez qui vous aimez.

PSICHÉ.

Que m'importe? j'en suis aimée.
Plus il me voit, plus je lui plais.
Il n'est point de plaisirs dont l'ame soit charmée,
Qui ne préviennent mes souhaits ;
Et je vois mal de quoi la vôtre est alarmée,
Quand tout me sert dans ce palais.

AGLAURE.

Qu'importe qu'ici tout vous serve,
Si toujours cet amant vous cache ce qu'il est !
Nous ne nous alarmons que pour votre intérêt.
En vain tout vous y rit ; en vain tout vous y plaît ;
Le véritable amour ne fait point de réserve ;
Et qui s'obstine à se cacher,
Sent quelque chose en soi qu'on lui peut reprocher.
Si cet amant devient volage,
Car souvent, en amour, le change est assez doux,
Et j'ose le dire entre nous,
Pour grand que soit l'éclat dont brille ce visage,
Il en peut être ailleurs d'aussi belles que vous :
Si, dis-je, un autre objet sous d'autres lois l'engage,

Si, dans l'état où je vous voi,
    Seule en ses mains, et sans défense,
    Il va jusqu'a la violence,
    Sur qui vous vengera le roi,
Ou de ce changement, ou de cette insolence?
PSICHÉ.
    Ma sœur, vous me faites trembler.
Juste ciel! pourrois-je être assez infortunée...
CIDIPPE.
Que sait-on si déjà les nœuds de l'hymenée....
PSICHÉ.
    N'achevez pas; ce seroit m'accabler.
AGLAURE.
    Je n'ai plus qu'un mot à vous dire.
Ce prince qui vous aime, et qui commande aux vents,
Qui nous donne pour char les ailes du zéphir,
Et de nouveaux plaisirs vous comble à tous momens,
Quand il rompt à vos yeux l'ordre de la nature,
Peut-être à tant d'amour mêle un peu d'imposture;
Peut-être ce palais n'est qu'un enchantement;
Et ces lambris dorés, ces amas de richesses
    Dont il achète vos tendresses,
Dès qu'il sera lassé de souffrir vos caresses,
    Disparoîtront en un moment.
Vous savez, comme nous, ce que peuvent les charmes.
PSICHÉ.
Que je sens à mon tour de cruelles alarmes!
AGLAURE.
    Notre amitié ne veut que votre bien.
PSICHÉ.
    Adieu, mes sœurs; finissons l'entretien.
J'aime, et je crains qu'on ne s'impatiente.
    Partez; et demain, si je puis,
    Vous me verrez ou plus contente,
Ou dans l'accablement des plus mortels ennuis.
AGLAURE.
Nous allons dire au roi quelle nouvelle gloire,
Quel excès de bonheur le ciel répand sur vous.

ACTE IV. SCÈNE III.

CIDIPPE.

Nous allons lui conter d'un changement si doux
La surprenante et merveilleuse histoire.

PSICHÉ.

Ne l'inquiétez point, ma sœur, de vos soupçons ;
Et, quand vous lui peindrez un si charmant empire....

AGLAURE.

Nous savons toutes deux ce qu'il faut taire ou dire ;
Et n'avons pas besoin, sur ce point, de leçons.

(*Un nuage descend, qui enveloppe les deux sœurs de Psiché ;
Zéphire les enlève dans les airs.*)

SCÈNE III.

L'AMOUR, PSICHÉ.

L'AMOUR.

Enfin, vous êtes seule, et je puis vous redire,
Sans avoir pour témoins vos importunes sœurs,
Ce que des yeux si beaux ont pris sur moi d'empire,
Et quels excès ont les douceurs
Qu'une sincère ardeur inspire
Sitôt qu'elle assemble deux cœurs.
Je puis vous expliquer de mon ame ravie
Les amoureux empressemens,
Et vous jurer qu'à vous seule asservie,
Elle n'a pour objet de ses ravissemens,
Que de voir cette ardeur de même ardeur suivie,
Ne concevoir plus d'autre envie
Que de régler mes vœux sur vos desirs,
Et de ce qui vous plaît, faire tous mes plaisirs.
Mais d'où vient qu'un triste nuage
Semble offusquer l'éclat de ces beaux yeux ?
Vous manque-t-il quelque chose en ces lieux ?
Des vœux qu'on vous y rend dédaignez-vous l'hommage ?

PSICHÉ.

Non, seigneur ?

PSICHÉ.
L'AMOUR.
Qu'est-ce donc ? Et d'où vient mon malheur.
J'entends moins de soupirs d'amour que de douleur ;
Je vois de votre teint les roses amorties
    Marquer un déplaisir secret ;
    Vos sœurs à peine sont parties,
    Que vous soupirez de regret.
Ah ! Psiché, de deux cœurs quand l'ardeur est la même,
    Ont-ils des soupirs différens ?
Et, quand on aime bien, et qu'on voit ce qu'on aime,
    Peut-on songer à des parens !
PSICHÉ.
Ce n'est point-là ce qui m'afflige.
L'AMOUR.
    Est-ce l'absence d'un rival,
Et d'un rival aimé, qui fait qu'on me néglige ?
PSICHÉ.
Dans un cœur tout à vous que vous pénétrez mal !
Je vous aime, seigneur, et mon amour s'irrite
De l'indigne soupçon que vous avez formé.
Vous ne connoissez pas quel est votre mérite,
    Si vous craignez de n'être pas aimé.
Je vous aime ; et depuis que j'ai vu la lumière,
    Je me suis montrée assez fière
    Pour dédaigner les vœux de plus d'un roi ;
Et s'il vous faut ouvrir mon ame toute entière,
Je n'ai trouvé que vous qui fût digne de moi.
    Cependant j'ai quelque tristesse
    Qu'en vain je voudrois vous cacher ;
Un noir chagrin se mêle à toute ma tendresse,
    Dont je ne la puis détacher.
    Ne m'en demandez point la cause ;
Peut-être la sachant, voudrez-vous m'en punir ;
Et si j'ose aspirer encore à quelque chose,
Je suis sûre du moins de ne point l'obtenir.
L'AMOUR.
Eh ! ne craignez-vous point qu'à mon tour je m'irrite
Que vous connoissiez mal quel est votre mérite,
    Ou feigniez de ne pas savoir

ACTE IV. SCÈNE III.

Quel est sur moi votre absolu pouvoir ?
Ah ! si vous en doutez, soyez désabusée.
Parlez.

PSICHÉ.

J'aurai l'affront de me voir refusée.

L'AMOUR.

Prenez en ma faveur de meilleurs sentimens ;
L'expérience en est aisée.
Parlez, tout se tient prêt à vos commandemens.
Si, pour m'en croire, il vous faut des sermens,
J'en jure vos beaux yeux, ces maîtres de mon ame ;
Ces divins auteurs de ma flamme ;
Et, si ce n'est assez d'en jurer vos beaux yeux,
J'en jure par le Styx, comme jurent les dieux.

PSICHÉ.

J'ose craindre un peu moins, après cette assurance.
Seigneur, je vois ici la pompe et l'abondance ;
Je vous adore et vous m'aimez ;
Mon cœur en est ravi, mes sens en sont charmés.
Mais parmi ce bonheur suprême,
J'ai le malheur de ne savoir qui j'aime.
Dissipez cet aveuglement,
Et faites-moi connoître un si parfait amant.

L'AMOUR.

Psiché ! que venez-vous de dire ?

PSICHÉ

Que c'est le bonheur où j'aspire ;
Et si vous ne me l'accordez....

L'AMOUR.

Je l'ai juré, je n'en suis plus le maître :
Mais vous ne savez pas ce que vous demandez.
Laissez-moi mon secret. Si je me fais connoître,
Je vous perds, et vous me perdez.
Le seul remède est de vous en dédire.

PSICHE.

C'est-là sur vous mon souverain empire ?

L'AMOUR.

Vous pouvez tout, et je suis tout à vous.
Mais, si nos feux vous semblent doux,

Ne mettez point d'obstacle à leur charmante suite;
Ne me forcez point à la fuite ;
C'est le moindre malheur qui nous puisse arriver
D'un souhait qui vous a séduite.

PSICHÉ.

Seigneur, vous voulez m'éprouver :
Mais je sais ce que j'en dois croire.
De grace, apprenez-moi tout l'excès de ma gloire,
Et ne me cachez plus pour quel illustre choix
J'ai rejeté les vœux de tant de rois.

L'AMOUR.

Le voulez-vous ?

PSICHÉ.

Souffrez que je vous en conjure.

L'AMOUR.

Si vous saviez, Psiché, la cruelle aventure
Que par là vous vous attirez...

PSICHÉ.

Seigneur, vous me désespérez.

L'AMOUR.

Pensez-y bien ; je puis encor me taire.

PSICHÉ.

Faites-vous des sermens pour n'y point satisfaire ?

L'AMOUR.

Hé bien, je suis le Dieu le plus puissant des Dieux,
Absolu, sur la terre, absolu dans les cieux ;
Dans les eaux, dans les airs, mon pouvoir est suprême ;
En un mot, je suis l'Amour même,
Qui de mes propres traits m'étois blessé pour vous ;
Et, sans la violence, hélas ! que vous me faites,
Et qui vient de changer mon amour en courroux,
Vous m'alliez avoir pour époux.
Vos volontés sont satisfaites;
Vous avez su qui vous aimiez ;
Vous connoissez l'amant que vous charmiez :
Psiché, voyez où vous en êtes.
Vous me forcez vous-même à vous quitter ;
Vous me forcez vous-même à vous ôter

ACTE IV. SCÈNE IV.

Tout l'effet de votre victoire.
Peut-être vos beaux yeux ne me reverront plus.
Ce palais, ces jardins avec moi disparus,
Vont faire évanouir votre naissante gloire ;
　　Vous n'avez pas voulu m'en croire ;
　　Et, pour tout fruit de ce doute éclairci,
　　　Le Destin, sous qui le ciel tremble,
Plus fort que mon amour que tous les Dieux ensemble,
Vous va montrer sa haine, et me chasse d'ici.

(*L'Amour s'envole, et le jardin s'évanouit.*)

SCÈNE IV.

Le théâtre représente un désert, et les bords sauvages d'un fleuve.

PSICHÉ, LE DIEU FLEUVE *assis sur un amas de roseaux, et appuyé sur une urne.*

PSICHÉ.

Cruel Destin ! funeste inquiétude !
　　Fatale curiosité !
　Qu'avez-vous fait, affreuse solitude,
　　De toute ma félicité ?
J'aimois un Dieu, j'en étois adorée,
Mon bonheur redoubloit de moment en moment ;
　　Et je me vois seule, éplorée,
Au milieu d'un désert, où, pour accablement,
　　Et confuse et désespérée,
Je sens croître l'amour quand j'ai perdu l'amant.
　　Le souvenir m'en charme et m'empoisonne,
　　Sa douceur tyrannise un cœur infortuné
Qu'aux plus cuisans chagrins ma flamme a condamné.
　　O ciel ! quand l'Amour m'abandonne,
Pourquoi me laisse-t-il l'amour qu'il m'a donné ?
Source de tous les biens, inépuisable et pure,
　　Maître des hommes et des Dieux,
　　Cher auteur des maux que j'endure,
Êtes-vous pour jamais disparu de mes yeux ?
　　Je vous en ai banni moi-même :

Dans un excès d'amour, dans un bonheur extrême,
D'un indigne soupçon mon cœur s'est alarmé ;
Cœur ingrat, tu n'avois qu'un feu mal allumé,
Et l'on ne peut vouloir, du moment que l'on aime,
  Que ce que veut l'objet aimé.
Mourons, c'est le parti qui seul me reste à suivre,
  Après la perte que je fais.
   Pour qui, grands Dieux, voudrois-je vivre,
  Et pour qui formez des souhaits ?
Fleuve, de qui les eaux baignent ces tristes sables,
  Ensevelis mon crime dans tes flots ;
  Et, pour finir des maux si déplorables,
Laisse-moi dans ton lit assurer mon repos.

LE DIEU DU FLEUVE.

   Ton trépas souilleroit mes ondes,
  Psiché, le ciel te le défend ;
Et peut-être qu'après des douleurs si profondes,
  Un autre sort t'attend ;
Fuis plutôt de Vénus l'implacable colère ;
Je la vois qui te cherche et qui te veut punir :
L'amour du fils a fait la haine de la mère.
  Fuis, je saurai la retenir.

PSICHÉ.

  J'attends ses fureurs vengeresses ;
Qu'auront-elles pour moi qui ne me soit trop doux ?
Qui cherche le trépas, ne craint dieux ni déesses,
  Et peut braver tout leur courroux.

SCENE V.

VÉNUS, PSICHÉ, LE DIEU DU FLEUVE.

VENUS.

Orgueilleuse Psiché, vous osez donc m'attendre,
Après m'avoir, sur terre, enlevé mes honneurs ;
  Après que vos traits suborneurs
Ont reçu les encens qu'aux miens seuls on doit rendre ?

ACTE IV. SCÈNE V.

J'ai vu mes temples désertés ;
J'ai vu tous les mortels, séduits par vos beautés,
Idolâtrer en vous la beauté souveraine,
Vous offrir des respects jusqu'alors inconnus,
  Et ne se mettre pas en peine
   S'il étoit une autre Vénus ;
  Et je vous vois encore l'audace
De n'en pas redouter les justes châtimens,
  Et de me regarder en face,
Comme si c'étoit peu que mes ressentimens.

PSICHÉ.

Si de quelques mortels on m'a vu adorée,
Est-ce un crime pour moi d'avoir eu des appas,
  Dont leur ame inconsidérée
Laissoit charmer des yeux qui ne vous voyoient pas ?
  Je suis ce que le ciel m'a faite ;
Je n'ai que les beautés qu'il m'a voulu prêter.
Si les vœux qu'on m'offroit vous ont mal satisfaite,
Pour forcer tous les cœurs à vous les reporter,
  Vous n'aviez qu'à vous présenter,
Qu'à ne leur cacher plus cette beauté parfaite
  Qui, pour les rendre à leur devoir,
Pour se faire adorer, n'a qu'à se faire voir.

VENUS.

  Il falloit vous en mieux défendre.
Ces respects, ces encens se doivent refuser
  Et, pour les mieux désabuser,
Il falloit, à leurs yeux, vous-même me les rendre.
  Vous avez aimé cette erreur,
Pour qui vous ne deviez avoir que de l'horreur.
Vous avez bien fait plus : votre humeur arrogante
  Sur le mépris de mille rois,
  Jusques aux cieux a porté de son choix
  L'ambition extravagante.

PSICHÉ.

J'aurois porté mon choix, déesse, jusqu'aux cieux ?

VENUS.

  Votre insolence est sans seconde.

Dédaigner tous les rois du monde,
N'est-ce pas aspirer aux dieux?

PSICHÉ.

Si l'amour pour eux tous m'avoit endurci l'ame,
Et me réservoit toute à lui,
En puis-je être coupable? Et faut-il qu'aujourd'hui,
Pour prix d'une si belle flamme,
Vous vouliez m'accabler d'un éternel ennui?

VENUS.

Psiché, vous deviez mieux connoître
Qui vous étiez, et quel étoit ce dieu?

PSICHÉ.

Eh! m'en a-t-il donné ni le tems, ni le lieu,
Lui qui de tout mon cœur d'abord s'est rendu maître?

VENUS.

Tout votre cœur s'en est laissé charmer,
Et vous l'avez aimé dès qu'il vous a dit, j'aime.

PSICHÉ.

Pouvois-je n'aimer pas le dieu qui fait aimer,
Et qui me parloit pour lui-même?
C'est votre fils, vous savez son pouvoir.
Vous en connoissez le mérite.

VENUS.

Oui, c'est mon fils, mais un fils qui m'irrite,
Un fils qui me rend mal ce qu'il sait me devoir,
Un fils qui fait qu'on m'abandonne,
Et qui, pour mieux flatter ses indignes amours,
Depuis que vous l'aimez, ne blesse plus personne
Qui vienne à mes autels implorer mon secours.
Vous m'en avez fait un rebelle :
On m'en verra vengée, et hautement, sur vous;
Et je vous apprendrai s'il faut qu'une mortelle
Souffre qu'un dieu soupire à ses genoux.
Suivez-moi, vous verrez, par votre expérience,
A quelle folle confiance
Vous portoit cette ambition.
Venez, et préparez autant de patience
Qu'on vous voit de présomption.

QUATRIÈME INTERMÈDE.

La scène représente les enfers. On y voit une mer toute de feu, dont les flots sont dans une perpétuelle agitation. Cette mer effroyable est bornée par des ruines enflammées ; et au milieu de ces flots agités, au travers d'une gueule affreuse, paroît le palais infernal de Pluton.

PREMIÈRE ENTRÉE DE BALLET.

Des furies se réjouissent d'avoir allumé la rage dans l'ame de la plus douce des divinités.

DEUXIÈME ENTRÉE DE BALLET.

Des lutins faisant des sauts périlleux, se mêlent avec les furies, et essayent d'épouvanter Psiché ; mais les charmes de sa beauté obligent les furies et les lutins à se retirer.

ACTE V.

Psiché passe dans une barque, et paroît avec la boîte qu'elle a demandée à Proserpine de la part de Vénus.

SCÈNE I.

PSICHÉ.

EFFROYABLES replis des ondes infernales,
Noirs palais où Mégère et ses sœurs font leur cour,

Eternels ennemis du jour,
Parmi vos Ixions, et parmi vos Tantales,
Parmi tant de tourmens qui n'ont point d'intervalles,
 Est-il dans votre affreux séjour
 Quelques peines qui soient égales
Aux travaux où Vénus condamne mon amour ?
 Elle n'en peut être assouvie ;
Et, depuis qu'à ses lois je me trouve asservie,
 Depuis qu'elle me livre à ses ressentimens,
 Il m'a fallu, dans ces cruels momens,
 Plus d'une ame et plus d'une vie,
 Pour remplir ses commandemens.
 Je souffrirois tout avec joie,
Si, parmi les rigueurs que sa haine déploie,
Mes yeux pouvoient revoir, ne fut-ce qu'un moment,
 Ce cher, cet adorable amant.
Je n'ose le nommer ; ma bouche criminelle,
 D'avoir trop exigé de lui,
S'en est rendue indigne ; et, dans ce dur ennui,
 La souffrance la plus mortelle
Dont m'accable a toute heure un renaissant trépas,
 Est celle de ne le voir pas.
 Si son courroux duroit encore,
Jamais aucun malheur n'approcheroit du mien ;
Mais s'il avoit pitié d'une ame qui l'adore,
Quoi qu'il fallût souffrir je ne souffrirois rien.
Oui, Destins, s'il calmoit cette juste colère,
 Tous mes malheurs seroient finis.
Pour me rendre insensible aux fureurs de la mère,
 Il ne faut qu'un regard du fils.
Je n'en veux plus douter ; il partage ma peine,
Il voit ce que je souffre, et souffre comme moi.
 Tout ce que j'endure le gêne ;
Lui-même il s'en impose une amoureuse loi.
En dépit de Vénus, en dépit de mon crime,
C'est lui qui me soutient, c'est lui qui me ranime
Au milieu des périls où l'on me fait courir ;
Il garde la tendresse où son feu le convie,
Et prend soin de me rendre une nouvelle vie

ACTE V. SCENE II.

Chaque fois qu'il me faut mourir.
Mais que me veulent ces deux ombres
Qu'à travers les faux jours de ces demeures sombres,
J'entrevois s'avancer vers moi ?

SCÈNE II.
PSICHÉ, CLÉOMÈNE, AGENOR.

PSICHÉ.

Cléomène, Agenor, est-ce vous que je voi ?
　　　Qui vous a ravi la lumière ?

CLEOMÈNE.

La plus juste douleur, qui, d'un beau désespoir,
　　　Nous eût pu fournir la matière.
Cette pompe funèbre, où du sort le plus noir
　　Vous attendiez la rigueur la plus fière,
　　　L'injustice la plus entière.

AGENOR.

Sur ce même rocher où le ciel en courroux
　　　Vous promettoit, au lieu d'époux,
Un serpent dont soudain vous seriez dévorée,
　　　Nous tenions la main préparée
A repousser sa rage, ou mourir avec vous.
Vous le savez, princesse ; et lorsqu'à notre vue,
Par le milieu des airs vous êtes disparue,
Du haut de ce rocher, pour suivre vos beautés,
Ou plutôt pour goûter cette amoureuse joie
D'offrir pour vous au monstre une première proie,
D'amour et de douleur l'un et l'autre emportés,
　　　Nous nous sommes précipités.

CLEOMÈNE.

Heureusement déçus au sens de votre oracle ;
Nous en avons ici reconnu le miracle,
Et su que le serpent prêt à vous dévorer,
　　　Etoit le dieu qui fait qu'on aime,
Et qui, tout Dieu qu'il est, vous adorant lui-même,
　　　Ne pouvoit endurer
Qu'un mortel comme nous osât vous adorer.

AGENOR.
Pour prix de vous avoir suivie,
Nous jouissons ici d'un trépas assez doux.
Qu'avions-nous affaire de vie,
Si nous ne pouvions être à vous?
Nous revoyons ici vos charmes,
Qu'aucun des deux là-haut n'auroit revus jamais:
Heureux si nous voyons la moindre de vos larmes
Honorer des malheurs que vous nous avez faits.

PSICHÉ.
Puis-je avoir des larmes de reste,
Après qu'on a porté les miens au dernier point?
Unissons nos soupirs dans un sort si funeste;
Les soupirs ne s'épuisent point :
Mais vous soupireriez, princes, pour une ingrate.
Vous n'avez point voulu survivre à mes malheurs;
Et quelque douleur qui m'abatte,
Ce n'est point pour vous que je meurs.

CLEOMENE.
L'avons-nous mérité, nous dont toute la flamme
N'a fait que vous lasser du récit de nos maux?

PSICHÉ.
Vous pouviez mériter, princes, toute mon ame,
Si vous n'eussiez été rivaux.
Ces qualités incomparables,
Qui de l'un et de l'autre accompagnoient les vœux,
Vous rendoient tous deux trop aimables,
Pour mépriser aucun des deux.

AGENOR.
Vous avez pu, sans être injuste ni cruelle,
Nous refuser un cœur réservé pour un dieu.
Mais revoyez Vénus. Le destin nous rappelle
Et nous force à vous dire adieu.

PSICHÉ.
Ne vous donne-t-il point le loisir de me dire
Quel est ici votre séjour?

CLEOMÈNE.
Dans des bois toujours verts, où d'amour on respire,

ACTE V. SCÈNE II.

Aussitôt qu'on est mort d'amour,
D'amour on y revit, d'amour on y soupire,
Sous les plus douces lois de son heureux empire,
Et l'éternelle nuit n'ose en chasser le jour
    Que lui-même il attire
    Sur nos fantômes qu'il inspire,
Et dont aux enfers même il se fait une cour.

AGENOR.

Vos envieuses sœurs, après nous descendues,
    Pour vous perdre se sont perdues ;
    Et l'une et l'autre, tour-à-tour,
Pour le prix d'un conseil qui leur coûte la vie,
A côté d'Ixion, à côté de Titye,
Souffre tantôt la roue, et tantôt le vautour.
L'Amour, par les Zéphirs, s'est fait prompte justice
De leur envenimée et jalouse malice ;
Ces ministres ailés de son juste courroux,
Sous couleur de les rendre encore auprès de vous,
Ont plongé l'une et l'autre au fond d'un précipice,
Où le spectacle affreux de leurs corps déchirés
N'étale que le moindre et le premier supplice
    De ces conseils dont l'artifice
    Fait les maux dont vous soupirez.

PSICHE.

Que je les plains !

CLEOMÈNE.

        Vous êtes seule à plaindre :
Mais nous demeurons trop à vous entretenir :
Adieu. Puissions-nous vivre en votre souvenir !
Puissiez-vous, et bientôt, n'avoir plus rien à craindre !
Puisse, et bientôt, l'Amour vous enlever aux cieux,
    Vous y mettre à côté des dieux ;
Et, rallumant un feu qui ne se puisse éteindre,
Affranchir à jamais l'éclat de vos beaux yeux
    D'augmenter le jour en ces lieux !

SCÈNE III.
PSICHÉ *seule.*

Pauvres amans ! Leur amour dure encore !
 Tout morts qu'ils sont, l'un et l'autre m'adore,
Moi dont la dureté reçut si mal leurs vœux.
Tu n'en fais pas ainsi, toi qui seul m'as ravie,
Amant que j'aime encor cent fois plus que ma vie,
 Et qui brises de si beaux nœuds !
 Ne me fuis plus, et souffre que j'espère
Que tu pourras un jour rabaisser l'œil sur moi,
Qu'à force de souffrir j'aurai de quoi te plaire,
 De quoi me rengager ta foi.
Mais ce que j'ai souffert m'a trop défigurée,
 Pour rappeler un tel espoir.
 L'œil abattu, triste, désespérée,
 Languissante et décolorée,
 De quoi puis-je me prévaloir,
Si par quelque miracle, impossible à prévoir,
Ma beauté, qui t'a plu, ne se voit réparée ?
 Je porte ici de quoi la réparer ;
 Ce trésor de beauté divine,
Qu'en mes mains, pour Vénus, a remis Proserpine,
Enferme des appas dont je puis m'emparer ;
 Et l'éclat en doit être extrême,
 Puisque Vénus la beauté même,
 Les demande pour se parer.
En dérober un peu, seroit-ce un si grand crime ?
Pour plaire aux yeux d'un dieu qui s'est fait mon amant,
Pour regagner son cœur et finir mon tourment,
 Tout n'est-il pas trop légitime ?
Ouvrons. Quelles vapeurs m'offusquent le cerveau,
Et que vois-je sortir de cette boîte ouverte ?
Amour, si la pitié ne s'oppose à ma perte,
Pour ne revivre plus, je descends au tombeau.
 (*Psiché s'évanouit.*)

SCÈNE IV.

L'AMOUR, PSICHÉ, *évanouie.*

L'AMOUR.

Votre péril, Psiché, dissipe ma colère,
Ou plutôt de mes feux l'ardeur n'a point cessé ;
Et, bien qu'au dernier point vous m'ayez su déplaire,
    Je ne me suis intéressé
    Que contre celle de ma mère.
J'ai vu tous vos travaux, j'ai suivi vos malheurs ;
Mes soupirs ont partout accompagné vos pleurs.
Tournez les yeux vers moi ; je suis encor le même.
Quoi, je dis et redis tout haut que je vous aime,
Et vous ne dites point, Psiché, que vous m'aimez !
Est-ce que pour jamais vos beaux yeux sont fermés,
Qu'à jamais la clarté leur vient d'être ravie ?
O mort ! devois-tu prendre un dard si criminel ?
Et, sans aucun respect pour mon être éternel,
    Attenter à ma propre vie ?
    Combien de fois, ingrate Déité,
    Ai-je grossi ton noir empire
Par les mépris et par la cruauté
D'une orgueilleuse ou farouche beauté ?
    Combien même, s'il le faut dire,
    T'ai-je immolé de fidèles amans,
    A force de ravissemens ?
    Va, je ne blesserai plus d'ames,
    Je ne percerai plus de cœurs
Qu'avec des dards trempés aux divines liqueurs,
Qui nourrissent du ciel les immortelles flammes,
Et n'en lancerai plus que pour faire à tes yeux
    Autant d'amans, autant de dieux.
    Et vous, impitoyable mère,
    Qui la forcez à m'arracher
    Tout ce que j'avois de plus cher,
Craignez, à votre tour, l'effet de ma colère.

Vous voulez me faire la loi,
Vous qu'on voit si souvent la recevoir de moi ;
Vous qui portez un cœur sensible comme un autre,
Vous enviez au mien les délices du vôtre.
Mais dans ce même cœur j'enfoncerai des coups
Qui ne seront suivis que de chagrins jaloux ;
Je vous accablerai de honteuses surprises,
Et choisirai partout, à vos vœux les plus doux,
  Des Adonis et des Anchises
  Qui n'auront que haine pour vous.

SCÈNE V.

VÉNUS, L'AMOUR, PSICHÉ *évanouie*.

VENUS.

  La menace est respectueuse ;
 Et d'un enfant qui fait le révolté,
  La colere présomptueuse....

L'AMOUR.

Je ne suis plus enfant ; et je l'ai trop été,
Et ma colère est juste autant qu'impétueuse.

VENUS.

L'impétuosité s'en devroit retenir,
  Et vous pourriez vous souvenir
  Que vous me devez la naissance.

L'AMOUR.

  Et vous pourriez n'oublier pas
  Que vous avez un cœur et des appas
  Qui relèvent de ma puissance ;
Que mon arc de la vôtre est l'unique soutien;
  Que, sans mes traits, elle n'est rien ;
  Et que, si les cœurs les plus braves,
En triomphe, par vous, se sont laissés traîner,
  Vous n'avez jamais fait d'esclaves,
  Que ceux qu'il m'a plu d'enchaîner.
Ne me vantez donc plus ces droits de la naissance
  Qui tyrannisent mes desirs ;
Et, si vous ne voulez perdre mille soupirs,

ACTE V. SCÈNE V.

Songez, en me voyant, à la reconnoissance,
Vous qui tenez de ma puissance
Et votre gloire et vos plaisirs.

VÉNUS.

Comment l'avez-vous défendue,
Cette gloire dont vous parlez ?
Comment me l'avez-vous rendue ?
Et, quand vous avez vu mes autels désolés,
Mes temples violés,
Mes honneurs ravalés,
Si vous avez pris part à tant d'ignominie,
Comment en a-t-on vu punie
Psiché, qui me les a volés ?
Je vous ai commandé de la rendre charmée
Du plus vil de tous les mortels,
Qui ne daignât répondre à son ame enflammée
Que par des rebuts éternels,
Par les mépris les plus cruels ;
Et vous-même l'avez aimée !
Vous avez contre moi séduit des immortels ;
C'est pour vous qu'a mes yeux les zéphirs l'ont cachée,
Qu'Apollon même suborné,
Par un oracle adroitement tourné,
Me l'avoit si bien arrachée,
Que, si sa curiosité,
Par une aveugle défiance,
Ne l'eût rendue à ma vengeance,
Elle échappoit à mon cœur irrité.
Voyez l'état où votre amour l'a mise,
Votre Psiché ; son ame va partir ;
Voyez : et si la vôtre en est encore éprise,
Recevez son dernier soupir.
Menacez, bravez-moi cependant qu'elle expire,
Tant d'insolence vous sied bien ;
Et je dois endurer, quoi qu'il vous plaise dire,
Moi qui, sans vos traits, ne puis rien.

L'AMOUR.

Vous ne pouvez que trop, déesse impitoyable ;
Le destin l'abandonne à tout votre courroux :

Mais soyez moins inexorable
Aux prières, aux pleurs d'un fils à vos genoux.
   Ce doit vous être un spectacle assez doux,
     De voir, d'un œil, Psiché mourante,
Et de l'autre, ce fils, d'une voix suppliante,
Ne vouloir plus tenir son bonheur que de vous.
Rendez-moi ma Psiché, rendez-lui tous ses charmes;
     Rendez-la, Déesse, à mes larmes;
Rendez à mon amour, rendez à ma douleur
Le charme de mes yeux, et le choix de mon cœur.

VÉNUS.

   Quelque amour que Psiché vous donne,
De ses malheurs par moi n'attendez pas la fin.
     Si le Destin me l'abandonne,
     Je l'abandonne à son destin.
Ne m'importunez plus; et, dans cette infortune,
Laissez-la, sans Vénus, triompher ou périr.

L'AMOUR.

     Hélas! si je vous importune,
Je ne le ferois pas si je pouvois mourir.

VÉNUS.

    Cette douleur n'est pas commune,
Qui force un immortel à souhaiter la mort.

L'AMOUR.

Voyez, par son excès, si mon amour est fort.
    Ne lui ferez-vous grace aucune?

VÉNUS.

   Je vous l'avoue, il me touche le cœur,
Votre amour; il desarme, il fléchit ma rigueur;
   Votre Psiché reverra la lumière.

L'AMOUR.

Que je vous vais partout faire donner d'encens!

VÉNUS.

Oui, vous la reverrez dans sa beauté première;
    Mais de vos vœux reconnoissans
    Je veux la déférence entière.
Je veux qu'un vrai respect laisse à mon amitié
    Vous choisir une autre moitié.

ACTE V. SCÈNE VI.

L'AMOUR.

Et moi je ne veux plus de grace,
Je reprends toute mon audace ;
Je veux Psiché, je veux sa foi ;
Je veux qu'elle revive, et revive pour moi ;
Et tiens indifférent que votre haine lasse,
En faveur d'une autre se passe.
Jupiter, qui paroît, va juger, entre nous,
De mes emportemens et de votre courroux.

Après quelques éclairs et des roulemens de tonnerre, Jupiter paroît en l'air sur son aigle, et descend sur terre.

SCÈNE VI ET DERNIÈRE.

JUPITER, VÉNUS, L'AMOUR, PSICHÉ *évanouie*.

L'AMOUR.

Vous, à qui seul tout est possible,
Père des dieux, souverain des mortels,
Fléchissez la rigueur d'une mère inflexible,
Qui, sans moi, n'auroit point d'autels.
J'ai prié, j'ai pleuré ; je soupire, menace,
Et perds menaces et soupirs.
Elle ne veut pas voir que de mes déplaisirs
Dépend du monde entier l'heureuse ou triste face ;
Et que, si Psiché perd le jour,
Si Psiché n'est à moi, je ne suis plus l'Amour.
Oui, je romprai mon arc, je briserai mes flèches,
J'éteindrai jusqu'à mon flambeau ;
Je laisserai languir la nature au tombeau ;
Ou, si je daigne aux cœurs faire encor quelques brèches
Avec ces pointes d'or qui me font obéir,
Je vous blesserai tous là-haut pour des mortelles,
Et ne décocherai sur elles
Que des traits émoussés qui forcent à haïr,
Et qui ne font que des rebelles,
Des ingrates et des cruelles.
Par quelle tyrannique loi

Tiendrai-je à vous servir mes armes toujours prêtes,
Et vous ferai-je à tous conquêtes sur conquêtes,
Si vous me défendez d'en faire une pour moi ?

JUPITER à *Vénus*.

Ma fille, sois-lui moins sévère ;
Tu tiens de sa Psiché le destin en tes mains.
La Parque, au moindre mot, va suivre ta colère.
Parle, et laisse-toi vaincre aux tendresses de mère,
Ou redoute un courroux que moi-même je crains.
  Veux-tu donner le monde en proie
A la haine, au désordre, à la confusion ;
   Et d'un dieu d'union,
  D'un dieu de douceur et de joie,
Faire un dieu d'amertume et de division ?
   Considere ce que nous sommes,
Et si les passions doivent nous dominer ;
  Plus la vengeance a de quoi plaire aux hommes,
Plus il sied bien aux dieux de pardonner.

VÉNUS.

  Je pardonne à ce fils rebelle ;
  Mais voulez-vous qu'il me soit reproché
   Qu'une misérable mortelle,
L'objet de mon courroux, l'orgueilleuse Psiché,
   Sous ombre qu'elle est un peu belle,
   Par un hymen dont je rougis,
Souille mon alliance et le lit de mon fils ?

JUPITER.

  Hé bien, je la fais immortelle,
  Afin d'y rendre tout égal.

VÉNUS.

Je n'ai plus de mépris ni de haine pour elle,
Et l'admets à l'honneur de ce nœud conjugal.
  Psiché, reprenez la lumière,
  Pour ne la reperdre jamais.
  Jupiter a fait votre paix,
  Et je quitte cette humeur fière
  Qui s'opposoit à vos souhaits.

ACTE V. SCÈNE VI.

PSICHÉ *sortant de son évanouissement.*
C'est donc vous, ô grande Déesse!
Qui redonnez la vie à ce cœur innocent?

VÉNUS.
Jupiter vous fait grace, et ma colère cesse.
Vivez; Vénus l'ordonne; aimez, elle y consent.

PSICHÉ *à l'Amour.*
Je vous revois enfin, cher objet de ma flamme!

L'AMOUR *à Psiché.*
Je vous possède enfin, délices de mon ame!

JUPITER.
Venez, amans, venez aux cieux
Achever un si grand et si digne hymenée.
Viens-y, belle Psiché, changer de destinée;
Viens prendre place au rang des Dieux.

CINQUIÈME INTERMÈDE.

Le théâtre représente le ciel. Le palais de Jupiter descend, et laisse voir dans l'éloignement, par trois suites de perspectives, les autres palais des Dieux du ciel les plus puissans. Un nuage sort du théâtre, sur lequel l'Amour et Psiché se placent, et sont enlevés par un second nuage, qui vient en descendant se joindre au premier. Jupiter et Vénus se croisent en l'air dans leurs machines et se rangent près de l'Amour et de Psiché.

Les divinités qui avoient été partagées entre Vénus et son fils, se réunissent en les voyant d'accord; et toutes ensemble, par des concerts, des chants et des danses, célèbrent la fête des noces de l'Amour et de Psiché.

JUPITER, VÉNUS, L'AMOUR, PSICHÉ, CHŒUR DES DIVINITÉS CÉLESTES, APOLLON, LES MUSES, LES ARTS *travestis en Bergers.*
BACCHUS, SILENE, SATYRES, EGYPANS, MÉNADES.
MOME, POLICHINELLES, MATASSINS, MARS, TROUPE DE GUERRIERS.

APOLLON.

Unissons-nous, troupe immortelle,
Le Dieu d'Amour devient heureux amant;
Et Vénus a repris sa douceur naturelle
    En faveur d'un fils si charmant;
Il va goûter en paix, après un long tourment,
Une félicité qui doit être éternelle.

CHŒUR DES DIVINITÉS CÉLESTES.

Célébrons ce grand jour,
Célébrons tous une fête si belle ;
Que nos chants en tous lieux en portent la nouvelle,

CINQUIÈME INTERMÈDE.

Qu'ils fassent retentir le céleste séjour.
Chantons, répétons tour à tour,
Qu'il n'est point d'ame si cruelle,
Qui, tôt ou tard, ne se rende à l'amour.

BACCHUS.

Si quelquefois,
Suivant nos douces lois,
La raison se perd et s'oublie,
Ce que le vin nous cause de folie,
Commence et finit en un jour;
Mais quand un cœur est enivré d'amour,
Souvent c'est pour toute la vie.

MOME.

Je cherche à médire
Sur la terre et dans les cieux ;
Je soumets à ma satire
Les plus grands des Dieux.
Il n'est dans l'univers que l'amour qui m'étonne,
Il est le seul que j'épargne aujourd'hui ;
Il n'appartient qu'à lui
De n'épargner personne.

MARS.

Mes plus fiers ennemis, vaincus ou pleins d'effroi,
Ont vu toujours ma valeur triomphante ;
L'amour est le seul qui se vante
D'avoir pu triompher de moi.

CHOEUR DES DIVINITÉS CÉLESTES.

Chantons les plaisirs charmans
Des heureux amans,
Que tout le ciel s'empresse
A leur faire sa cour.
Célébrons ce beau jour
Par mille doux chants d'alégresse ;
Célébrons ce beau jour
Par mille doux chants pleins d'amour.

PREMIÈRE ENTRÉE DE BALLET.
SUITE D'APOLLON.

Danse des Arts travestis en Bergers.
APOLLON.

Le Dieu qui nous engage
A lui faire la cour
Défend qu'on soit trop sage.
Les plaisirs ont leur tour ;
C'est leur plus doux usage,
Que de finir les soins du jour
La nuit est le partage
Des jeux et de l'amour.

Ce seroit grand dommage
Qu'en ce charmant séjour,
On eût un cœur sauvage.
Les plaisirs ont leur tour :
C'est leur plus doux usage,
Que de finir les soins du jour.
La nuit est le partage
Des jeux et de l'amour.

DEUX MUSES.

Gardez-vous, beautés sévères,
Les amours font trop d'affaires ;
Craignez toujours de vous laisser charmer.
Quand il faut que l'on soupire,
Tout le mal n'est pas de s'enflammer ;
Le martyre
De le dire
Coûte plus cent fois que d'aimer.

On ne peut aimer sans peines ;
Il est peu de douces chaînes ;
A tout moment on se sent alarmer.
Quand il faut que l'on soupire,
Tout le mal n'est pas de s'enflammer ;

CINQUIÈME INTETMÈDE.

Le matyre
De le dire
Coûte plus cent fois que d'aimer.

DEUXIÈME ENTRÉE DE BALLET.

SUITE DE BACCHUS.

Danse des Ménades et des Egypans.

BACCHUS.

Admirons le jus de la treille :
Qu'il est puissant ! qu'il a d'attraits !
Il sert aux douceurs de la paix ,
Et dans la guerre il fait merveille :
 Mais surtout pour les amours ,
 Le vin est d'un grand secours.
  SILÈNE *monté sur un âne*.
Bacchus veut qu'on boive à longs traits ;
 On ne se plaint jamais
 Sous son heureux empire ;
Tout le jour on n'y fait que rire ,
Et la nuit on y dort en paix.

Ce Dieu rend nos vœux satisfaits :
 Que sa cour a d'attraits !
 Chantons-y bien sa gloire.
Tout le jour on n'y fait que boire ;
Et la nuit on y dort en paix.
 SILÈNE et DEUX SATYRES *ensemble*.
Voulez-vous des douceurs parfaites ?
Ne les cherchez qu'au fond des pots.
  PREMIER SATYRE.
Les grandeurs sont sujettes.
A mille peines secrètes.
  SECOND SATYRE.
L'amour fait perdre le repos.
  TOUS TROIS ENSEMBLE.
Voulez-vous des douceurs parfaites ?
Ne les cherchez qu'au fond des pots.

PSICHÉ.
PREMIER SATYRE.
C'est-là que sont les ris, les jeux, les chansonnettes,
SECOND SATYRE.
C'est dans le vin qu'on trouve les bons mots.
TOUS TROIS ENSEMBLE.
Voulez-vous des douceurs parfaites ?
Ne les cherchez qu'au fond des pots.

TROISIÈME ENTRÉE DE BALLET.

Deux autres Satyres enlèvent Silène de dessus son âne, qui leur sert à voltiger, et à former des jeux agréables et surprenans.

QUATRIÈME ENTRÉE DE BALLET.

SUITE DE MOME.

Danse de Polichinelles et de Matassins.

MOME.
Folatrons, divertissons-nous,
Raillons, nous ne saurions mieux faire ;
La raillerie est nécessaire
   Dans les jeux les plus doux.
Sans la douceur que l'on goûte à médire,
On trouve peu de plaisirs sans ennui :
  Rien n'est si plaisant que de rire,
  Quand on rit aux dépens d'autrui.
  Plaisantons, ne pardonnons rien,
  Rions, rien n'est plus à la mode ;
  On court péril d'être incommode
    En disant trop de bien.
Sans la douceur que l'on goûte à médire,
On trouve peu de plaisirs sans ennui ;
  Rien n'est si plaisant que de rire,
  Quand on rit aux dépens d'autrui.

CINQUIÈME ENTRÉE DE BALLET.

SUITE DE MARS.

MARS.

Laissons en paix toute la terre;
Cherchons de doux amusemens
Parmi les jeux les plus charmans,
Mêlons l'image de la guerre.

Quatre guerriers portant des masses et des boucliers; quatre autres armés de piques, et quatre autres avec des drapeaux, font en dansant une manière d'exercice.

DENIÈRE ENTRÉE DE BALLET.

Les quatre troupes différentes de la suite d'Apollon, de Bacchus, de Mome et de Mars, s'unissent et se mêlent ensemble.

CHOEUR DES DIVINITÉS CÉLESTES.

Chantons les plaisirs charmans
Des heureux amans.
Répondez-nous, trompettes,
Timbales et tambours;
Accordez-vous toujours
Avec le doux son des musettes;
Accordez-vous toujours
Avec le doux chant des amours.

Noms des personnes qui ont récité, dansé et chanté dans Psiché, *tragi-comédie et ballet.*

DANS LE PROLOGUE.

Flore, *mademoiselle Hilaire.* Vertumne, *le sieur de la Grille.* Sylvains dansans, *les sieurs Chicanneau, la Pierre, Favier, Magny.* Dryades dansantes, *les sieurs de Lorge, Bonnard, Chauveau, Favre.* Palémon, *le sieur Gaye.* Dieux des fleuves dansans, *les sieurs Beauchamp, Mayeu, Desbrosses et Saint-André le cadet.* Nayades dansantes, *les sieurs Lestang, Arnal, Favier le cadet et Foignard le cadet.* Chœurs des divinités chantantes de la terre et des eaux.... Vénus, *mademoiselle de Brie.* Les deux Graces, *mesdemoiselles la Thorillière et du Croisy.* L'Amour, *le sieur la Thorillière le fils.* Six Amours....

DANS DA TRAGI-COMÉDIE.

L'Amour, *le sieur Baron.* Psiché, *mademoiselle Molière.* Les deux sœurs de Psiché, *mesdemoiselles Marotte et Beauval.* Le Roi, *le sieur la Thorillière.* Lycas, *le sieur Châteauneuf.* Les deux amans de Psiché, *les sieurs Hubert et la Grange.* Vénus, *mademoiselle de Brie.* Un fleuve, *le sieur de Brie.* Jupiter, *le sieur du Croisy.* Zéphire, *le sieur Molière.* Suite du Roi,....

DANS LE BALLET.

PREMIER INTERMÈDE.

Femme désolée, mademoiselle Hilaire. Hommes affligés, *les sieurs Morel* et *Langeais*. Hommes affligés dansans, *les sieurs Dolivet, le Chantre, Saint-André l'aîné* et *Saint-André le cadet, la Montagne* et *Foignard l'aîné*. Femmes affligées dansantes, *les sieurs Bonnard, Joubert, Dolivet le fils, Isaac, Vaignard l'aîné*, et *Girard*.

SECOND INTERMÈDE.

Vulcain, *le sieur....* Cyclopes dansans, *les sieurs Beauchamp, Chicanneau, Mayeu, la Pierre, Favier, Desbrosses, Joubert* et *Saint-André le cadet* Fées dansantes, *les sieurs Noblet, Magny, de Lorge, Lestang, la Montagne, Foignard l'aîné*, et *Foignard le cadet, Vaignard l'aîné*.

TROISIÈME INTERMÈDE.

Zéphire chantant, *le sieur Jeannot*. Deux Amours chantans, *les sieurs Renier* et *Pierrot*. Zéphires dansans, *les sieurs Boteville, des Airs, Artus, Vaignard le cadet, Germain, Pécourt, du Mirail* et *Lestang le jeune*. Amours dansans, *le chevalier Pol, les sieurs Rouillent, Thibaut, la Montagne, Dolivet fils, Daluzeau, Vitrou* et *la Thorillière*.

QUATRIÈME INTERMÈDE.

Furies dansantes, *les sieurs Beauchamp, Hidieu, Chicanneau, Mayeu, Desbrosses, Magny, Foignard le cadet, Joubert, Lestang, Favier l'aîné,* et *Saint-André le cadet.* Lutins faisant des sauts périlleux, *les sieurs Cobus, Maurice, Poulet* et *Petit-Jean.*

CINQUIÈME INTERMÈDE.

Apollon, *le sieur Langeais.* Arts travestis en bergers dansans, *les sieurs Beauchamp, Chicanneau, la Pierre, Favier l'aîné, Magny, Noblet, Desbrosses, Lestang, Foignard l'aîné,* et *Foignard le cadet.* Deux Muses chantantes, *mesdemoiselles Hilaire* et *Desfronteaux.* Bacchus, *le sieur Gaye.* Ménades dansantes, *les sieurs Isaac, Paysan, Joubert, Dolivet fils, Breteau* et *Desforges.* Egypans dansans, *les sieurs Dolivet, Hidieu, le Chantre, Royer, Saint-André l'aîné,* et *Saint-André le cadet.* Silène, *le sieur Blondel.* Satyres chantans, *les sieurs la Grille* et *Bernard.* Satyres voltigeurs, *les sieurs de Miniglaise* et *de Vieux-Amant.* Mome, *le sieur Morel.* Matassins dansans, *les sieurs de Lorge, Bonnard, Arnal, Favier le cadet, Goyer* et *Bureau.* Polichinelles dansans, *les sieurs Manceau, Girard, la Valée, Favre, le Febvre* et *la Montagne.* Mars, *le sieur Estival.* Conducteur de la suite de Mars, *le sieur Rebel.* Suivans de Mars dansans. Guerriers avec des drapeaux, *les sieurs Beauchamp, Mayeu, la Pierre* et *Favier.* Guerriers armés de piques, *les sieurs Noblet, Chicanneau, Magny* et *Lestang.* Guerriers portant des masses et des boucliers, *les sieurs Camet, la Haye, le Duc* et *du Buisson.* Chœur des divinités célestes.

FIN DU TOME SEPTIÈME.

TABLE DES PIÈCES

CONTENUES

DANS LE SEPTIÈME TOME.

Avertissement de l'éditeur sur *le Bourgeois Gentilhomme*. Pag. 3
Le Bourgeois Gentilhomme. 11
Avertissement de l'éditeur sur *les Fourberies de Scapin*. 129
Les Fourberies de Scapin. 139
Avertissement de l'éditeur sur *Psiché*. 209
Prologue. 221
Psiché. 229

FIN DE LA TABLE.

www.ingramcontent.com/pod-product-compliance
Lightning Source LLC
Chambersburg PA
CBHW071528160426
43196CB00010B/1701